다 큰 아이들과
가뿐하게 온작품읽기

- 고학년 온작품읽기 이야기

다 **큰** 아이들과
가 뿐 하 게 **온 작 품 읽 기**

초판 발행 | 2019년 03월 05일
1쇄 인쇄 | 2019년 03월 01일

글쓴이 | 전국초등국어교과모임 시흥 작은 모임 연꽃누리

등 록 | 399-2016-000-007
인 쇄 | 세종피앤피
주 소 | 경기도 하남시 덕풍서로65, 505-1204
전 화 | 031-792-6038
이메일 | yy0117@hanmail.net

ISBN : 979-11-89078-07-2 (03370)

값 19,000원

이 도서의 국립중앙도서관 출판시도서목록(CIP)은 서지정보유통지원시스템 홈페이지(http://seoji.nl.go.kr)와 국가자료공동목록시스템(http://www.nl.go.kr/kolisnet)에서 이용하실 수 있습니다.

■ 잘못된 책은 구입한 서점에서 바꿔 드립니다.

다 큰 아이들과 뿜뿜 온작품읽기

고학년 온작품읽기 이야기

전국초등국어교과모임 시흥 작은 모임

연 꽃 누 리

다 큰 아이들에게 맞는 온작품읽기, 가뿐하길!

온작품읽기를 만나고, 온작품읽기로 아이들을 만나면서 했던 중요한 질문은 세 가지입니다. 하나는 '나는 온작품읽기를 왜 하고 싶은가?'이고, 다른 하나는 내가 주로 만난 '고학년 아이들을 위한 온작품읽기는 왜, 무엇이 달라야 하는가?'입니다. 마지막은 '온작품읽기가 활동을 넘어 아이들과 선생님의 일상이 되려면 어떻게 해야 할까?' 입니다.

온작품읽기를 하고 싶은 까닭은 하고자 하는 사람마다 다를 것입니다. 아이들의 어휘력을 키우고 싶을 수도 있고, 다양한 독서활동으로 생각의 폭을 넓히고 싶을 수도 있습니다. 그저 애들이 책을 읽기라도 하면 좋겠다는 바람을 가질 수도 있습니다. 어떤 이유이든 온작품읽기의 목표가 뚜렷해야 나아갈 방향이 보입니다. 이 목표는 활동을 짜고 고르고 실천하는 데 중요한 기준이 됩니다.

초등학교에서 5, 6학년 아이들은 '고'학년으로 불리는 다 큰 아이들입니다. 학년이 높아질수록 공부의 부담은 커지고 그 부담만큼 동화책을 비롯한 여러 책들과의 거리도 멀어집니다. 집에서는 어렸을 때 들었던 '책 좀 봐라'는 잔소리도 더 이상 들을 수 없습니다. 부모님이 소리 내어 그림책을 읽어주시면 눈을 반짝이던 시간, 그림책이나 쫢은 동화책을 읽어주시는 선생님의 목소리에 귀를 쫑긋 세우던 시간도 이젠 없을 가능성이 많습니다. 게다가 고학년 교실에는 유치원생부터 중학교 2~3학년까지 함께 생활하고 있습니다. 아직도 잡기 놀이 하며 환하게 웃는 아이들도 있고 사는 게 뭔지 고민하는 성숙한 아이들도 있습니다. 언어능력 수준뿐만 아니라 흥미까지 고려한다면 다 큰 아이들을 위한 온작품은 아이들 수만큼 다양해야 하지 않을까요?

한 가지 더, 고학년이 되면 문학보다 비문학 단원의 비중이 커집니다. 고학년 아이들이 온작품 가운데 '동화'와 '동시'같은 문학작품을 만날 일이 더욱 줄어듭니다. 동화와 동시는 초등학생만의 발달과업이라고 생각합니다. 제대로 읽지 않았다고 해서 바로 티가 나는 것은 아니지만 이후의 성장과 발달에 큰 영향을 미칩니다. 5학년을 예로 들면, 4학년 때까지 책을 좀 본 아이들은 1~2학년 때까지 보고 못 보거나 안 본 아이들에 비해 어휘력과 표현력, 이해력이 훨씬 좋습니다. 책을 잘 보지 않았던 애들에는 비할 바가 아닙니다. 물론 어떤 책이냐도 중요합니다. 초등학교를 졸업하는 순간 아이들은 더 이상 동화를 읽지 않습니다. 청소년문학으로 넘어가거나 어른들이 읽는 소설을 읽습니다. 5~6학년 아이들 가운데도 추리 소설처럼 소설을 보는 아이들이 있습니다. 문학 작품으로 읽는 힘을 기르면 '작품'의 폭도 넓어져서 비문학 작품을 골라 읽기도 하고 그때 어휘력이 부족해서 어려운 일은 많이 줄어들 것입니다.

국어 교육과정에 독서단원이 들어오면서 많은 사람들이 온작품읽기에 관심을 가지고 있습니다. 이제 널리 뿌린 씨앗이 잘 자라 열매를 맺기 위해 고민해야 할 때라고 생각합니다. 온작품을 읽고 무슨 활동을 해야 하는지 보다는 온작품읽기가 유행처럼 스쳐가지 않고 아이들과 교사의 일상에 단단히 자리 잡을 수 있는 방법을 고민해야 할 때입니다. 그러려면 무엇보다 교사도 아이들도 온작품읽기를 지치지 않고 계속 할 수 있는 방법을 찾아야 합니다.

앞에서 말한 세 가지 질문에 대한 답이 바로 '책봄 이야기', '책나들이 갑니다!', '책 가을하다', '책향기 가득합니다!' 네 가지 활동입니다. 책의 재미를 알고 책을 동무로 만들기 위해서는 책과 만나는 시간이 필요합니다. 잠깐, 어쩌다 한두 번 말고 긴 시간. 책을 읽다 보면 책 읽는 몸이 만들어지고 감동도 느낄 수 있고 뭔가 이야기하고 싶은 것, 표현하고 싶은 것이 생겨납니다. 네 가지 활동에서 가장 중요하고, 가장 많은 시간을 쓴 것이 바로 '읽기'입니다.

네 가지 활동에는 한 권의 책을 읽고 여러 가지 활동을 하거나, 특정한 작품에 맞는 활동은 없습니다. 다양한 작품과 다양한 독후활동보다 읽기에 힘을 주었고 내 이야기를 하고 읽은 책을 추천하고 글을 썼습니다. 다 큰 아이들에게 맞게 토의, 토론을 하였고 깊게 읽기로 작가 탐구도 하였습니다.

이 책은 네 가지 온작품읽기 활동의 기록입니다. 1부 '온작품읽기의 뿌리'에서는 온작품읽기에 대한 생각을 담았고, 2부 '온작품읽기의 줄기와 잎'에는 네 가지 활동지 순서대로 아이들이 활동한 이야기를 풀어놓았습니다. 3부 '온작품읽기의 꽃과 열매'에서는 가뿐한 독후활동 네 가지와 '시로 통하다' '시로 살포시 마실가요!'라는 이름으로 아이들과 동시와 어린이시를 만난 이야기, 마지막으로 아이들과 부모님의 이야기를 담았습니다.

교사는 학생들의 이야기에 귀 기울일 때 교사로서 조금 더 성장합니다. 이 책에 있는 고학년 아이들의 이야기를 들으며 온작품읽기를 조금은 색다른 관점에서 바라보는 기회가 되면 좋겠습니다.

전국초등국어교과모임에서 온작품읽기 운동을 펼치자고 이야기한 뒤에 모임 선생님들이 펴내신 많은 책들에 누가 되지 않길 바랍니다. 고학년 온작품읽기 세상을 보여준 다 컸던 고학년 아이들, 고맙다! 그 아이들과 책에 딱 맞는 그림을 그려준 천현정 선생님, 고맙습니다.

2019년 2월
전국초등국어교과모임
시흥 작은 모임 '연꽃누리'

1부

온작품읽기 뿌리
1. '온' 작품읽기여야 한다 — 010
2. 온 '작품' 읽기여야 한다 — 018
3. 온작품 '읽기' 여야 한다 — 025

2부

온작품읽기 줄기와 잎
1. 온작품읽기 꾸린 이야기
    - 온작품읽기, 이런 이름으로 — 044
    - 온작품읽기, 이런 시간에 — 045

2. 온작품읽기 활동 이야기
    - '책봄 이야기' 이야기 — 049
    - '책나들이 갑니다!' 이야기 — 063
    - '책 가을하다' 이야기 — 091
    - '책향기 가득합니다!' 이야기 — 125

3부

온작품읽기 꽃과 열매
1. 가뿐한 독후활동
    - 가뿐한 독후활동 하나, 책 추천하기 — 172
    - 가뿐한 독후활동 둘, 책갈피 만들기 — 185
    - 가뿐한 독후활동 셋, 독서 감상문 쓰기 — 187
    - 가뿐한 독후활동 넷, 독서 토의·토론문 쓰기 — 216

2. 좀 더 가뿐한 온작품읽기, 시 — 228

3. 온작품읽기 활동이 남긴 것
    - 부모님 이야기 — 255
    - 아이들 이야기 하나, 활동 이야기 — 256
    - 아이들 이야기 둘, 책 이야기 — 262

부록

책봄 동무들 — 268
책향기를 폴폴폴 풍길 책들 — 273
시로 통하다에 실린 시 — 277
온작품읽기 활동지 — 278

1부

✏️ 아침시간에 책을 읽다보니 푹 빠졌다. 다른 애들도 책을 읽는데 푹 빠져있었다. 중간에 책을 바꾸러 왔다 갔다 하는 애들도 있었다. 평소 같으면 완전 왁자지껄하게 떠들고 돌아다녀서 나도 같이 떠들고 돌아다녔을 것이다. 그 때는 책을 꺼내지도 않았다. 분위기가 그랬으니 책 읽을 맛도 나지 않았다. 하지만 분위기가 조용하고 책 넘기는 소리만 들리니 책을 읽을 수밖에 없었다. 분위기에 맞혀서 움직이게 되어 있는 것 같다. 그래서 선생님도 함부로 끊을 수 없다고 하셨다. - **5학년 여**

✏️ 5학년이 되어서 매일같이 책을 읽었는데 그만큼 사고 싶은 책도 많이 생기고 책이 재미있어졌다. 책은 은근 사람을 끌리게 하는 능력이 있다. 물론 읽기 전에 집중력이 정말 떨어지고 어휘력도 딸렸다. 또 책에는 모든 정답이 있다는 걸 몰랐는데 읽고 나서 그런 걸 알게 되고 책도 사고 싶고, 정말 많이 변했다. - **5학년 여**

온작품읽기

뿌리

'온' 작품읽기여야 한다

모두 있어야 한다

'온'은 '전부의. 또는 모두의'(표준국어대사전)를 뜻하는 말로 '온몸'은 몸 전체를, '온 정신'은 완전한 정신이라는 뜻을 가지고 있고 '온 집안', '온 세상'처럼 뒤에 오는 낱말을 꾸며줍니다. 그러니까 '온'의 비슷한 말은 '모든'이고 '부분', '일부분', 물건의 쪼개진 한 부문을 나타내는 '쪽'이 반대의 뜻을 가진 낱말이라고 볼 수 있습니다.

'온작품'은 사전에 등록되어 있는 하나의 낱말은 아닙니다. '온'은 '작품'을 꾸며주고 있어 떠어 써야 맞지만 남한산초등학교에서 처음에 이름 붙일 때 '온작품'이라 했기에 그렇게들 부르고 그렇게 쓰고 있습니다. 백희나 작가의 『구름빵』의 '구름빵', 전소영 작가의 『연남동 풀다발』의 '풀다발'처럼 두 개의 낱말을 합해 새로운 하나의 이름으로 만든 것이라 보면 됩니다. 그런데 '온'과 '작품'이라는 두 낱말뿐만 아니라 '읽기'라는 낱말까지 붙여 '온작품읽기'로 부르고 있습니다. 이는 하나의 이름으로 생각하고 온작품을 읽자는 운동으로 알려내고 펼쳐내기 위한 것으로, 이미 출간된 책들도 모두 '온작품읽기'를 하나의 낱말로 사용하고 있습니다. '나와 세상을 만나는 온작품읽기 1, 2'(휴머니스트), '우리 교실 책 읽기의 시작 온작품읽기'(휴먼에듀), '이야기 넘치는 교실 온작품읽기'(북멘토), '온작품읽기 아이들의 삶을 만나다'(삶말), '초보자도 할 수 있는 온작품읽기'(삶말) 이 여섯 권의 책은 모두 온작품읽기 운동을 벌이고 있는 전국초등국어교과모임에서 나왔습니다.

온작품읽기 운동의 시작은 '온'입니다. 쪼개져서 어색하게 이어진 작품이나 작품의 일부분을 아이들과 읽기는 어렵다는 뜻이지요. 언뜻 보면 교사 입장에서만 그런 게 아닌가 의심이 가기도 합니다. 애들도 '온'이 중요하다고 생각할까요?

2009 개정교육과정에 따라 편찬되어 2015년부터 2018년까지 사용하고 있는 6학년 국어 교과서에 유순희 작가의 『우주호텔』이 있습니다. 딱딱한 표지가 아니라서 그림책이라고 말하기는 어렵지만 그림이 하는 이야기가 참 많은 작품입니다. 글의 내용면에서는 조원희 작가의 『중요한 문제』나 문인혜 작가의 『선아』처럼 어린이가 아닌 어른에게 조금 더 어울리는 작품입니다. 그래서 초등학생 가운데 가장 성숙한 6학년 아이들과 만나는 게 그나마 낫겠다는 생각을 교과서 집필진이 하지 않았을까 싶습니다. 그만큼 작품이 쉽지 않다는 뜻이기도 해서 조금 더 섬세하게 접근해야 하는 어려움은 온전히 교사의 몫으로 남습니다. 교과서에는 원작의 글이 모두 실려 있습니다. 1, 2학년 교과서에 많이 실려 있는 그림책도 원작의 글은 모두 실려 있는 것과 같습니다. 그런데 그림은 일부분만 실려 있거나 그림의 크기, 위치가 다릅니다. 교과서와 그림책은 책의 크기, 재질도 다를 뿐만 아니라 그림책에 있는 그림을 모두 그대로 싣는 것은 불가능하기 때문입니다. 그래서 교과서에 있는 『우주호텔』은 '온'작품이 아닙니다.

그림책은 글과 그림이 서로 상호보완하며 서사를 진행시키기 때문에 글과 그림의 배치, 크기, 모양이 달라지면 작품이 원래 전하려고 하는 이야기도 달라집니다. 그림책의 그림은 동화책의 삽화와 다르기 때문입니다. 글을 모두 실었다고 해서 '온'작품이 될 수는 없는 까닭이 여기에 있습니다.

6학년은 초등학교에서 가장 성숙한 만큼 가장 날카로운 독자입니다. 그래서 '온'작품의 가치를 충분히 찾아냅니다. 2015년에 6학년 아이들과 『우주호텔』을 '온'작품으로 먼저 보았습니다. 그러니까 원작을 먼저 보았습니다. 이어서 교과서에 실린 작품을 보고 24명의 아이들에게 어떤 작품이 더 좋으냐고 물었습니다. 23명의 아이들이 '온'작품이 더 좋다고 말했고 그 까닭을 이렇게 말했습니다.

- 그림도 이야기를 하는데 교과서는 그림이 거의 없다. 그래서 이해하기 힘들다.
- 교과서는 중간 중간에 중요한 그림이 빠져 있어서 더 깊이 생각할 수 없다.
- 원작이 좋다. 이야기에 필요한 그림이나 내용이 잘리지 않고 그림들이 하나하나 인상 깊어서 감동이 잘 온다.
- 교과서는 앞부분에 할머니가 어떻게 얼마나 외롭고 힘든 삶을 살았는지 아예 다 잘라버리고 나름 이야기를 담고 있는 그림들도 많이 빼버려서 원작이 훨씬 좋다.
- 그림이 하는 이야기와 사소한 그림 하나하나에 감동과 충격, 감정을 느끼고 원래 그대로의 따뜻함을 느끼게 되니까.

이해하기 쉽고 깊이 생각할 수 있고 감동도 잘 오고 따뜻한 작품, 그게 바로 '온'작품입니다. 교과서에 실린 작품이 더 좋다고 답한 아이는 남자 아이로 짧아서 그렇다고 답했습니다. 이 작품은 비유적 표현을 공부하기 위해 사용되었는데, 작품으로서 먼저 충분히 깊게 읽고 그 다음에 성취기준을 달성하기 위해 공부하는 게 좋습니다. 공부만을 위해 작품을 보는 것은 작품에 대한 예의가 아니니까요.

아이들은 작품이 더 좋고, 온작품이 더 필요하다고 생각했습니다. 작품에서 하나도 빼지 말고, 교과서에 실리기 전에 갖추고 있던 모습 그대로, 처음 있던 그대로 읽어야 한다는 것은 어른들, 교사들만의 바람이 아닙니다. 아이들과 함께 작품을 보려고 하는 사람들은 더 이상 주저할 필요가 없습니다. '온'작품을 알아내고 '온'작품을 읽을 시간을 마련해야 합니다.

제대로 읽어야 한다

'온'작품을 보려면 많은 시간이 필요한 경우도 있습니다. 작품으로 동화를 예로 들어 보겠습니다. 2015 개정교육과정에 따라 편찬된 3학년 국어 교과서에 실려 있는 동화

『만복이네 떡집』은 3학년 아이들이 다 읽는 데 공부 시간으로 한 시간 정도 필요합니다. 물론 아이들마다 읽는 힘이 다르니 더 빨리 읽고 더 늦게 읽기도 합니다. 4학년 국어 교과서에 실려 있는 『프린들 주세요』는 4학년 아이들이 다 읽으려면 빨라야 공부 시간으로 두 시간, 세 네 시간이 필요한 아이도 있을 것입니다.

아직 2009 개정교육과정에 따라 편찬된 교과서를 쓰고 있는 5학년 교과서에 수록된 동화는 대부분 장편동화로, 다 읽으려면 꽤 많은 시간이 필요합니다. 특히 5학년 국어 교과서에 실린 루이스 세풀베다의 작품 『갈매기에게 나는 법을 가르쳐준 고양이』는 어휘뿐만 아니라 내용도 5학년 아이들이 무리 없이 볼 만한 작품은 아닙니다. 올해 5학년 아이들에게 교과서에 실리지 않은 첫 장만 읽어주며 모르는 낱말을 세어 보라고 했습니다. 한 쪽이라지만 첫 장이라 제목이 크게 자리하고 있어 글 길이는 다음 쪽의 절반정도 밖에 되지 않고 문장도 14개밖에 되지 않습니다. 그런데 어휘력이 부족한 아이들은 9개(정찰, 선두, 온난 기류, 인도하다, 안성맞춤, 북해, 어귀, 항구, 정박), 어휘력이 좋은 아이들은 4개 정도의 낱말의 뜻을 모르겠다고 했습니다. 163쪽으로 얇은 편이지만 『갈매기에게 나는 법을 가르쳐준 고양이』를 다 읽으려면 굉장히 많은 시간이 필요합니다.

5, 6학년 교과서에 실린 작품을 비롯하여 온작품읽기 책으로 고르는 작품은 왜 거의 장편동화일까요? 선생님들이 『갈매기에게 나는 법을 가르쳐준 고양이』처럼 어휘나 내용이 그 학년 아이들 수준보다 높은 책을 고르는 까닭은 무엇일까요? 제대로 읽는 것보다 중요하다고 생각하는 것을 하기 위한 것이겠지요? 한 학기동안 한 작품 읽기도 하고 한 작품을 나누어서 읽으면서 이런 저런 활동을 하는 것이겠지요. 그런데, 작품을 있는 그대로, 아이들 저마다의 속도에 따라 읽는 것부터 하지 않고 나누어서, 쪼개어서 읽는 것은 '온'작품 읽기일까요, 아닐까요? 긴 작품을 읽는 방법 또한 '온'작품읽기에서 중요하게 고민해 봐야 할 지점입니다. '온'작품을 잘게 쪼개어 너무 오랜 시간 동안 읽으면 작품이 주는 감동, 이야기는 달라질 수밖에 없습니다. 흐름이 끊기는 것은 당연하겠고요.

'온'작품을 '온'작품답게 읽는 방법은 아이들에게 '온'작품을 제대로 읽을 수 있는 시간을 먼저 주는 것입니다. 온작품을 제대로 읽는 데 필요한 시간은 사람마다 다릅니다. 선생님이 읽어줄 경우를 생각해 봅시다. 『프린들 주세요』를 여러 해 동안 5학년 아이들에게 읽어주었습니다. 아이들이 '프린들의 닉처럼' 살면 좋겠다는 게 제가 추구하는 어린이상이라 힘주어 읽어주었습니다. 날마다 20분 정도씩 열흘 남짓에 이 작품을 모두 읽을 수 있었습니다. 어제 어디까지 읽었는지 잠깐 이야기하고 눈빛을 주고받고 '그래서 닉은 뭐라고 했을까?' 같은 아주 간단한 질문으로 이야기꽃을 피우며 읽었습니다. 그런데 이런 작품을 한 달이나 한 학기 동안 나누어서 읽고 나면 아이들에겐 무엇이 남을까요? 작품을 즐기는 시간은 정해져 있지 않지만 너무 짧지도 너무 길지도 않은, 작품을 보는 사람이 흐름을 놓치지 않을 정도면 충분한 시간이 아닐까요?

2015 국어과 교육과정에 따라 편찬된 3~4학년 국어교과서에는 독서 단원이 있습니다. 3, 4학년 국어 교사용 지도서 55쪽에는 '3~4학년군 독서 단원 설정 근거'를 다음과 같이 밝히고 있습니다.

2015 개정 국어과 교육과정	⑥ 한 학기에 한 권, 학년(군) 수준과 학습자 개인의 특성에 맞는 책을 긴 호흡으로 읽을 수 있도록 도서 준비와 독서 시간 확보 등의 물리적 여건을 조성하고, 읽고, 생각을 나누고, 쓰는 통합적인 독서 활동을 학습자가 경험할 수 있도록 한다.
2015 개정 국어과 교과용 도서 편찬상의 유의점	⑦ 매 학기 한 권, 교과서 밖의 책을 수업 시간에 완독하고, 타인과 생각을 나눈 후 자기 생각을 쓰는 데 도움이 되도록 통합적인 수업 활동을 개발한다.

지도서 같은 쪽에 있는 '독서 단원의 설정 목적과 목표'는 다음과 같습니다.

(1) 독서 단원은 '한 학기 한 권 읽기' 경험으로 학생들이 독서 습관과 태도를 형성하고, 나아가 평생 독자로 성장하는 데 목적이 있다.

(2) 학생이 스스로 한 학기 한 권의 책을 선정해 읽고 생각을 나누고, 다양하게 표현함으로써 독

서의 즐거움을 경험하고 느끼게 한다.

⑶ 학생들이 책을 읽는 과정에서 자연스럽게 읽기 전략을 익히고, 책을 읽으면서 생각하는 힘을 기르도록 돕는다.

⑷ 독서는 사회·문화적 의미를 구성하는 과정이므로, 학급 구성원들이 만들어 가는 독서 경험을 중·장기적으로 중요한 의미가 있다.

⑸ 3~4학년군에서는 '책을 읽고 생각 나누기'를 지향하고, 5~6학년군에서는 '책을 읽고 생각 넓히기'를 지향한다.

교육과정, 교과용 도서 편찬상의 유의점, 지도서 모두 '한 학기 한 권'을 힘주어 말하고 있습니다. 궁금한 것이 많습니다. '긴 호흡으로 읽을 수 있도록'하기 위해서는 한 학기 한 권이 맞을까요? '통합적인 수업 활동'을 하기 위해서는 한 학기 한 권이어야 할까요? '학생들의 독서 습관과 태도를 형성하는' 데에는 한 학기 한 권이 좋을까요? 어디를 봐도 '한 학기 한 권'이어야 하는 까닭을 공감하기 어렵습니다.

독서 단원은 있지만 지도서에는 배당된 시간도 따로 없고 해야 하는 것도 따로 없습니다. 하지만 '수업 시간에 완독'하라고 하니 시간이 필요하긴 합니다. 3, 4학년 국어 지도서 51쪽에 있는 다음 글에서 독서 시간의 최대치를 짐작해 볼 수 있습니다.

> 2015 개정 교육과정에서 3~4학년군 국어과 수업 시수는 408시간이나 교과서는 이보다 5퍼센트 정도 적은 분량으로 개발했다. 덜 개발한 20시수 내외는 학교나 학급의 실정에 맞게 운영할 수 있다.

위 글을 바탕으로 시간을 가늠해 보면 3, 4학년 모두 17시간이라는 시간을 학교나 학급의 실정에 맞게 운영할 수 있고 이 시간을 모두 독서 단원으로 쓴다면 아이들이 책을 읽을 수 있는 수업 시간은 최대 17시간입니다. 물론, 17시간 내내 한 권의 작품을 읽으라는 뜻이 아닐 수도 있다. 그런데 어쨌든 한 학기에 한 권이라고 못박아놓으면, 벗어나지 못하는 족쇄가 될 가능성이 많습니다. 17시간 동안 '한 권'만 읽으니 책을 잘 골라야 한다는 부담감도 있고 책을 읽고 할 수 있는 아주 많은 활동을 만들어야 한다는 부담감까지 더해지니 족쇄가 분명합니다.

3, 4학년 국어과 지도서 48쪽 '10 단원별 학습 목표 체제'에는 독서단원의 이름은 '책을 읽고 생각은 나누어요'이고 단원 성취기준, 단원 학습 목표, 차시 학습 목표가 표로 제시되어 있지만 다른 단원처럼 차시를 뜻하는 숫자는 없습니다.

단원명	단원 성취기준	단원 학습 목표	차시 학습 목표	학습 성격
책을 읽고 생각을 나누어요	읽기(5) 읽기 경험과 느낌을 다른 사람과 나누는 태도를 지닌다.	책을 끝까지 읽고 중요한 내용이나 인상 깊은 장면을 말할 수 있다.	읽을 책을 정하고 내용을 예상할 수 있다.	독서준비
			자신의 경험과 관련지어 책을 읽을 수 있다.	독서
	쓰기(5) 쓰기에 자신감을 갖고 자신의 글을 적극적으로 나누는 태도를 지닌다.		책 내용을 간추리고 생각을 나눌 수 있다.	독서 후
1. 재미가 톡톡톡	문학(1) 시각이나 청각 등 감각적 표현에 주목하며 작품을 감상한다.	감각적 표현의 재미를 느끼며 작품을 읽을 수 있다.	1~2. 느낌을 살려 사물을 표현할 수 있다.	준비학습
			3~4. 시에 나타난 감각적 표현을 안다.	기본학습
			5~6. 이야기에 나타난 감각적 표현을 한다.	기본학습
	읽기(5) 읽기 경험과 느낌을 다른 사람과 나누는 태도를 지닌다.		7~8. 이야기를 읽고 생각이나 느낌을 나눌 수 있다.	기본학습
			9~10. 느낌을 살려 시를 낭송할 수 있다.	실천학습

3학년 국어 교사용 지도서 48쪽

1단원은 모두 10차시로 구성되어 있고 차기별 목표를 제시하고 있지만 독서단원인 '책을 읽고 생각을 나누어요'에는 차시를 표시하는 숫자 없이 세 가지 목표를 제시하고 있을 뿐입니다.

독서단원의 주요 학습 내용 및 활동은 다음과 같습니다.

단계	국어 쪽	차시 학습 목표	주요 학습 내용 및 활동
독서 준비	8~19쪽	읽을 책을 정하고 내용을 예상할 수 있다.	· 누구와 읽을지 정하기 · 읽을 책 정하기 · 책 표지와 그림을 보고 내용 예상하기
독서	20~212쪽	자신의 경험과 관련지어 책을 읽을 수 있다.	· 읽기 방법 정하기 · 경험과 관련지어 책 읽기
독서 후	22~29쪽	책 내용을 간추리고 생각을 나눌 수 있다.	· 책 내용 간추리기 · 생각 나누기(선택1/선택2/선택3) 활동하기 · 정리하기

3학년 국어 교사용 지도서 66쪽

위 표는 교과서 구성을 보여주고 있습니다. 독서 단원이 차시별 지도 내용이 따로 제시되어 있지 않은데도 교과서에 제시된 내용을 차시별로 나누어 가르치고 있는 선생님들이 있다는 이야기를 온작품읽기 연수에서 들었습니다. 위 표를 가지고 짐작해 본다면 '주요 학습 내용 및 활동'에 제시된 내용을 바탕으로 8차시의 수업을 하는 식이지요. 1차시에는 '누고와 읽을지 정하기'를 가르치고 2차시에는 '읽을 책 정하기'를, 3차시에는 '책 표지와 그림을 보고 내용 예상하기'를 가르친다는 것입니다. 독서단원이 국어교과에 들어왔고 차시별 지도 내용이 지도서에는 없지만 교과서에 제시된 내용은 있으니 그것에서 벗어나지 못하고 있다는 뜻입니다. 교과서의 힘은 그만큼 대단합니다.

온 '작품' 읽기여야 한다

장편 동화가 아니어도 괜찮다

'작품'의 종류는 참 많고 그 가운데 책이 대표 선수라는 것은 다 아는 사실입니다. 책으로 된 작품 가운데 동화는 초등학생들의 발달과업과도 같다고 생각합니다. 청소년문학이라는 말이 생기고 풍성한 작품들이 나오기 전부터 동화는 초등학생만 읽는 것이라 생각했습니다. 중학생이 되는 순간 책 표지에 '동화'라는 말이 어디 한 곳에라도 있으면 고개를 돌리는 게 현실이고 책 볼 시간이 초등학교 때만큼 많지 않은 게 사실입니다. 반대로 생각하면 동화 읽기는 초등학생만이 누릴 수 있는 권리가 됩니다.

동화를 길이로 나눈다면 장편동화와 단편동화가 있습니다. 이현 작가의 『오늘의 날씨는』이나 김남중 작가의 『바람처럼 달렸다』와 같은 연작동화도 있습니다. 연작동화는 하나 하나의 이야기는 단편이고 모든 이야기가 장편동화처럼 하나의 흐름을 가지고 전개되지는 않지만 연결은 되어있다는 점에서는 장편동화라고 볼 수도 있을 것입니다.

앞에서 말씀드린 '한 학기 한 권'은 동화 가운데서 '장편'동화를 읽어야 한다는 뜻으로 보이기도 합니다. 긴 시간동안 읽으려면 단편보다는 장편이, 그것도 조금 더 두꺼운 책이 더 맞겠지요. 그런데 동화가 아닌 시(시, 동시, 어린이시), 그림, 사진, 애니메이션, 영화, 카드뉴스도 작품이고, 그래서 동화가 아니어도 괜찮듯이 장편동화가 아니어도 괜찮습니다.

2015년 9월, 터기 해변에 밀려온 시리아 난민 아이를 담은 사진 한 장이 온 세계를 울렸습니다. 2016년에는 우병우가 검찰조사를 받고 있는 장면을 보여주는 단 한 장의 사진으로 우리나라는 분노에 휩싸였습니다. 미술 시간에 사진을 공부하면서 이 두 작품을 5학년 아이들과 보며 아주 많은 이야기를 나누었습니다.

송미경 작가의 단편동화집 『돌 씹어 먹는 아이』는 5, 6학년 아이들이 참 좋아합니다. 제목에서 이미 느끼셨을 지도 모르지만 5, 6학년이 아니면 이해하기 어렵기도 합니다. 첫 번째 단편동화인 '혀를 사왔지'만 봐도 그렇습니다. 무엇이든 시장에 가서 혀가 필요 없었던 아이가 혀를 사온다는 설정은 5학년이 안 된 아이들에게는 아무래도 무리입니다. 물론, 개인차는 있겠지요. 교사가 읽어줄 수도 있겠지만 많은 설명이 필요할 것입니다. 그런 점에서 슬로우리딩 바람을 일으켰던 박완서 작가의 소설 『그 많던 싱아는 누가 다 먹었을까』는 더 많은 설명이 필요할지도 모릅니다. '다양한 유형의 담화, 글, 작품을 정확하고 비판적으로 이해하고 효과적이고 창의적으로 표현하며 소통하는 데 필요한 기능을 익힌다'는 국어과 교육의 목표에도 어긋납니다. 읽는 힘이 부족한 아이들이 누군가의 도움을 받아 읽어내는 경험을 하는 것도 중요하겠지만, 아이들의 삶이 고스란히 담긴 좋은 동화도 많은데 굳이 소설을 읽어야 할까요? '한 학기 한 권'이 '장편'동화로 연결되고, 긴 시간은 소설도 괜찮다는 생각으로 연결된 건 아닐까요?

긴 시간을 한 작품을 보는 경우를 보면, 작품 감상보다 작품을 공부의 재료로 쓰는 경우가 많습니다. 작품에 음식이 나오면 만들어보기도 하고, 모르는 게 나오면 조사해서 발표도 하는 식이지요. 아이들의 지식을 넓히는 데는 좋겠지만 그러는 사이 책 읽는 즐거움은 사라지지 않을까요? 다니엘 페나크가 『소설처럼』에서 이야기한 독자의 권리 가운데 하나인 '읽고 나서 아무 말도 하지 않을 권리'는 감상문 쓰기만을 꼬집어 말하지는 않을 것입니다.

좋은 작품을 많이 만나면 더 좋다

작품은 공부의 재료가 되기 위해 있는 것만은 아닙니다. 삶을 풍성하게 만드는 게 가장 중요하지요. 이 말은 아이들에게도 마찬가지 아닐까요?

2003년, 아이들과 처음으로 그림책을 읽었습니다. 초보자는 늘 힘이 많이 들어가듯이 그림책을 읽고 자꾸 무엇을 하려고 했습니다. 그랬더니 아이들은 제가 그림책만 들어도 또 무언가 하겠구나, 하는 표정이었습니다. 걱정스럽기도 하고 짜증도 난다는 뜻이겠지요. 아이들의 신호를 알아차린 저는 바로 모든 것을 그만두고 오로지 그림책을 읽는 것에만 집중했습니다. 그렇게 몇 해를 했더니 자연스럽게, 아이들이 눈치채지 못하게 공부와 연결할 수도 있게 되었습니다. 문학의 가장 큰 목적인 있는 그대로의 감상, 그것을 놓치면 그 다음도 없다는 것을 깨달았던 것이지요.

좋은 작품을 많이 만나는 것은 단 하나의 작품을 보는 것보다 훨씬 더 깊은 울림을 줍니다. 한 권의 책보다 여러 권의 책을 읽을 때 책 읽는 몸을 만들고 책 읽기에 재미가 붙을 가능성도 아주 높습니다. 좋은 작품은, 어른에게도 그렇지만, 아이들에게 위로를 주기도 하고 삶의 방향을 제시해 주기도 합니다. 그 좋은 작품을 한 권 더, 한 편 더, 조금 더 만난다면 얼마나 좋을까요?

아이들은 작품 속에서, 책 속에서 배우고, 배움을 넓히고, 깨닫고, 위로받습니다. 그런 작품은 좋은 작품입니다. 좋은 작품을 많이 보는 것은 아이들의 세계를 넓혀줍니다. 국어과 교육의 목표에 있는 '비판적으로 이해하'는 데도 크게 이바지할 것입니다.

좋은 작품을 많이 만나게 하고 싶은데 그럴 시간이 없다고 고민하시는 선생님들도 많으시지요. 가르쳐야 할 교과서 국어만 있는 것도 아니고 국어 수업은 언제 하냐고 걱정하지요. 방법이 없는 걸까요? 저희가 찾은 방법, 자세한 이야기는 2부에서 말씀드리겠습니다.

아이들마다 다른 작품이어도 좋다

한 학년에 한 교실에 몇 명의 아이들이 있든 아이들이 좋아하는 것들은 아이들 수만큼 많고, 그만큼 다릅니다. 당연하게, 좋은 작품이라고 생각하는 기준도 저마다 다릅니다. 읽기 능력도 아이들 수만큼의 수준이 있으니 아이들마다 맞는 책도 다릅니다. 물론 읽기 능력은 단순히 어휘력만을 말하는 것은 아닙니다. 어휘력이 있어도 책에 재미를 붙이지 못한 아이들도 많습니다. 그러니까 이런저런 까닭을 생각한다면 한 아이에게 맞는 책, 한 아이를 위한 작품을 찾아 건네고 한 아이를 만족시키기는 쉽지만 모든 아이들에게 어울리는, 모든 아이들이 좋아하는 작품을 찾기란 쉽지 않습니다. 성별, 관심사, 성격까지 고려한다면 모두를 위한 책을 고르는 일은 정말 어려운 선택이 될 것입니다.

반 아이들 모두가, 한 학년 아이들 모두가 같은 작품을 보아야만 하는 까닭은 없습니다. '볼 수도' 있다는 쪽으로 생각을 바꾸어야 합니다. 좋은 작품을 많이 만나면 좋듯이 아이들마다 다른 작품을 만나도 좋습니다.

학년이 높아질수록 모든 부문에서 개인차도 커집니다. 학습능력도 차이 나고 성격도 더 도드라지고 취향이 생기기 시작합니다. 그런 아이들에게 맞는 작품은 '아이들마다 다른' 작품입니다.

아이들 스스로 골라도 좋다

학교에서 이루어지는 모든 활동은 올곧은 교육이어야 합니다. 그래서 아무나 가르치는 일을 하지 않는 것입니다. 교사는 학년 교육과정, 학급 교육과정을 만들고 실행하며 평가합니다. 처음부터 끝까지 철학을 가지고 책임을 진다는 뜻이기도 합니다. 그래서 작은 것 하나 하나도 교사가 결정하고 판단하려는 모습을 보이기도 합니다. 학교에서 수업 시간에 책을 볼 때도 아이들에게 선택권을 주지 않는 경우가 많습니다. 반대로, 선택권을 준다기보다 그냥 보도록 놔두는 경우도 있습니다. 학급문고를 만들 테니 집에 있는 책 가운데 학교에서 보고 싶은 책을 좀 가지고 오라고 하는 경우지요.

수많은 작품 가운데 아이들이 자신을 키워줄 작품을 고르는 것은 쉽지 않습니다. 당연히 교사의 손길이 필요합니다. 하지만 교사가 다 골라줄 수 없습니다. '좋은 작품'이라는 울타리를 쳐 줄 수 있을 뿐입니다. '좋은 작품 울타리'만 있으면 아이들은 그 울타리 안에서 자신에게 맞는 작품을 마음껏 골라 읽으면 됩니다. 이 울타리는 '교육'과 맞닿는 것이겠지요.

'좋은 작품 울타리'를 치기 위해서는 교사가 좋은 작품이 무엇인지 알아야겠지요. 교사가 아이들보다 먼저 작품을 만나보고 고르는 방법도 있고 먼저 고민한 선생님들의 도움을 받는 방법도 있습니다.

좋은 작품은 학년을, 학생을 가리지 않는다

모든 아이들이 좋아할 만한 작품을 찾아내는 것은 쉽지 않습니다. 하지만 좋은 작품은 있고 당연히 모든 아이들이 좋아하는 작품도 있습니다.

6학년 아이들과 『책 읽는 강아지 몽몽』을 읽었습니다. 끊지 않고 읽어주면 초등학교 공부시간을 기준으로 1시간 남짓, 그러니까 40분 조금 넘게 걸립니다. 하지만 그렇게 내처 읽기엔 아까운 작품입니다. 아이들이 이어질 이야기를 아주 많이 궁금해 하기 때문이지요. 주인공인 강아지 몽몽이가 '번개의 시간여행2'권을 어떻게 읽을 수 있을지 궁금하고, 영웅이가 과연 '번개의 시간여행 1'을 읽게 될지가 궁금합니다. 초롱이가 몽몽이에게 내건 조건도 궁금하고요. 그러니까 한 번쯤 "어머, 시간이 다 됐네."하며 시간을 끌며 애들 속을 태우는 게 예의입니다. 뒷이야기가 궁금해 속이 탄 아이들은 도서관에 가서 빌려서 먼저 읽기도 했습니다. 그림도 아주 멋져서 읽으면서 그림을 잠깐 잠깐 보여주면 아이들은 "아, 귀여워.", "몽몽이 어떻게 해!" 하며 몽몽이를 온몸으로 받아들였습니다. 6학년 아이들이.

이렇게 아이들이 몽몽이에게 흠뻑 빠지고 한 달 후에 『만복이네 떡집』을 읽어주었습니다. 이 책은 몽몽이보다는 얇아서 더 금방 읽을 수 있지만 당연히 한 번 접어주었습니다. 저는 만복이보다는 몽몽이에게 조금 더 마음이 쓰였고 아이들도 당연히 몽몽이를 더 좋아할 거라 생각했습니다. 그래서 아이들에게 물어보았습니다. "너희도 몽몽이가 더 좋지?" 그 말은 『책 읽는 강아지 몽몽이』가 더 재미있지 않냐는 뜻이었습니다. 그런데 길지 않은 이 두 권의 작품은 24명의 아이들을 정확히 반으로 나누었습니다. 그래서 우리 반에는 몽몽이파와 만복이파가 생겼습니다.

『책 읽는 강아지 몽몽』과 『만복이네 떡집』은 어느 면으로 보나 고학년용 동화가 아닙니다. 『책 읽는 강아지 몽몽』은 출판사에서 제공한 책 읽기 단계는 2단계로 초등학교 1, 2학년, 『만복이네 떡집』은 3단계로 초등학교 3, 4학년에게 어울린다는 뜻입니다. 출판사에서 제공한 정보는 책을 선택할 때 참고할 하나의 자료일 뿐입니다. 책 두께로 따지자면 1, 2학년용으로 소개한 『책 읽는 강아지 몽몽』이 더 두껍습니다.

앞서 소개한 송미경 작가의 『돌 씹어 먹는 아이』나 『네모 돼지』는 1~4학년 아이들이 보기는 어렵습니다. 하지만 이 두 권은 모든 학년이, 아주 즐겁게 볼 수 있습니다. '1~2학년'용'이 아니라 1~2학년 '부터'라고 말을 바꾸면 좋겠습니다. '1~2학년용', '1단계', '초승달' 이런 말 때문에 좋은 작품이 가려지는 경우가 많습니다. 또, 5~6학년 아이들은 자존심 문제도 있고, 수준 낮아 보일 걱정도 해서 그렇게 소개되어 있는 책은 고르지 않게 됩니다.

유은실 작가의 『나도 예민할 거야』, 『나도 편식할 거야』, 박효미 작가의 『고맙습니다 별』도 1~2학년 애들하고만 보기엔 아까운 작품이고 천효정 작가의 『아기 너구리 키우는 법』은 오히려 1~2학년은 이해하기 어려운 작품입니다.

공부를 위해서만 보는 건 아깝다

우리가 작품을 읽는 가장 큰 목적은 '즐기기'입니다. 직업으로 보는 게 아니라면 보고 싶어서, 좋아서 읽습니다. 온작품읽기가 가야 하는 길의 방향도 여기에 있습니다. 즐겁게 해야, 즐길 줄 알아야 독서단원에서도 이야기한 '평생 독자가'가 될 수 있습니다. 온작품읽기가 즐거움이 아니라 공부만으로 아이들에게 다가간다면 아이들은 평생 책과 담을 쌓게 될 가능성이 많을 것입니다. 사전을 찾고, 낱말 공부를 하고, 조사를 하는 것도 좋지만 그런 활동이 '이 작품을 읽어내기 위해서는 기꺼이 하겠어!'라고 아이들이 두 주먹 불끈 쥐게 되는 경우가 아니라면 하지 않는 게 좋을 것입니다. 활동이 꼭 필요하다면 온전히 다 읽는 다음에 하면 좋겠습니다.

온갖 온작품 가운데 '책'을 이야기하다

앞에서 말씀드렸듯이 '작품'의 종류는 많습니다. 그 많은 작품 가운데 콕 찝어 '책'을 이야기하려고 합니다. 이 책은 5~6학년을 위한 온작품읽기에 대한 이야기입니다. 독서단원으로 당황해 하실, 독서단원을 조금 더 풍성하게 꾸려가고 싶으신, 독서단원을 포함하여 조금 더 많은 시간에 아이들과 책을 만나고 싶으신 분들을 위한 책입니다. 그래서 여러 가지 온작품 가운데 책을 골랐습니다.

책은 거의 모든 것의 답이라고 아이들에게 말합니다. 집중력이 부족하다고 생각하니? 책을 읽자. 어휘력을 기르고 싶니? 책이 답이야! 공감능력을 조금 더 기르고 싶은 아이, 생각의 폭을 넓히고 싶은 아이, 상상의 세계에 빠져들고 싶은 아이, … 그 모든 아이들에게 책은 답을 줍니다.

2부에서부터 소개해드릴 온작품읽기 활동 제목은 '책봄 이야기', '책가을하다', '책나들이 갑니다', '책향기 가득합니다' 로 모두 '책'이 주인공입니다.

온작품 '읽기'여야 한다

아이들의 '읽기'

작년과 올해 3월이 시작되자마자 학부모 상담을 시작 했습니다. 부모님이 아이들 이야기를 들려주는 시간이었는데 부모님들이 많이 한 이야기 가운데 하나가 우리 아이가 책을 싫어한다, 집에서는 책을 안 본다는 이야기였습니다. 은근히 학교에서 책 좀 많이 읽게 해주었으면 하는 바람을 이야기하신 것이지요. 저도 아이들의 독서능력과 독서습관을 지적하면서 아이들이 스마트폰처럼 자극적인 즐거움에 익숙해 책을 읽지 않는다거나, 학교 밖에서 아이들이 너무 바빠서 마음 편히 책 읽을 시간이 없다고 지적을 하며 학교에서 책을 많이 읽게 하겠다고 이야기하였습니다. 그런데 최근에 살펴본 자료 때문에 아이들의 독서환경에 대해 다시 생각하게 되었습니다.

우리나라 어른들이 책을 한 달에 한 권도 안 읽는다는 말은 들어보셨지요? 문화체육관광부에서 2년에 한 번 꼴로 발표되는 〈국민독서실태조사〉를 근거로 하는 말입니다. 2017 국민독서실태조사를 꼼꼼히 들여다보니 흥미로운 점이 있습니다. 종이책을 기준으로 성인은 1년에 8.3권을 읽는데 비해 초등학생은 8배나 많은 67.1권을 읽고 있습니다. 2015년 조사에 비해서 성인과 학생 모두 책을 덜 읽는 것으로 조사되었지만 여전히 초등학생은 1주일에 1권 넘게 책을 읽고 있으니 이 정도면 책을 읽지 않는다고 말할 수 없지요. 다만 4학년 때는 일년에 무려 84.9 권이나 읽었지만 6학년은 53.4권을 읽고 중학교 1학년은 25.2권을 읽었습니다. 학년이 올라갈수록 눈에 띄게 책을 덜 읽고 있습니다.

올해 3월에 아이들에게 책에 대해 떠오르는 것, 책에 대한 좋은 경험과 나쁜 경험이 무엇인지 물어보았습니다. 책하면 떠오르는 것 중 많이 나온 말이 읽기, 국어, 엄마, 아빠, 잔소리, 지루함, 재미, 감상문, 독서기록, 귀찮다, 만화, 지식, 도서관 따위였습니다.

좋은 경험

똑똑해진다, 모르는 것을 알 수 있다, 쓸 데가 많다. 책을 읽으면 시간을 유익하게 쓸 수 있다. 감성, 지성, 창의성을 높여준다. 책을 보고 많은 것을 알 수 있다. 지식이 쌓인다. 책을 읽어서 생각하는 것이 좋아졌다. 예전에, 음, 어, 근데요. 이런 거 자주했는데 책을 읽어서 나아졌다. / 속상한 일이 있을 때 책을 읽으면 기분이 나아 다. / 만화책을 읽으며 쉴 수 있다.

나쁜 경험

할머니께서 책 좀 보라고 꾸중을 했다. / 책을 안 읽고 게임할 때 엄마, 아빠가 책 읽으라고 잔소리를 했다. / 책 읽으라고 엄마한테 지적받았다. / 학원에서 책을 읽고 시험을 보는데 엄마가 80점 이상 안 넘으면 핸드폰 한 달 압수라고 했다 / 지루하다 / 책을 읽어야 한다. / 책 읽기 귀찮을 때 엄마가 계속 보라고 화내셔서 읽었다. / 부모님이 책 읽으라고 하시는 잔소리가 힘들다. / 책이 질렸다.

아이들의 이야기를 들으면서 독서환경과 경험이 점점 양극화 되고 있다고 생각했습니다. 여전히 많은 아이들은 책과 가까이 지내기 어려운 환경에 놓여 있습니다. 반면에 또 많은 아이들은 꾸준히 책을 읽습니다. 그런데 주목할 만한 것은 꾸준히 책을 읽

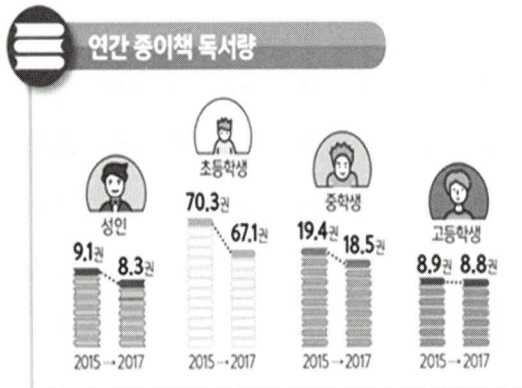

[표 2-4] 종이책 독서량 (학생)

(단위: 권)

		사례수(명)	전체 평균	독서자 평균
전체		3,329	28.6	31.2
학교급	초등학교	945	67.1	69.2
	중학교	1,085	18.5	20.0
	고등학교	1,298	8.8	10.1
학교급·학년	초등학교 4학년	307	84.9	86.1
	초등학교 5학년	309	63.9	65.6
	초등학교 6학년	329	53.4	56.3
	중학교 1학년	338	25.2	26.6
	중학교 2학년	350	18.8	20.5
	중학교 3학년	397	12.5	13.6
	고등학교 1학년	394	12.8	13.7
	고등학교 2학년	450	8.8	9.9
	고등학교 3학년	454	5.2	6.5

는 아이들 역시 책에 대해 나쁜 경험을 가지고 있는 경우가 많다는 것입니다. 우리 반에서 책에 대한 좋은 경험을 자세하게 예를 들어 쓴 아이는 딱 한명 밖에 없습니다. 아이들이 써 놓은 내용은 직접 겪은 것이 아니라 대부분 어른들에게 들은, 책을 읽어야 하는 이유나 장점들입니다. 거꾸로 나쁜 경험은 아주 구체적입니다.

핸드폰 압수 협박을 받았다는 아이에게 물어보니 읽어야 하는 책, 하루에 읽어야 할 쪽수, 읽고 나서 해야 할 것들이 정해져 있다고 합니다. 예습과 복습도 해야 합니다. 그 아이에게 책 읽기는 '학습'과 같았습니다. 한 신문 기사에서 한국 초등학생들의 일상을 분석하였는데, 평일 휴식시간은 48분, 주말은 171분이고 평일 공부시간은 195분이나 된다고 합니다. 중고교생보다 초등학생들의 공부시간이 더 길고 휴식시간은 짧습니다.[1] 그리고 학원가 주변에는 '동요스쿨' '독서코칭' '초중생 체육' 처럼 놀이도 아이들이 스스로 정하지 못하고 있다고 지적하였습니다. 그러니 우리반 아이처럼 꾸준히 책을 읽는 아이들 대부분도 시간을 내어 스스로 읽는 것이 아니라 책을 숙제처럼, 공부처럼 읽고 있다는 것을 알 수 있었습니다.

사회학자 엄기호와 정신과 의사 하지현씨가 쓴 「공부중독」에서 우리나라 출판시장의 붐과 관련해서 재미있는 이야기를 읽었습니다. 486세대는 공부로 이른바 자수성가를 한 세대라서 공부를 성공의 수단으로 생각하기 때문에 자기가 공부한 방식을 아이들에게도 전수하려고 한다는 것입니다. 자신들은 부모들 몰래 무협지나 연애소설을 보면서 공부하는 것이 가능했지만 지금 아이들은 책 읽기도 공부를 목적으로 부모들이 기획한 대로 읽고 있다고 합니다. 그래서 486세대의 아이들이 네 살, 다섯 살 됐을 때 그림책을 사주면서 우리나라에 그림책 시장이 만들어졌고, 10년쯤 지나 청소년 책을 사주면서 청소년책 시장 만들어졌다는 것입니다. 그러니까 출판시장이 부모가 아이를 위해 투자하는 방향으로 이끌려 가고 있다는 것이지요. 학생을 대상으로 한 독서

---

[1] 2018년 5월 16일 동아일보 〈우리도 잘 놀고 싶어요〉 기사 가운데 2017 초록우산어린이재단이 전국의 초중고교생 6428명을 대상으로 실시한 '아동행복생활시간조사' 결과

관련 책을 검색해보면 주로 책 읽기가 아이의 성적이나 미래를 좌우한다는 식의 내용이 많은 것도 같은 맥락으로 이해할 수 있습니다.

아이들이 책을 좋아하는 정도를 숫자로 나타내라고 했을 때 우리 반 평균은 6이 조금 넘었는데, 책을 좋아하는 담임을 생각했거나, 체면치레를 한다고 아주 후하게 점수를 주었다는 생각이 듭니다. 우리반 교실에는 두 부류의 아이들이 함께 존재합니다. 하나는 제가 어릴 때보다 훨씬 더 책을 많이 읽지만 책을 좋아하지 않는 아이들입니다. 부모에게 책 읽기와 나의 성적과 미래를 좌우한다는 식의 이야기를 들으며 살았을 테니까요. 책을 원해서, 골라서 읽어본 적도 별로 없구요. 동시에 학교가 아니면 스스로 책을 읽을 일이 없는 아이들도 많습니다. 매우 달라 보이는 아이들과 어떻게 책을 읽으면 좋을까요?

교사의 '읽기'

선생님들은 학교에서 아이들에게 온작품을 읽히는 것을 어떻게 생각하고 있을까요? 최근에 독서교육 연수에서 만난 선생님들 몇 분께 독서교육을 어떻게 생각하냐고 물었습니다. 다음과 같은 두 부류의 이야기가 있었습니다.

① 독서 좋은 것은 다 알지요. 하라고 하기도 하구요. 그런데 신경을 별로 못써요. 학교에서 수업하고 업무하는 것도 바쁜데, 언제 애들 책 읽는 것까지 챙겨요? 할 애들은 알아서 하는 것 같고, 솔직히 독서라는 게 억지로 시킨다고 되는 것도 아닌 것 같아요.

② 제가 책을 좋아해서, 애들이랑 독서교육 많이 하고 싶은데요. 애들이 별로 좋아하지도 않구요. 저도 어떻게 하면 좋을지도 잘 모르겠어요.

두 가지 이야기를 종합해 보면 선생님들은 독서교육이 중요하다고 생각은 하지만 아이들에게 '읽기'를 시키는 것도, 읽고 무엇인가를 해야 한다고 생각이 들어 더 부담스럽다는 것입니다. 검색창에서 독서교육을 검색해 보면, 독서토론, 독서논술, 독서이력제, 독후 활동, 독서지도사, 독서교육 전문가, 독서 코칭 같은 낱말이 뜹니다. 자세히 들여다보면, 책을 읽는 그 자체의 활동보다는 대부분 책을 읽고 나서 하는 독후활동 또는 책을 매개로 아이들에게 다른 학습을 시키는 것에 초점이 맞추어져 있는 것을 알 수 있습니다. 즉 '무엇' 보다는 '어떻게'에 초점이 맞추어져 있습니다. 이것이 선생님들이 말하는 부담감의 정체가 아닐까요?

 우리는 독서교육이라는 이름으로 아이들이 책을 읽을 시간과 기회를 빼앗고 있습니다. 오랫동안 공교육과 사교육에서 독서교육을 강조하고 있지만 아이들은 점점 책과 멀어지게 되었습니다. 앞에서 언급한 독서실태조사에 따르면 집에서 책을 읽는다는 초등학생이 절반이 넘습니다. 교실은 18.7, 도서관은 13.9% 에 불과합니다. 아이들에게 책을 읽게 하는 것마저 업무처럼 부담을 느끼게 되었고 결국 아이들에게 책 읽는 시간을 덜 주게 된 것입니다.

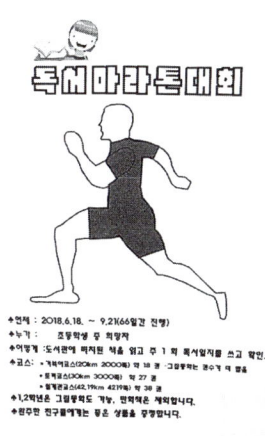

독서 마라톤 대회

언제 : 2018.6.18.~ 9.21 (66일간 진행)
어떻게 : 도서관에 비치된 책을 읽고 주 1회
　　　　　독서 일지를 쓰고 확인
코스 : • 거북이 코스 (20km 2000쪽) 약 18권
　　　　　- 그림동화는 권수가 더 많음
　　　　• 토끼코스 (30km 3000쪽) 약 27권
　　　　• 월계관코스(42.19km 4219쪽) 약 38권
1・2학년은 그림동화도 가능, 만화책은 제외합니다.
완주한 친구들에게는 좋은 상품을 증정합니다.

 근처 학교 도서관에 붙어 있는 안내문입니다. 독서마라톤, 'ㅇ권 책 읽기 도전'처럼 양을 강조하는 책 읽기는 익숙한 풍경입니다. SNS를 찾아보면 어른들도 올해 100권 읽기를 성공했다는 자랑하는 글을 쉽게 발견할 수 있습니다. 우리는 독서의 양에 너무 집착합니다.

 책을 많이 읽는 것은 좋습니다. 책은 거의 모든 것의 답이니까요. 그러나 여기에는 전제 조건이 있습니다. 책을 꾸준히 많이 읽는 것과 더불어 책 읽기 자체를 즐겨야 합니다. 책을 많이 읽는 것은 책을 잘 읽는 것의 충분조건일 뿐입니다. 자기소개 항목에 독서를 취미로 쓰지 특기로 쓰지 않습니다. 취미는 목적을 가지고 하지 않습니다. 그런데 요즘은 책을 읽는 것 자체에서 재미를 못 느끼고 다 읽고 나서 생기는 떡고물을 생각하며 견뎌내는 아이들이 많습니다. 목적을 가지고 하는 독서는 금방 지칩니다. 학교에서 하는 책 읽기의 첫 번째이자 가장 중요한 목표는 아이들에게 책 읽는 즐거움을 깨닫게 해주는 것이 되어야 합니다. 깨달음, 누가 주거나 가르쳐서 배우는 게 아니라 스스로 알게 되는 것입니다. 독서교육을 아예 하지 말라는 뜻이 아니라 아이들에게 독서의 즐거움을 느낄 수 있게 촘촘하게 신경을 써야 한다는 뜻입니다. 재미있어야 평생 할 수 있으니까요.

 책의 재미를 느끼려면 꾸준히 읽어야 합니다. 독서광으로 소문이 나 있는 영화평론가 이동진은 책의 재미를 '과포화용액'이라는 말로 설명을 하고 있습니다. 물에 설탕을 넣으면 처음에는 넣는 족족 물에 녹아 설탕이 보이지 않지만, 계속 설탕을 넣다보면 어느 순간 포화용액이 되어서 물에 넣은 설탕이 사라지지 않고 쌓이는 게 보인다는 것이지요. 책의 재미가 과포화용액 같은 것이라서 재미가 한 번에, 단숨에 얻어지지 않으니 어느 정도까지는 책을 읽는 것이 일과로 들어와야 합니다. 습관이 되고 일상이 되어야 합니다. 그래야 책을 꾸준히 읽을 수 있는 기초체력, 즉 책 읽는 근육이 생깁니다.

책 읽는 몸 만들기 1 :
책은 가까이에, 스스로 고르고, 그저 읽게만 하자.

'읽다'라는 동사에는 명령법이 먹혀 들지 않는다. 읽는다는 것은 생각하는 것, 즉 독자가 스스로 기운을 내지 않으면 '읽다'라는 행위가 성립되지 않는다.

- 다니엘 페낙

저는 아이들에게 책은 밥, 놀이, 친구이라고 이야기를 합니다. 책을 읽는 일은 밥을 먹는 것처럼 습관이 되어야 하고, 시켜서 하는 일이 아니라 놀이처럼 기꺼이 해야 합니다. 친구와 마음을 나누며 기운을 얻는 일이 책을 읽으면서도 일어나야 합니다.

가장 먼저 해야 할 일은 책을 '그냥', '충분히' 읽을 수 있는 시간을 주는 것입니다. 많은 혁신학교에서 80분 단위 블록 수업을 하고 30분 이상의 놀이시간을 주는 까닭은 아이들이 배움과 놀이에 푹 빠져서, 충분히 경험할 수 있는 시간을 주기 위해서입니다. 마찬가지로 아이들이 책을 충분히 읽게 하는 가장 확실한 방법은 수업시간 내내 읽기만 하는 것입니다.

2017년과 2018년에 했던 '책봄 이야기'와 "책나들이 갑니다!" 활동은 책을 매일 읽는 것부터 시작합니다. 1교시를 이용해서 활동을 하면 아침시간에 이어서 충분히 책을 읽을 수 있습니다. 책 읽기를 즐겨하지 않던 아이들도 수업시간 내내 그저 책을 읽기만 하면 된다는 사실에 기꺼이 책을 읽습니다. 게다가 교실에서 함께 지내는 아이들 모두가 책을 집중해서 읽는 모습이 내뿜는 압도적인 분위기가 있습니다. 책 읽는 공간이 주는 힘과 수업 시간이라는 사실이 더해져 책 읽기의 훌륭한 동기부여가 됩니다.

2부에서 자세히 이야기 하겠지만 떳떳하게 수업시간에 책만 읽을 수 있는 시간을 확보하는 것은 어렵지 않습니다. '책봄 이야기'와 '책나들이 갑니다!' 활동을 하면서 3월과 4월 한 달은 전담시간이 있는 날을 제외하고 매일 1교시는 책을 읽는 데 썼더니 읽기는 일상이 되었습니다. 아이들이 책을 읽고 하는 일은 그날 읽은 책 제목을 기록하고 책과 나눈 이야기를 아주 간단하게 2~3줄을 적는 것 뿐이었습니다. 처음에는 아무 것도 하지 않는 것이 아깝다는 생각도 들었습니다. 그러나 책을 교과 공부를 위한 수단이나 그럴 듯한 결과물을 남기는 것에 집착하는 순간 아이들은 책과 다시 멀어집니다.

두 번째, 책을 가까이 둡니다. 어른이고 아이고 스마트폰에 빠지기 쉬운 이유 중에 하나는 늘 내 옆에, 아주 가까이에 있기 때문입니다. 책을 꾸준히 읽으려면 책이 교실에 있어야 합니다. 학교마다 도서관이 있긴 하지만 내가 주로 생활하는 교실에, 몇 발자국만 걸어도 보이는 곳에 책이 있는 것이 더 좋겠지요. 학급문고가 있으면 더 좋고, 없다면 아이들에게 도서관에 가서 알아서 빌려오게 하는 것 보다 선생님이 괜찮은 책 목록을 바탕으로 최소 아이들 숫자의 두 배 이상의 책을 교실에 들여놓고 그 안에서 아이들이 직접 고르게 하는 편이 훨씬 좋습니다. 앞에서 이야기한 '좋은 작품 울타리'입니다. 이렇게 교실에서 고른 책은 아이들 책상 서랍 한쪽에 늘 들어 있습니다. 책이 늘 손을 뻗으면 잡히는 곳에 있으니 책 활동시간이 아니어도 책을 보는 아이들이 늘어납니다.

세 번째, 제한된 범위에서 스스로 책을 고르게 합니다. 아이들은 빛깔이 서로 다르고 고학년이 되면 읽기 능력도 상당한 격차가 생깁니다. 당연히 몰입할 수 있는 책도 서로 다릅니다. 그런데 이른바 고학년용 책들은 평균이상의 읽기 수준을 가진 아이들에게 적합한 책들입니다. 읽기 경험이 많지 않고 읽기 능력이 낮은 아이들이 자신의 능력에 비해 어려운 텍스트를 읽게 되면 읽기 경험에 부정적인 영향을 미칠 뿐만 아니라 반복될 경우 읽기 능력에도 문제가 생깁니다.[2] 당연히 재미도 없구요.

---

2) 어려운 텍스트를 읽었을 때 단어나 문장을 해독하는 데 집중함으로써 글을 이해하지 못하게 되는 일을 터널비전이라고 한다. (엄훈, 학교 속 문맹자들 313) 엄훈교수는 어려운 글을 읽을 때 독자의 시야가 좁아져서 제대로 읽어낼 수 없는 터널 비전을 소개하였는데, 특히 무의미한 읽기를 통해 누적된 실패로 인한 터널 비전에 빠지는 것을 경계해야 한다고 말했다.

그러므로 읽기에 몰입하게 하려면 아이들이 각자의 능력에 비추어 이해할 수 있는 수준의 책들 가운데, 의미 있다고(재미있겠다고) 생각하는 책을 스스로 선택할 수 있게 도와주어야 합니다. 이 때 주의할 점은 활동 초기에는 고를 책이 너무 많거나 적지 않게 조절을 해야 한다는 것입니다. 우리 교실에는 대략 800권 정도의 책이 있지만 처음 '책봄 이야기' 활동을 할 때에는 분량과 읽기 난도를 고려해 세 수준 정도 나누어 가뿐히 봄, 느긋이 봄, 곰곰이 봄이란 이름으로 각각 스무 권 정도씩만 꺼내 놓고 그 안에서만 마음껏 골라 읽게 했습니다. 책의 종류와 양을 제한하는 것은 두 가지 이유가 있습니다. 먼저, 책과 아직 친하지 않은 아이들은 지나치게 선택의 폭이 넓으면 오히려 책을 잘 고르지 못하게 됩니다. 책 목록을 수준별로 정해 놓은 것은 양질의 책을 읽게 하는 안정장치입니다. 가뿐히 봄은 이른바 '저학년 도서' 책들이라 책 읽기 경험이 없는 아이들도 쉽게 읽을 수 있습니다. 책 읽기가 아직 버거운 아이들에게 짧고 쉽지만 문학적으로 완성도가 높은 책으로 숨통을 틔어주는 것이지요. 느긋이 봄과 곰곰이 봄은 글의 양보다는 이야기의 구조, 주제, 문장수준을 고려해서 나누었습니다. 처음에는 가뿐히 봄의 책을 본 아이들도 2주정도 지나니 느긋이 봄이나 곰곰이 봄에 있는 책을 읽을 많이 보기 시작했습니다. 아이들이 몰리니 책의 수를 좀 늘려야겠다는 생각이 들어 각각 서른권 정도씩 더 놔두었습니다.

처음에는 책을 읽으면서 자기 읽기 속도가 어느 정도인지 확인하라고 했습니다. 그 다음부터는 활동을 하기 전에 남아있는 책의 양을 보고 활동 중간에 책을 다 읽을 것 같으면 미리 한 권 더 빌려 놓도록 했습니다. 중간에 책을 반납하고 새로 고르느라 왔다 갔다 하지 않는 것도 책을 읽고 있는 친구들에 대한 배려라고 이야기 했지요. 물론 50쪽 넘게 읽었는데도 책이 너무 재미없으면 바꾸어도 된다고 했습니다. 이때는 옆에 가서 제가 책을 골라주기도 했습니다.

책을 읽을 수 있는 물리적 공간과 시간을 확보하는 것은 저절로 운동을 하고 싶은 마음이 드는 멋진 헬스장을 차린 것과 같습니다. 그러나 운동은 운동인지라 생각만큼 잘 되지도 않고 힘들어하는 사람이 있습니다. 그 때 선생님들이 아이들의 'PT'역할을 해주면 됩니다. 애들이 방황할 때 '너는 이 책이 마음에 들 거야.'하며 슥 찔러주면서 지치지 않고 계속 책을 읽을 수 있게 독려하는 것이지요. 선생님이 아동 도서를 꾸준히 읽고 책에 대한 안목을 가지는 것이 필요합니다. 당장 어렵다면 우리반 아이들 사이에서 입소문이 난 책을 눈여겨보았다가 추천해주시는 것도 하나의 방법입니다.

시작부터 당장 효과가 나타나지는 않습니다. 처음 한두 주는 아주 극심한 근육통을 호소하는 아이들이 눈에 띌 것입니다. 흔들리지 마시고 모른 척 하십시오. 올해 '책나들이 갑니다!'를 시작하기 전에 책이 재미없다고 온몸으로 이야기 하는 아이들을 모른 척하며 반 아이들 전체에게 이런 이야기를 해주었습니다.

> "처음부터 당장 재미있는 것은 쉽게 질려. 단순한 게임 같은 것은 처음에는 재미있는데 금방 질리잖아? 그런데 진짜 재미있는 것들은 좀 재미를 느끼려면 좀 시간이 걸려."

'난 축구만 좋아해.'라고 온몸에 쓰여 있는 재완이에게 물었습니다. "재완이처럼 축구를 잘하고 좋아하려면 당장 되지 않아. 운동장 돌아야지, 패스, 슛, 기본기 연습을 엄청 하지 않아?" 했더니 고개를 끄덕였습니다. 옆에 앉은 주환이도 진짜 재미있는 게임은 처음에는 어려워서 재미가 없는데 꾹 참고 레벨을 좀 올리면 재밌어진다고 거들었지요.

책 읽는 몸 만들기 2 :
읽기 이해 능력을 길러주자.

요즘 배드민턴을 배우고 있습니다. 처음에는 기본동작만 반복하는 것만 해도 힘들었는데, 석달 정도 지나니까 조금은 견딜만 합니다. 처음에는 실력이 느는 게 눈에 보였는데 어느 순간 잘 되지 않습니다. 그러자 레슨을 하던 강사님이 몇 가지 조언을 해주었습니다. 다리 근력이 약하니까 스쿼드를 꾸준히 하고, 지금보다 칠 때 손목을 더 많이 쓰고, 특히 지금 쓰고 있는 라켓은 좋은 것이지만 선생님에게는 맞지 않으니 더 가벼운 것으로 바꾸라는 것이었습니다. 특히 강사님이 추천해 준 라켓으로 바꾸고 예전보다 힘을 덜 들이고 치고 있습니다.

책을 읽는 것도 마찬가지입니다. 꾸준히 책을 가까이에 두며 스스로 골라 그저 읽게만 하는 것은 책을 읽는 물리적, 심리적 환경을 만들어 주는 것입니다. 그와 동시에 아이들이 책 읽기를 제대로 할 수 있도록 아이들의 읽기 이해 능력을 파악해서 적절히 지도해야 합니다.

우선, 아이들이 책을 읽는 태도와 경향을 살펴보세요. 특히 책을 지나치게 늦게 읽는 아이나 '누구나 봄' 수준에서만 머무르는 아이들은 읽기 이해 능력에 문제가 있을 수 있습니다. 저는 책 읽기가 지루하다는 말을 믿지 않습니다. 책 읽기를 싫어하는 것이 아니라 책을 못 읽는 것을 지루하다, 싫다고 표현한다고 생각합니다. 글자나 문장을 읽을 수 있는 것과 글을 이해하는 능력은 다른 것이니까요. 반대로 책을 지나치게 빨리 읽는 아이들도 읽기 이해 능력에 문제가 있을 수 있습니다.

재완이는 하루에 한 권씩 책을 해치우듯이 읽었습니다. '곰곰이 봄'에 있는 책도 어렵지 않게 읽어 나갔습니다. 그런데 재완이가 '책나들이 갑니다!'에 적은 감상(책나들이 한 이야기)을 보면 재완이가 책을 제대로 읽고 있는지 의문이 듭니다.

① 차공만은 축구를 못한다. 그런데 오리한테 메시처럼 축구를 잘 하고 싶다고 해서 오리가 스페인에 가서 메시처럼 잘 할 수 있는 양말을 가져와서 차공만은 축구를 잘하게 되었다. 『**축구왕 차공만**』, **성완, 비룡소**

① 처럼 처음에는 책 내용만 간단히 적거나, 느낌을 쓰더라도 단순하게 표현을 했습니다. "책 내용을 굳이 적지 않아도 좋다. 이 곳에는 책과 나눈 이야기, 책을 읽고 든 생각을 간단히 적어라." 라고 따로 이야기를 하고 나서는 감상이 아래와 같이 바뀌었습니다.

② 로봇의 별이라는 책에서 로봇은 사람 말을 무조건 들어야 한다는 게 나왔다. 그리고 로봇은 사람을 공격하면 안 된다. 그러면 로봇을 잘못 만들면 위험해서 나는 로봇을 우리 나라에서 만들지 않으면 좋겠다.

『로봇의 별』, 이현, 푸른숲주니어

③ 싸움의 달인에서 싸움을 잘하는 법이 나왔다. 친구가 때리면 맞고 있으라는 법은 없다. 싸움의 달인은 줄글 책이다.

『싸움의 달인』, 김남중, 낮은산

이현의 『로봇의 별』은 인간과 구별이 되지 않는 정교한 로봇이 인간과 함께 사는 미래의 대한민국을 배경으로 한 작품입니다. 사람들은 돈을 기준으로 네 계급(알파부터 델타)으로 나뉘어져 살고 있으며 각 계급별로 먹을 것, 할 수 있는 일 등이 정해진 통제된 삶을 살고 있고 제일 아래 계급인 델타는 최소한의 인간다운 권리도 누리지 못하고 삽니다. 반면에 로봇은 스스로 삶의 주인이 되기 위해 로봇의 별을 찾아 떠나는 선택을 하지요. 이 작품을 읽고 나면 '로봇의 필요성'이 아니라 인간다운 삶에 대해 생각하게 되기 마련입니다. 김남중의 『싸움의 달인』은 용산참사처럼 부당한 공권력을 향한 철거민의 싸움을 소재로 한 작품입니다. 주인공인 5학년 소령이가 자기를 괴롭히는 진기에게 이기기 위해 싸움의 기술을 익히는 장면으로 시작하지만 진짜 중요한 이야기는 소령이의 삼촌이 부당한 공권력에 맞서 싸우는 과정을 지켜본 소령이가 진짜 싸움에 대해 깨닫게 되는 것입니다. 두 작품 모두 가볍게 볼 수 있는 작품이 아니지요. 재완이는 이 두 작품의 주제를 정확히 파악하지도 못했을 뿐만 아니라 중심사건이 아니라 사소한 부분, 생각을 깊이 하지 않아도 되는 이야기만 하고 있습니다.

책을 잘 읽는다는 것은 독자가 내용을 제대로 파악하는 것만을 이야기하는 것이 아니라 글을 쓴 저자와 소통하고 나아가 책을 읽는 자신과 깊은 대화를 나누는 것을 말합니다. 그러므로 책을 잘 읽었다면, 좋은 책이라면 읽는 데 시간이 오래 걸릴 수밖에 없습니다. 재완이는 책을 읽는 속도는 빠르고 책의 내용도 대체로 잘 기억하고 있지만 책을 제대로 읽어낼 읽기 이해 능력은 부족하다고 할 수 있습니다.

> 교사들의 한글해득에 대한 강박관념의 이면에는 역설적이게도 읽기 능력의 마법적인 신장에 대한 비합리적인 기대감이 깔려 있기도 하다. '한글 해득'만 되면 그동안 장벽에 가로막혀 터져 나오지 못했던 읽기 능력이, 제방을 무너뜨린 물처럼 마구 흘러나오리라는 상상을 하고 있는지도 모른다. 하지만 읽기 능력은 제방에 가로막혀 있는 물이 아니다. 읽기 능력은 나무처럼 자라는 것이다. 조금씩 조금씩 눈에 보이지 않게 자라서 어느 날 거대한 나무가 되는 것이다.
>
> - 학교 속의 문맹자들, 엄훈, P. 168

    온 나라가 한글해득을 위해 들이는 관심에 비해 이후 책을 제대로 읽히는 노력은 소홀했다고 생각합니다. 그저 책을 읽어라, 많이 읽어 라고만 했지 어떻게 읽어야 하는지, 어떻게 하면 제대로 읽을 수 있는지 알려주지는 않았으니까요. 책을 고를 때 자꾸만 저학년 책이나 만화책에만 고른다고, 책이 지루하다고 말한다고, 책을 읽고 제대로 감상을 이야기하지 못한다고 걱정하기만 하지 말고 아이들의 읽기 이해 능력이 부족하지 않은지 살펴보아야 합니다. 재완이처럼 읽기 수준이 높은 고학년 장편동화를 주로 읽는 아이들도 예외는 아닙니다. 또래에 비해 높은 수준의 책을 계속해서 읽기는 하지만 책을 읽고 한 생각의 수준이 그에 미치지 못한다면 읽기 이해 능력을 의심할 필요가 있습니다. 읽기 이해 능력은 학자들마다 조금씩 다르게 이야기하고 있지만 국어과 교육과정 성취기준과 읽기이해에 대한 자료들을 참고로 다음과 같이 정리할 수 있습니다.[3]

---

[3] 김동일 외(2017). 학습장애위험군 진단·평가를 위한 기초학습기능 수행평가체제(BASA) 읽기이해검사 타당화 연구. 학습장애연구, 14(2), 1-20 및 2018 국어과 교육과정의 성취기준 및 내용요소를 참고하여 구성

의미	해당 내용요소
사실적 이해 · 글에 나오는 구체적인 내용, 정보, 주제 등을 파악하거나 요약할 수 있는 능력	· 인물, 사건, 배경파악하기 · 내용확인(세부내용 파악) · 주장이나 주제 파악 · 낱말의 다양한 뜻 알기 · 비유적인 표현 · 세부 내용 파악하기 · 인과관계 파악하기 · 주장과 근거 파악하기 · 글의 짜임 및 구조 파악하기 · 사실과 의견 구분하기 · 요약하기(내용 간추리기) · 이야기 구성요소 및 관계 파악하기 · 관용 표현 · 상황에 따른 낱말의 의미
추론적 이해 · 사실적 이해를 바탕으로 글에 생략된 부분을 독자의 배경지식과 이해를 바탕으로 채워 넣는 과정 · 글에 직접적으로 드러나지 않는 내용을 처리할 수 있는 능력	· 인물의 처지 · 마음 짐작하기 · 관점 파악하기 · 추론하며 읽기 · 이어질 내용 예측(상상)하기 · 이야기 구성요소 및 관계 파악하기 · 주제, 소재, 제목 파악하기
평가적 이해 · 사실적 이해와 추론적 이해를 바탕으로 텍스트를 비판적으로 이해하고 분석하는 능력	· 내용의 타당성 평가 · 작품 속 세계와 현실 세계의 비교 · 작품에 대한 생각과 느낌 표현 · 작품의 이해와 소통 · 작품의 감상 및 평가하기(글의 분위기)

	해당 성취기준
사실적 이해	[2국02-03] 글을 읽고 주요 내용을 확인한다. [4국02-01] 문단과 글의 중심 생각을 파악한다. [4국02-02] 글의 유형을 고려하여 대강의 내용을 간추린다. [4국02-04] 글을 읽고 사실과 의견을 구별한다. [4국04-01] 낱말을 분류하고 국어사전에서 찾는다. [4국04-02] 낱말과 낱말의 의미 관계를 파악한다. [4국05-02] 인물, 사건, 배경에 주목하며 작품을 이해한다. [6국02-02] 글의 구조를 고려하여 글 전체의 내용을 요약한다. [6국02-03] 글을 읽고 글쓴이가 말하고자 하는 주장이나 주제를 파악한다. [6국04-03] 낱말이 상황에 따라 다양하게 해석됨을 탐구한다. [6국04-04] 관용 표현을 이해하고 적절하게 활용한다. [6국05-03] 비유적 표현의 특성과 효과를 살려 생각과 느낌을 다양하게 표현한다.
추론적 이해	[2국02-04] 글을 읽고 인물의 처지와 마음을 짐작한다. [2국05-02] 인물의 모습, 행동, 마음을 상상하며 그림책, 시나 노래, 이야기를 감상한다. [4국02-03] 글에서 낱말의 의미나 생략된 내용을 짐작한다. [4국05-03] 이야기의 흐름을 파악하여 이어질 내용을 상상하고 표현한다. [6국01-06] 드러나지 않거나 생략된 내용을 추론하며 듣는다. [6국01-07] 상대가 처한 상황을 이해하고 공감하며 듣는 태도를 지닌다. [6국02-01] 읽기는 배경지식을 활용하여 의미를 구성하는 과정임을 이해하고 글을 읽는다.
평가적 이해	[2국02-05] 읽기에 흥미를 가지고 즐겨 읽는 태도를 지닌다. [2국05-01] 느낌과 분위기를 살려 그림책, 시나 노래, 짧은 이야기를 들려주거나 듣는다. [2국05-05] 시나 노래, 이야기에 흥미를 가진다. [4국02-05] 읽기 경험과 느낌을 다른 사람과 나누는 태도를 지닌다. [4국05-01] 시각이나 청각 등 감각적 표현에 주목하며 작품을 감상한다. [4국05-04] 작품을 듣거나 읽거나 보고 떠오른 느낌과 생각을 다양하게 표현한다. [4국05-05] 재미나 감동을 느끼며 작품을 즐겨 감상하는 태도를 지닌다. [6국02-04] 글을 읽고 내용의 타당성과 표현의 적절성을 판단한다. [6국02-05] 매체에 따른 다양한 읽기 방법을 이해하고 적절하게 적용하며 읽는다. [6국02-06] 자신의 읽기 습관을 점검하며 스스로 글을 찾아 읽는 태도를 지닌다. [6국05-02] 작품 속 세계와 현실 세계를 비교하며 작품을 감상한다. [6국05-05] 작품에 대한 이해와 감상을 바탕으로 하여 다른 사람과 적극적으로 소통한다. [6국05-06] 작품에서 얻은 깨달음을 바탕으로 하여 바람직한 삶의 가치를 내면화하는 태도를 지닌다.

위의 표는 읽기 이해 능력의 수준을 단계별로 나누어 놓았습니다. 그러나 읽기 이해 능력을 아래 단계부터 하나하나 길러야 한다는 뜻은 아닙니다. 읽기 능력이라는 것이 계단을 오르듯 단계적으로만 성장하는 것은 아니기 때문입니다. 하지만 세부 내용 파악, 주장이나 주제 파악, 낱말의 문맥적인 의미 파악, 중요한 내용을 파악하여 요약하기 같이 사실적 이해 수준에 문제가 있는 아이들이 상위 읽기 능력에 해당하는 의미 있는 감상을 하거나 책을 제대로 평가 하는 것은 어렵지 않을까요?

중요한 것은 아이들의 읽기 능력을 살피고 이해 능력을 길러주는 활동 모두 온작품 읽기 활동 안에서 이루어져야 한다는 것입니다. 첫 번째 단계는 책과 나눈 이야기를 간단한 형태로 꾸준히 기록하게 하는 것입니다. '책봄 이야기'와 '책나들이 갑니다!' 활동을 할 때 책을 읽고 했던 생각을 간단히 기록만 했습니다. 책은 열심히 읽어도 며칠만 지나면 생각이 안 납니다. 그러나 내용을 기억하는 것은 별로 중요한 일이 아닙니다. 책은 제대로 생각하는 법, 나를 돌아보고, 세상을 대하는 법을 배우기 위해 읽는 것이니까요. 책을 읽는 동안 많은 생각을 하게 되지만 대개 정돈되지 않은 뭉뚱그려진 덩어리로만 존재합니다. 이런 생각은 금세 사라집니다. 글이든 말이든 언어의 형태로 표현하는 것은 생각을 정돈하고 잘 기억하게 해줍니다. 두세 줄도 좋으니 자신의 생각이나 느낌을 글로 써서 차곡차곡 쌓았습니다. 이 자료는 교사가 아이들의 읽기 수준을 파악하는 데도 중요한 자료가 됩니다.

아이들의 읽기 능력을 기르는 두 번째 단계는 올해 우리 반 아이들에게 필요한 적절한 활동을 계획해 보는 것입니다. 반 전체 학생을 대상으로 할 때는 '누구나 봄' 수준의 책을 골라서 직접 읽어주며 활동을 하는 것이 좋습니다.

몇 가지 활동 예를 들겠습니다. '책나들이 갑니다!' 에서는 '인물의 성격을 파악하기' 활동이 있습니다. 『종이봉지 공주』를 읽고 공주, 왕자와 각각 성격이 비슷한 사람을 떠올려본 후 어떤 점 이 비슷한지 이야기 해보았습니다. 그냥 왕자와 공주의 성격이 어떠냐고 물어보는 것보다 조금 더 구체적으로 성격을 파악할 수 있었습니다. 또 『만복이네 떡집』을 읽고 나서는 만복이의 성격 파악하기, 성격이 어떻게 변화하였는지,

왜 변화하였는지, 만복이와 자신의 성격을 견주어 보기도 하였습니다. 2018년의 5학년 아이들은 간추리기를 특히 어려워했습니다. 그래서 『책 읽는 강아지 몽몽』을 읽으며 이야기를 간추리는 방법을 알려주고, 각자 간추린 것을 견주어 보면서 고쳐보았습니다. 그 후에는 각자 고른 책을 보면서 내용을 간추려 보고, 인물의 성격이 잘 드러나 있는 작품을 보았을 때는 인물의 성격도 기록하였습니다.

온작품읽기가 자리 잡아 아이들이 책 읽는 몸이 만들어졌다면 세 번째 단계는 책을 깊이 감상할 수 있는 시간과 기회를 주는 것입니다. 예를 들면, 책을 읽을 때 이야깃거리를 찾고, 찾은 이야깃거리로 친구들과 이야기를 나눕니다. 그러면 혼자 책을 읽을 때와는 다른 경험을 하게 됩니다. 제가 속한 전국 초등국어 교과 모임 연꽃누리에서는 2018년 1학기 동안 한 달에 한 권씩 『이오덕 일기』 5권을 모두 읽었습니다. 감상문을 쓰는 대신 일기 속에서 이야깃거리를 찾아서 이야기를 나누었습니다. 그랬더니 『이오덕 읽기』를 읽을 때 나와 생각이 같은 부분과 다른 부분을 생각하며 읽게 되고, 이 일과 비슷한 나의 경험을 떠올리며 조금 더 깊이, 천천히 읽게 되었습니다. 앞에서 말한 '평가적 이해'를 하며 읽는 것이지요. 다음장에서 이야기 할 네 가지 온작품읽기 활동에는 이야깃거리를 찾고 친구들과 이야기를 나누는 활동이 모두 포함되어 있습니다. 책을 깊이 읽는 또 다른 방법은 책을 친구들에게 추천하거나 감상문을 쓰는 것입니다. 특히 책을 서로 추천하는 활동들은 아이들이 책 읽기를 가까이 하는 데 도움이 될 뿐만 아니라 책 읽기 경험을 넓히는 데도 도움이 됩니다.

여기에서 언급한 여러 활동 가운데 읽기 성취기준과 관련된 것들은 2부에서, 책 추천하기, 아이들이 책을 읽고 이야기를 나눈 과정, 독서 감상문 쓴 이야기는 3부에서 자세히 이야기하겠습니다.

2부

✏️ 5학년이 되어서 1~4학년까지 읽은 책보다 20권 정도 더 많이 읽었다. 책을 엄청 많이 읽고 나서 생각주머니가 엄청 커지고 맞춤법과 띄어쓰기 실력이 진짜 늘었고 생각이 깊어진 것 같다. 4학년 때까지만 해도 책은 "에이 시간이나 때우는 종이겠지."라는 나쁜 생각을 가졌는데 수업에 집중을 하게 되고 내 학교생활에 엄청난 영향을 준다는 걸 알았다. 여태까지 책을 제대로 읽었으면 올바른 언어습관과 학교생활이 좋았을 것 같은데 이제야 읽어서 아쉬웠다. 책은 굉장한 힘과 엄청난 기적을 가져다주는 걸 깨달았다. 책은 산타이다. 우리도 모르고 아무도 모르게 뇌에 기적을 선물해주기 때문이다. - **5학년 남**

✏️ 내 생각엔 책이 없으면 괜찮은 사람들이 줄어들 것 같다. 책을 읽으면 아이나 어른이나 괜찮은 사람이 될 것 같다. - **5학년 남**

온작품읽기

줄기 와 잎

온작품읽기 꾸린 이야기

📖 온작품읽기, 이런 이름으로

2017년부터 2018년까지 4~6학년 아이들과 함께한 온작품읽기 활동은 네 가지 이름을 가지고 있습니다.

온작품읽기 활동 이름	시기	학년		
		4	5	6
책봄 이야기	2017년 1학기		○	○
책가을하다	2017년 2학기		○	○
책나들이갑니다	2018년 1학기	○		
			○	
책향기 가득합니다	2017년 2학기			○
	2018년 2학기		○	

※ 2017년과 2018년 5·6학년은 2009교육과정으로 활동했고 책에는 2015 개정교육과정의 성취기준으로 고쳐서 실었습니다.

'책봄 이야기'는 책을 본다는 뜻과 책을 보기 시작한 때가 봄이라는 것을 나타내는 말입니다. '책가을하다'는 '벼나 보리 따위의 농작물을 거두어들이다'는 뜻을 가진 동사 '가을하다'라는 낱말을 붙인 것으로 1학기 동안 책을 좀 읽으며 지은 책 농사를 가을걷이하자는 뜻을 담고 있습니다. '책봄 이야기'는 '책봄'으로, '책가을하다'는 '책가을'로 간단히 부르는 선생님들과 아이들이 더 많았습니다. 마찬가지로 '책나들이 갑니다'는 '책나들이'로, '책향기 가득합니다'는 '책향기'로 불렀습니다. 이 책에서도 그렇게 부르겠습니다. 1학기에 한 책봄과 책나들이가 서로 닮았고 2학기에 한 책가을과 책향기가 닮았습니다. 1학기에는 책을 가까이 하고, 책 읽는 습관을 기르고, 책을 즐겨 읽는 것이 중심이었습니다. 2학기에는 그렇게 책과 친해진 것을 바탕으로 책을 조금 더 깊게 읽기에 중점을 두었습니다. 책나들이와 책향기는 두 학교에서 서로 다른 학년에서 진행한 활동입니다. 학년이 달라서 활동 내용이 조금 다릅니다. 책에서는 5학년 활동을 중심으로 실었습니다. 부록에 모든 학년의 활동지가 있으니 참고하시기 바랍니다.

 온작품읽기, 이런 시간에

● **온작품읽기 활동 시간 찾기**

국어 교육과정에 있는 영역별 성취기준을 실현하고 있는 것이 국어교과서이고, 국어교과서를 활용하는 방법과 시수를 밝힌 것이 국어 교사용 지도서입니다. 지도서에 있는 내용 가운데 '단원별 학습 목표 체제'라는 표에는 단원별 성취기준과 차시 학습 목표가 있어 어떤 단원이 국어의 어느 영역 성취기준을 반영하고 있는지, 몇 시간의 수업을 할 수 있는지 한눈에 파악할 수 있습니다.

온작품읽기와 온전히 관련된 국어 영역은 문학인데 하나의 영역만으로 이루어진 단원은 없습니다. 문학과 듣기·말하기, 읽기, 쓰기, 문법 영역의 성취기준 두세 개가 모여 하나의 단원을 이루고 있습니다. 그런데 관련이 있는 것을 엮어 놓았기 때문에 온작품읽기 활동으로 달성할 수 있는 성취기준인지 가늠하는 것이 어렵지는 않습니다.

'단원별 학습 목표 체제' 표를 보고 온작품읽기 활동을 할 수 있는 시간을 계산할 때 주의해야 할 점이 있습니다. 단원 성취기준을 기준으로 해야 한다는 것이다. 단원 학습목표는 그 단원의 성취기준을 교과서를 통해 구현하고자 교과서 집필진들이 만들어 낸 것입니다. 물론 관련성이 높고 영역의 성취기준 그대로를 반영하고 있는 것도 있지만 성취기준은 두세 가지인데 단원 학습 목표는 하나이다보니 정확한 성취기준을 알기 어렵습니다. 2015 개정 교육과정 4학년 국어 교육과정을 예로 들면 이렇습니다.

단원명	단원 성취 기준	단원 학습 목표
2. 내용을 간추려요	읽기(2) 글의 유형을 고려하여 대강의 내용을 간추린다. 문학(3) 이야기의 흐름을 파악하여 이어질 내용을 상상하고 표현한다.	글의 내용을 간추릴 수 있다.
5. 내가 만든 이야기	문학(3) 이야기의 흐름을 파악하여 이어질 내용을 상상하고 표현한다. 쓰기(5) 쓰기에 자신감을 갖고 자신의 글을 적극적으로 나누는 태도를 지닌다. 문학(5) 재미나 감동을 느끼며 작품을 즐겨 감상하는 태도를 지닌다.	이야기의 흐름을 파악하며 이어질 내용을 상상해 쓸 수 있다.

2015 개정 교육과정 국어 4-1 지도서 48~49쪽

위 표에서 알 수 있듯이 단원 학습 목표만을 보아서는 그 단원이 어떤 영역의 성취 기준을 담고 있는지 알기 어렵습니다. 그래서 교과서가 아니라 지도서를 보고 온작품 읽기 활동을 할 수 있는 시간을 찾아내야 합니다.

● 온작품읽기 활동 시간 배정

온작품읽기 활동 시간을 어떻게 마련했는지 간단히 말씀드리고 책나들이 활동은 자세하게 알려드리겠습니다. 학년 구분이 없는 것은 모두 5학년 활동 시간 확보 이야기입니다. 4학년 책나들이는 2019년에 바뀔 5~6학년 국어 교과서를 들여다볼 수 있는 거울이 되기에 잠깐 살펴보려고 합니다.

온작품읽기 활동		가져온 단원(시간)	총 시간
책봄 이야기	5학년	4. 작품에 대한 생각(10) 11. 여러 가지 독서 방법(12) 12. 문학에서 찾는 즐거움(10)	32
	6학년	1. 비유적 표현(9) 7. 이야기의 구성(8) 8. 책 속에 지혜를 찾아서(9) 12. 문학의 갈래(9)	35

	4학년	책을 읽고 생각을 나누어요(17) → 독서단원 1. 생각과 느낌을 나누어요(10) 5. 내가 만든 이야기(10) 10. 인물의 마음을 알아요(5)	42
책나들이 갑니다	5학년	1. 인물의 말과 행동(8) 2. 토의의 절차와 방법(4) 4. 작품에 대한 생각(8) 9. 추론하며 읽기(4) 12. 문학에서 찾는 즐거움(6) 11. 여러 가지 독서 방법(10)	40
	5학년	1. 문학이 주는 감동(9) 4. 글의 짜임(9) 10. 글을 요약해요(9) 11. 문학작품을 새롭게(8)	35
책가을 하다	6학년	1. 인물의 삶을 찾아서(8) 4. 효과적인 관용표현(9) 5. 이야기 바꾸어 쓰기(4) 7. 다양한 생각(4) 11. 문학의 향기(9)	34
책향기 가득합니다		1. 문학이 주는 감동(8) 3. 토론을 해요(9) 7. 인물의 삶 속으로(7) 10. 글을 요약해요(8) 11. 문학 작품을 새롭게(8)	40

※ 밑줄 친 단원들은 단원에 배정된 차시 가운데 일부 차시만 온작품읽기 활동으로 사용하였습니다.

　책나들이 4학년을 보면, 10단원에서 가져온 시간은 5시간입니다. 그런데 10단원에 배정된 차시는 모두 10차시입니다. 이 단원은 '작품을 듣거나 읽거나 보고 떠오른 느낌과 생각을 다양하게 표현한다'는 문학 영역의 성취 기준과 '적절한 표정, 몸짓, 말투로 말한다'는 듣기·말하기 영역의 성취 기준을 반영하고 있습니다. 교과서는 작품으로 만화를 제시하고 있습니다. 성취 기준을 달성하는 데 꼭 만화만 보아야하는 것은 당연히 아니겠지요. 그래서 교과서에 제시된 만화를 읽는 데 5시간만 사용하고 나머지 5시간은 온작품읽기 활동에서 만나는 다양한 작품을 읽는 시간으로 사용하였습니다.

단원의 순서도 활동 내용에 따라 바꾸었습니다. 아래 표는 한 학교의 5학년 교육과정에 있는 교육과정 재구성표입니다.

주제	주제 활동	국어(108) 단원 및 활동내용		차시	도덕(18) 단원 및 활동내용	차시
튼튼한 바탕	배우는 몸 만들기	〈책봄〉 1. 인물의 말과 행동(8) 12. 문학에서 찾는 즐거움(6) 11. 여러 가지 독서 방법(10) 4. 작품에 대한 생각(8) 2. 토의의 절차와 방법(4) 9. 추론하며 읽기(4) → 40시간	6. 말의 영향(11) 3. 상황에 알맞은 낱말(9) 7. 낱말의 뜻(9) 2. 토의의 절차와 방법(5) → 34시간	66	4. 정보 사회에서의 올바른 생활(4) 2. 감정, 내 안의 소중한 친구(4)	8
단단한 배움	살아가는 몸 만들기		9. 추론하며 읽기(6) 10. 글쓰기의 과정(8) 8. 문장의 구조(10) 5. 대상의 특성을 살려(10) → 33시간	42	8. 우리 모두를 위하여(5) 3. 책임을 다하는 삶(5)	10

국어를 보면 교육과정이 두 가지로 나뉘어 동시에 진행됨을 알 수 있습니다. 모든 국어시간에 온작품읽기 활동을 하는 게 아니라 어떤 국어시간에는 온작품읽기 활동을 하고 어떤 국어시간에는 그 단원의 성취기준에 맞게 수업을 합니다. 온작품읽기를 활동에서 토의를 하기 위해서는 먼저 토의의 절차와 방법을 알아야 합니다. 그래서 국어시간에 먼저 토의의 절차와 방법에 대해 공부하고 온작품읽기 활동 시간에 이야깃거리를 뽑아서 토의를 했습니다.

온작품읽기 활동 이야기

📖 '책봄 이야기' 이야기

'책봄 이야기'에서 가장 중요하게 생각한 것은 책 읽는 시간을 주는 것입니다. 책을 읽어야 책과 친해질 수도 있고, 책을 좋아하게 될 수도 있기 때문입니다. 책과 관련된 좋은 느낌, 멋진 발견, 엄청난 깨달음 같은 모든 것의 시작은 책을 읽는 것입니다. 그래서 온전히 혼자서 책을 보는 시간이 가장 많습니다.

내용	쪽수	시간	성취 기준	평가
책 읽 기	2~5(4)	20	[6국02-01] 읽기는 배경지식을 활용하여 의미를 구성하는 과정임을 이해하고 글을 읽는다. [6국02-03] 글을 읽고 글쓴이가 말하고자 하는 주장이나 주제를 파악한다. [6국02-05] 매체에 따른 다양한 읽기 방법을 이해하고 적절하게 적용하며 읽는다. [6국02-06] 자신의 읽기 습관을 점검하며 스스로 글을 찾아 읽는 태도를 지닌다. [6국04-02] 국어의 낱말 확장 방법을 탐구하고 어휘력을 높이는 데에 적용한다. [6국04-03] 낱말이 상황에 따라 다양하게 해석됨을 탐구한다. [6국05-02] 작품 속 세계와 현실 세계를 비교하며 작품을 감상한다 [6국05-03] 비유적 표현의 특성과 효과를 살려 생각과 느낌을 다양하게 표현한다. [6국05-05] 작품에 대한 이해와 감상을 바탕으로 하여 다른 사람과 적극적으로 소통한다. [6국05-06] 작품에서 얻은 깨달음을 바탕으로 하여 바람직한 삶의 가치를 내면화하는 태도를 지닌다.	[6국 02-05]
토 의 · 토 론	6~7(2)	3	[6국01-02] 의견을 제시하고 함께 조정하며 토의한다. [6국01-03] 절차와 규칙을 지키고 근거를 제시하며 토론한다. [6국01-07] 상대가 처한 상황을 이해하고 공감하며 듣는 태도를 지닌다.	

감상글쓰기	8(1)	1	[6국02-02] 글의 구조를 고려하여 글 전체의 내용을 요약한다. [6국03-01] 쓰기는 절차에 따라 의미를 구성하고 표현하는 과정임을 이해하고 글을 쓴다. [6국03-06] 독자를 존중하고 배려하며 글을 쓰는 태도를 지닌다.	[6국 03-01] [6국 03-06]
추천하기	9(1)	1	[6국05-01] 문학은 가치 있는 내용을 언어로 표현하여 아름다움을 느끼게 하는 활동임을 이해하고 문학 활동을 한다. [6국05-05] 작품에 대한 이해와 감상을 바탕으로 하여 다른 사람과 적극적으로 소통한다.	
동시감상	10~12(3)	5	[6국05-02] 작품 속 세계와 현실 세계를 비교하며 작품을 감상한다. [6국05-03] 비유적 표현의 특성과 효과를 살려 생각과 느낌을 다양하게 표현한다.	

※ [6국01-02] 6은 5~6학년 군, 국은 국어과, 01은 국어과 영역 가운데 듣기·말하기(02는 읽기, 03은 쓰기, 04는 문법, 05는 문학), 02는 그 영역의 두 번째 성취기준을 뜻함. 앞으로는 읽기 편하게 6국은 생략하고 영역이름으로 표시함.

책장 위에 따로 놓여있는 배려, 존중 관련 책

책봄 이야기는 국어과 성취 기준과 관련성을 높이고 국어 공부의 연장선으로 활동을 바라본 것이 아닙니다. 1학기에, 그것도 3월 6일부터 시작한 활동으로 '아이들에게 책 읽을 시간을 주자', '공부 시간에 떳떳하게 책을 만날 시간을 주자'는 데 목적이 있었습니다. 그래서 혼자 책을 읽고 책 읽은 이야기를 3줄 쓰는 활동을 제일 먼저 넣었습니다. 한 시간 동안 한 권의 책을 다 읽지 못할 경우에는 읽은 부분에서 기록해 둘 만한 것을 골랐습니다. 짧은 책을 고른 경우 40분 동안 다 읽기도 하고, 지난 시간에 읽던 책을 이어서 읽기도 하면 두 권의 책이 되는데 그럴 때는 한 권만 골라서 기록했습니다.

하루에 한 시간, 일주일 동안 5시간 읽고 읽은 책 가운데 한 권을 골라 그 책을 어떤 방법으로 읽으면 좋을지 생각해 보았습니다. 읽기 성취 기준 관련 내용으로 평가이기도 했습니다. 읽기에는 다양한 방법이 있다는 것을 공부하고 나서 한 활동이고 평가입니다.

20시간 동안 책을 읽고 친구들과 이야기 나누어 보고 싶은 이야깃거리를 세 가지 골랐습니다. 이야깃거리는 토의를 위한 것이어도 괜찮고 토론을 위한 것이어도 좋다고 했습니다. 그렇게 고른 세 가지 가운데 하나를 골라 모둠에서 토의·토론을 했습니다. 모둠 토의가 끝나고 어떤 이야깃거리로 어떤 이야기를 나누었는지 모두와 나누고 반 전체 친구들과 토의·토론해 볼 만한 이야깃거리를 골라 토의·토론도 했습니다.

책장 위에 따로 놓은 배려, 존중 관련 책

책봄을 하던 2017년 1학기 5학년 주제는 '맘껏 써요'였고 첫 번째 활동은 '마음을 써요'였습니다. 4학년 때까지 이런저런 사건이 많았고 학교폭력도 있었던 아이들이라 서로 배려하고 존중하며 5학년 생활을 시작하면 좋겠다고 판단했기 때문입니다. 그래서 책봄을 하면서 배려와 존중과 관련된 책을 먼저 보고 그 다음에 다른 책을 보자고 했습니다. 배려, 존중 관련 책 목록은 부록에 밝혔습니다.

3월부터 시작한 활동은 5월이 되면 소개하고 싶은 책들을 손에 꼽을 수 있을 정도가 됩니다. 그 가운데 한 권을 골라 감상글을 쓰고, 우리 반 친구들에게 추천하고 싶은 책을 두세 권 골랐습니다. 책을 간단히 소개하고 어떤 점에서 추천하는지를 밝혔습니다. 평화와 관련된 책을 추천하면서 '남몰래 평화를 원하는 ★★, 부디 평화로웠으면 하는 ☆☆'식으로 우리 반 친구들의 이름을 콕 찝어 쓰기도 했습니다.

동시 감상은 하루에 동시집 한 권을 꼼꼼히 읽는 활동입니다. 동시집을 읽고 시집에 있는 동시 가운데 인상 깊은 시 세 개를 고르고 시집을 읽은 이야기를 썼습니다. 세 시간동안 세 권의 동시집을 읽고 가장 마음에 드는 시 하나를 골라 친구들에게 낭송해주었습니다.

'책봄 이야기' 활동이야기

*책봄 활동지(12쪽)와 활동에 사용한 책목록은 부록에 있습니다.

책봄은 책과 친해지기, 책 읽는 몸을 만들기가 중요한 활동이어서 2쪽부터 5쪽까지가 책 읽은 흔적을 남기는 곳입니다. 공부 시간 한 시간, 40분 동안 읽은 책 가운데 기록하고 싶은 것을 2~3줄 기록만 했습니다. 한 시간에 한 권을 읽었으면 그 이야기를, 얇은 책 두 권을 읽었다면 두 권 가운데 기록하고 싶은 것을, 한 권을 다 읽지 못했다면 읽는 데까지 기록하고 싶은 것을 골라서 기록했습니다.

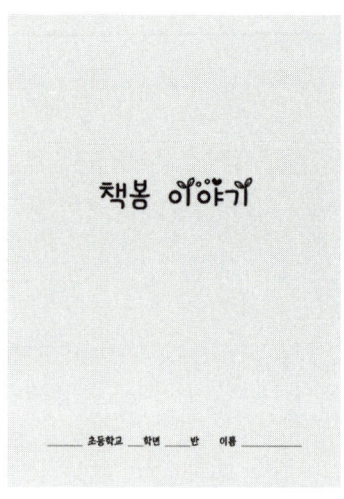

'책봄 이야기' 활동지 표지

어떤 책을 읽었나요?

날짜	도서명	책 본 이야기
3월 6일 월	499살 외계인, 지구에 오다	잘 생각해 보니 가장 쉽게 생각한 것이 어려울 수도 있을 것 같다. 내가 미셸과 대화하고 지구에 대해 토론하면 아마 미칠 것 같다.
3월 7일 화	시간 가게	윤아가 시간 가게에 간 건 실수인 것 같다. 이야기가 진행될수록 즐거웠던 기억이 사라지는 윤아에게 경고의 메시지를 전해주고 싶다.
3월 8일 수	잘못 뽑은 반장	다섯 표 이상을 원하던 로운이가 반장이 돼서 과연 어떨까 생각하며 읽었는데 처음에는 덜컹거리다가 점점 성장하는 이로운의 모습이 보기 좋았다.
3월 9일 목	프린들 주세요	닉이 낱말을 지어내고 그것이 국민들의 말이 되었다는 것은 특별한 일이다. 자랑스럽고 아름다운 일이다. 닉은 참 행복한 아이고 호기심이 많은 아이다.
3월 10일 금	만복이네 떡집	만복이가 떡을 먹고 엄청나게 변한 게 부럽고 내가 지나가다 내 이름의 떡집을 보면 지나치지 못할 것 같다.
3월 13일 월	푸른 사자 와니니	와니니가 마디바 무리를 벗어나서 와니니의 무리를 결성하는 것이 놀랍고 와니니를 만난 아산테, 잠보도 더 성장한 것 같다. 나도 용감해지고 싶다.

날짜	제목	내용
3월 14일 화	그래도 즐겁다	원웅, 진성, 민규와 함께하면서 의재가 새로운 것을 알게 된다. 나는 그것이 믿음, 희망 같다. 그 친구들 얼굴을 보며 의재의 얼굴도 밝아졌기 때문이다. 나도 원웅, 진성, 민규와 같은 친구를 사귀고 싶다.
3월 15일 수	이모의 꿈꾸는 집	나도 이런 신기한 집에 가 보고 싶다. 말하는 물건, 동물, 식물, 아기 등등 여러 가지로 신기한 것이 많았다. 이 책은 꿈은 누구나 가지고 있다는 것을 알려주었다. 또 책에 대한 재미를 많이 알게 되었다.
3월 16일 목	갈매기에게 나는 법을 가르쳐준 고양이	사람들이 바다에 엄청난 쓰레기를 버리고 간다는 사실을 알게 되었다. 이 책에 나온 고양이들과 갈매기의 관계처럼 서로서로 달라도 도움을 줄 수 있다는 것을 깨달았다. 그리고 노력을 하면 된다는 것도.
3월 17일 금	숙제 주식회사	이런 회사를 만든 아이들의 용기가 대단하고 스스로 자백한 다케시가 의리 있는 것 같다. 6학년이 된 아이들의 이야기가 궁금하다.
3월 20일 월	분홍문의 기적	죽은 김지나씨가 72시간 동안이라도 분홍문 가족들과 함께 보낼 수 있어 다행이었다. 이 계기로 분홍문 사람들이 집을 청소하고 초록문과 '그래도 행복한 우리 집'으로 바꿔서 신났었다.
3월 21일 화	방학탐구생활	배를 타고 칠금도로 여행가는 이야기가 현실에서도 일어날 만한 이야기라 더 주의깊게 보고 주인공을 응원할 수 있는 책 같다.
3월 22일 수	찰리와 초콜릿 공장	초콜릿 공장에서 아이들이 벌써 두 명이나 사라졌다. 아무래도 웡카씨가 수상한데 말을 다 대충 넘기는 것 같다.
3월 23일 목	축구왕 차공만	사람은 역시 욕심을 부리면 그것을 잘 못하게 되는 것이다. 공만이가 메시 능력을 집어치우고 굼벵이 양말로 축구 시합을 이겨서 정말 다행이다. 축구는 자기 실력으로 하는 것이다.
3월 24일 금	얘야, 아무개야, 거시기야	세상에 이름이 없는 아이가 있다니 놀라웠다. 우리나라 인구 중에 이름이 없는 사람이 있을까? 이 책 덕분에 옛날이야기도 듣게 돼서 정말 신났다.
3월 27일 월	엄마의 마흔 번째 생일	가영이는 다른 사람의 시선은 중요하지 않다는 걸 확실히 깨달은 것 같다. 나는 엄마랑 아빠랑 이혼했다는 사실을 알고서 가족 관계에 아빠는 안 쓰고 있다. 다른 사람의 시선은 중요하지 않으니.
3월 28일 화	마당을 나온 암탉	단순히 오리를 키운 닭 얘기가 아니고 한 부모의 이야기가 담겨 있어 감명 깊게 보았다.
3월 29일 수	늑대들이 사는 집	세상에는 많은 사람들이 있다. 외모로 사람을 판단해서는 안 된다. 늑대처럼 외모는 무섭게 생겨도 마음 속은 착할 수 있다. 외모로 판단해서는 안 된다.
3월 30일 목	나도 편식할거야	정이는 나랑 똑같다. 뭐든 잘 먹고 맛있는 게 있으면 누구한테도 주기 싫어했다. 이 책은 맛 표현을 정확히 한다. 커다란 고깃덩어리에 메추리 알이 잔뜩, 갑자기 장조림이 먹고 싶다.
3월 31일 금	게임파티	선우는 잘못된 생각을 하는 것 같다. 자기편도 안 들어주고 게임에 친구를 빼고 들어오라고 하는 지민이랑 엮인다. 그래서 친구를 잘 사귀어야 한다는 것 같다.

작품을 어떤 방법으로 읽었나요?

책이나 글을 읽는 방법은 아주 다양합니다. 글의 종류에 따라 차이가 많이 나고, 읽는 사람, 읽는 장소, 읽는 시간에 따라서도 아주 많이 다릅니다. 문학 작품을 읽는 방법은 작품의 종류, 이야기 전개 방식, 등장인물의 수, 독자의 경험, 그 밖의 많은 상황에 따라 따릅니다. 추리성이 강한 작품을 읽을 때는 아이들도 단서를 찾아가며 나름대로 추리를 하면서 읽고, 주인공이 겪는 일이 자기가 겪은 일 같아서 주인공의 마음을 섬세하게 따라가면서 읽기도 합니다. 한 주일 동안 읽은 책 가운데 하나를 골라 어떤 방법으로 읽었는지 살펴보고 이야기를 나누면서 아이들은 작품을 읽은 다양한 방법을 다양하게 알아갔습니다.

만복이네 떡집	만복이가 떡을 좋아하니까 '앞으로도 계속 착한 일을 하면서 떡을 먹겠지?' 하고 추론하며 읽었다.
엄마의 마흔 번째 생일	마지막에 언니가 한 말이 웃기고 인상 깊어서 한 번 더 보고 싶었다. 인상 깊은 곳을 찾아서 다시 읽기를 했다.
미소의 여왕	이야기가 금방 끝나서 앞의 이야기를 다시 펴서 읽었고 읽다가 또 까먹은 부분이 있어서 다시 펴서 읽었다.
찰리와 초콜릿 공장	찰리가 앞으로 어떻게 될지 예측하며 읽었다.
건방이의 건방진 수련기	건방이의 모험이 앞으로 어떻게 될지 생각하며 주인공의 마음으로 읽었다.
엄마의 마흔 번째 생일	엄마 생일에 엄마를 챙겨주지 못한 기억을 떠올리며 읽었다.
어느 날 구두에게 생긴 일	주경이의 마음이 얼마나 힘들까, 명인이는 얼마나 슬플까, 혜수는 왜 그런 짓을 했을까, 같은 생각을 하며 주인공과 등장인물의 마음을 헤아리며 읽었다.
분홍문의 기적	천사인 엄마에게 주어진 미션이 뭘까 생각하면서 읽었다.
청소녀 백과사전	7명의 여자 애들의 기분이 지금 나의 상황과 비슷해서 내 경험을 떠올리며 읽었다.
만복이네 떡집	장면을 떠올리며 읽었다. 장면을 떠올리며 읽으니 생생하고 두 배는 더 재미있게 읽었다.
매일 지각하는 아이	등장인물의 마음을 생각하며 읽었다. 지민이가 선생님과 뛰어놀 때 무슨 기분이었는지 궁금해서 생각하며 읽었다.
스무고개 탐정	마술사라는 아이가 누군지 몰라서 앞쪽을 찾아보았다.

어떤 책에서 어떤 이야깃거리를 골랐나요?

읽은 책 가운데 친구들과 이야기 나누고 싶은 것을 세 가지 정도 골라 보았습니다. 작품 하나에서 세 개 모두를 찾은 아이도 있고 작품마다 다른 이야깃거리를 찾은 아이도 있었습니다. 모둠에서는 이야깃거리가 겹치지 않도록 주의를 기울였고 이야깃거리 뽑기를 어려워하는 아이들은 모둠 친구들의 도움을 받거나 선생님과 이야기를 나누었습니다.

책 제목	이야깃거리	토의	토론
감정 종합 선물 세트	좋아하는 마음을 표현하는 방법은?	○	
	선물에 마음이 나타나면 좋은가?		○
검정 연필 선생님	어떤 답이든 알려주는 연필이 우리한테 좋을까?		○
	검정 연필을 가지고 싶은가?		○
	못하는 것을 잘하는 사람에게 부탁해서 잘하게 되는 건 옳은 일인가?		○
게임 파티	게임이나 인터넷에서 사귄 친구는 진정한 친구인가?		○
그래도 즐겁다	변하지 않는 것이 있을까?		○
	시간이 지나도 친구와 친하게 지낼 수 있는 방법은?	○	
그 사람을 본적이 있나요?	부모가 아이들을 어느 정도까지 돌볼 책임이 있나?	○	
꼴뚜기	사람들은 징크스를 왜 믿을까? 어떤 징크스가 있을까?	○	
나도 예민해질 거야	걱정되는 식구를 더 잘 챙기는 것은 차별일까?		○
나도 편식할거야	편식하는 아이에게 밥을 잘 먹게 하는 방법이 있을까?	○	
	편식하는 것을 고치려면 어떻게 해야 할까?	○	
	나이가 많다고 잘 먹어야 하는가?		○
내 동생이 사라졌다	사람의 생명과 동물의 생명은 똑같이 중요할까?		○
내 동생이 수상하다	형제자매가 있으면 좋은 점과 나쁜 점은 무엇일까?	○	

책 제목	질문		
내 이름은 삐삐롱 스타킹	혼자서도 즐겁게 살 수 있는 방법은?	○	
냄비와 국자 전쟁	전쟁은 왜 일어날까? 전쟁으로 생기는 피해는 무엇일까?	○	
늑대들이 사는 집	우리가 버려야 할 편견에는 무엇이 있을까?	○	
돈잔치 소동	돈이 많은 사람에게 돈을 받아도 되는가?		○
	어린 아이가 친구들에게 돈을 나눠줘도 괜찮은가?		○
따로 또 삼총사	장애를 가진 아이를 보통 아이들과 함께 생활하게 하는 것이 좋을까?		○
또 잘못 뽑은 반장	잘못 뽑은 지도자의 기준이 무엇일까?	○	
마법사 똥맨	창피한 일은 무엇이고, 어떻게 결정될까?	○	
마틸다	똑똑해지려면 어떻게 해야 할까?	○	
만복이네 떡집	욕하는 습관을 고칠 수 있는 방법은?	○	
	좋은 성격으로 바꾸는 방법은?	○	
	욕하는 습관은 고칠 수 있는가?		○
맞아 언니 상담소	'무조건 맞다.' 라고 해주는 사람이 필요할까?		○
	'맞다, 맞다!'하는 게 도움이 될까?		○
	고민이 생겼을 때 해결할 수 있는 방법은?	○	
	상담을 받으면 기분이 나아질까?		○
멀쩡한 이유정	길을 잘 찾는 방법은?	○	
미소의 여왕	웃음은 몸에 어떤 영향을 줄까?	○	
	새엄마 몰래 엄마를 만나도 좋은가?		○
분홍문의 기적	가족과 있으면 행복해질까?		○
	좋아하는 사람과 헤어지면 어떻게 해야 하나?	○	
빙하기라도 괜찮아	다른 사람의 말을 잘 듣는 방법에는 무엇이 있을까? 잘 듣는 게 왜 중요할까?	○	
	자신의 이익을 위해 남에게 해를 끼쳐도 괜찮은가?		○
뻥이요 뻥	동물의 말을 알아들을 수 있다면 동물들이 뭐라고 할까?	○	
소리 질러 운동장	운동부를 여자, 남자부로 나누어야 할까?		○
숙제주식회사	숙제는 중요한가?		○

제목	질문		
시간 가게	나만 쓸 수 있는 시간이 1시간 있다면 뭘 할 것인가?	○	
신고해도 되나요?	아이들은 불량식품을 왜 사 먹을까?	○	
아빠 고르기	어떤 아빠가 괜찮을까?	○	
어느 날 구두에게 생긴 일	친구가 다른 애들 괴롭히는 걸 보면 어떻게 해야 할까?	○	
어느 날 학교에서 왕기철이	잘 알려진 사람의 사생활을 알리는 건 사생활침해일까?		○
엘데포	보청기를 착용한처럼 남들과 다른 모습이면 사람들이 차별하는 까닭은 무엇일까?	○	
오메 돈 벌자고?	물건을 싸게 사서 비싸게 파는 건 잘못된 걸까?		○
	부모가 학대할 때 가출하는 것은 옳은가?		○
외아들 구출소동	싸움이 생겼을 때, 맞으면 같이 때리는 것이 좋을까? 문제해결에 도움이 될까?		○
	사투리가 좋은 건가, 표준어가 좋은 건가?		○
	아이들 싸움을 부모가 해결해도 좋은가?		○
이모의 꿈꾸는 집 주병국 주병장	지구를 위해서 우리가 할 수 있는 일은 무엇일까?	○	
	위층이 시끄러울 때 해결할 수 있는 방법은?	○	
	스마트폰을 얻기 위해 착한 일과 착한 말을 할 것인가?		○
찰리와 초콜릿 공장	어떤 초콜릿들이 생기면 우리 생활이 편리해질까?		○
	노력 없이 갖고 싶은 물건을 원하는 대로 무조건 준다면 좋기만 할까?		○
	찰리가 초콜릿 공장에서 받은 초콜릿을 나눠 먹는 방법은?	○	
책 읽는 강아지 몽몽	책을 많이 읽으면 좋은 점이 무엇일까? 책이 좋은데 많이 읽지 않는 이유는 무엇일까?	○	
축구왕 차공만	공만이가 메시의 양말을 버려야 할까?		○
프린들 주세요	새로운 '말'을 재미로 만들어도 될까?		○
해리엇	동물원에 동물들이 갇혀 있는 것에 대해 어떻게 생각하나?		○

모둠 친구들과 어떻게 토의·토론했나요?

토의·토론	토의	책	감정종합선물세트
이야깃거리			좋아하는 마음을 표현하는 방법은?
이야기			봄 : 좋아하는 사람과 집에서 같이 간식을 먹는다. 맛있는 간식을 먹으면서 이야기를 나눌 수 있고 이야기를 나누다 보면 서로의 특징, 성격을 더 잘 알 수 있기 때문이다. 여름 : 조금씩 다가가면서 내 생각을 글로 써서 보낸다. 친구들이 놀릴 수 있고 편지 같은 걸로 보내면 로맨틱하다. 가을 : 좋아하는 사람에게 문자로 말하거나 그 사람 앞에서 당당하게, 용감하게 말해야 더 받아주기 때문이다. 겨울 : 좋아하는 애한테 먼저 다가간다. 좋아하는 아이도 좋아하는 마음을 표현하고 싶지만 부끄러움을 많이 타서 먼저 다가가지 못할 수도 있어서 먼저 다가가야 한다. 먼저 다가가면 내 마음을 전할 수 있기 때문이다.

토의·토론	토의	책	나도 편식할 거야
이야깃거리			편식하는 것을 고치려면 어떻게 해야 할까?
이야기			봄 : 편식하는 것을 고치려면 먼저 싫어하는 것을 먹는 양을 조금씩 조금씩 늘려야 한다. 처음부터 많이 먹으면 더 못 먹을 수도 있고 더 싫어하게 될 수도 있다. 또 조금씩 조금씩 먹다보면 언젠가는 좀 더 먹을 수도 있게 될 것이다. 싫어하는 음식을 맛있게 요리해서 먹는 방법도 있다. 여름 : 맛없는 걸 먼저 먹고 맛있는 걸 나중에 먹으면 될 거 같다. 맛없는 맛을 맛있는 맛으로 덮어버리면 맛없는 맛이 사라지기 때문이다. 가을 : 편식하면 간식이나 먹는 걸 다 안 주는 게 가장 좋은 방법이라고 생각한다. 겨울 : 편식하는 음식을 먹는 습관을 조금씩 기른다. 조금씩 조금씩 먹는 연습을 하면 습관이 들 것이고 편식도 안 할 것이다.

토의·토론	토의	책	이모의 꿈꾸는 집
이야깃거리			지구를 위해서 우리가 할 수 있는 일은 무엇일까?
이야기			**봄** : 일회용품 사용을 줄이면 그게 지구를 위해서 할 수 있는 일일 거 같다. **여름** : 치약을 적게 쓰고 물도 적게 쓰기. 치약을 적게 쓰면 치약이 묻은 물도 적어진다. 그 물이 바다로 흘러가 돌연변이가 생겨난다. **가을** : 양치할 때 컵을 쓰자. 컵을 쓰면 물이 절약되기 때문이다. **겨울** : 길에 버려져 있는 쓰레기를 주워서 쓰레기통에 버려주거나 길에 쓰레기를 버리지 않도록 한다.

토의·토론	토의	책	오메 돈 벌자고?
이야깃거리			부모가 학대할 때 가출하는 것은 옳은가?
이야기			**봄** : 옳다. 학대 당하면 마음도 상처를 받고 몸도 상처를 받기 때문이다. **여름** : 부모가 학대를 하는 것은 불법이니 경찰에 붙잡힌다. 날 왜 때리는지 알아보고 그것이 학대라고 생각되면 신고를 해야 한다. 그러니 가출은 안 된다. **가을** : 옳은 것이라고 생각한다. 가출을 안 한다면 계속 학대를 받아서 많이 멍들고 상처 나고 까지는 것 등등을 겪어야 하는데 난 그것이 좋은 것이라고는 판정을 못하겠다. **겨울** : 옳다고 생각한다. 계속 있으면 위험하고 목숨이 중요하니까 일단 가출을 하고 주변 어른께 도움을 청하는 게 좋을 거 같다.

토의·토론	토론	책	돈잔치 소동
이야깃거리			돈이 많은 사람에게 돈을 받아도 되는가?
이야기			**봄** : 받으면 안 된다고 생각한다. 그 돈을 받는다면 돈을 주는 사람은 점점 돈이 없어지고 아무 것도 하지 않고 돈을 받는 건 불공평하다. **여름** : 돈을 받으면 안 된다. 세상은 공짜가 없다고 했고 돈을 준 사람이 다시 달라고 할 수도 있다. **가을** : 돈을 받으면 안 된다고 생각한다. 부자가 돈을 주면 자난 척을 하고 우리를 돈이 없는 사람 취급하기 때문이다. **겨울** : 돈을 힘들게 벌었는데 받으면 안 된다고 생각한다.

토의·토론	토론	책	외아들 구출소동
이야깃거리		아이들 싸움을 부모가 해결해도 좋은가?		
이야기	**봄** : 네. 엄마 아빠는 우리를 지켜야 하는 책임이 있다. 우리가 아파도, 싸워도 그에 대한 책임이 있기 때문이다. **여름** : 나는 찬성을 한다. 친구가 사과해도 또 싸우기 때문이다. **가을** : 하면 안 된다. 엄마와 아빠가 해결하려면 자기 애는 잘못이 없다고 하는 부모가 많기 때문이다. 아이들이 서로 사과하는 법을 알아야 한다. **겨울** : 하면 안 된다. 엄마와 아빠가 해결하려면 자기 애는 잘못이 없다고 하는 부모가 많기 때문이다. 아이들이 서로 사과하는 법을 알아야 한다.			

　모둠은 봄 여름 가을 겨울이라 부르는 네 명으로 구성되어 있습니다. 토의·토론을 하기 전에 이야깃거리를 쓰고 그것에 대한 자기 생각을 쓰는 시간을 가졌습니다. 말하기는 준비가 필요하고 생각을 먼저 정리해놓고 이야기를 나누어야 다른 사람의 이야기도 더 잘 들을 수 있기 때문입니다. 토의·토론의 목적은 말을 잘하는 게 아니라 다른 사람의 이야기를 듣고 내 생각과 비교하고 더 나은 생각을 찾는 것입니다. 그러니까 잘 들어야 토의·토론이 가능합니다. 이야깃거리에 대한 생각을 미리 적어두는 것은 토의·토론에서 가장 중요한 '잘 듣기' 위한 가장 좋은 방법입니다.

　모둠 토의·토론은 15분 정도에 하나의 이야깃거리로 진행해서 수업시간으로 한 시간에 두 번 했습니다. 모둠 토의·토론이 끝난 후 모든 친구들과 이야기 나누고 싶은 것을 골라서 전체 토의·토론을 했습니다. 모두 이야기를 나눈 것은 '좋아하는 마음을 표현하는 방법은?'와 '아이들 싸움을 부모가 해결해도 좋은가?'입니다. 이 두 가지는 학교에서뿐만 아니라 집에서 식구들과도 이야기를 나누어 보았습니다. 두 가지 이야깃거리 모두 부모님들과 관련된 것이어서 그랬는지 아이들도 이야기를 나누어보고 싶다고 했습니다.

학교에서 배운 것이 학교에서만 머물고 교과서에만 머물지 않고 아이들의 삶을 풍성하게 만들 수 있도록 선생님들은 여러 가지 방법을 쓰고 있습니다. 저는 그런 방법 가운데 하나로 '괜찮은 숙제'를 하고 있습니다. 괜찮은 숙제는 반드시 식구들과 함께하고 식구들과의 대화가 중요한 목적인 활동입니다. 이 괜찮은 숙제는 2017년에 나간 12개 가운데 세 번째였습니다. 다음은 책봄의 토의·토론과 관련해서 나간 괜찮은 숙제입니다. 음영 처리된 곳에는 부모님을 위한 정보를 담았습니다. 아이들은 이 활동을 왜 하는지, 어떤 흐름 속에 있는지 알지만 부모님들은 전혀 모르기 때문입니다.

3월 둘째 주부터 국어 단원에서 문학 감상 관련 단원을 모아서 '책봄'활동을 하고 있습니다. 3월에는 아침시간(8:50~9:10)과 첫 시간(9:10~9:50)에 책을 읽었고 지난주에는 읽은 책에서 이야깃거리를 뽑아서 이야기를 나누었습니다. 이번 주에는 모든 친구들과 토의, 토론을 했고 감상문 쓰기, 동시집 읽기를 하고 있습니다.

모든 친구들과 이야기 나눈 것은 두 가지입니다. 이 두 가지를 식구들과도 이야기 나누어 보면 좋을 것 같아 자리를 마련했습니다.

다음은 괜찮은 숙제로 아이들이 집에서 식구들과 이야기를 나눈 두 아이의 기록입니다.

이야깃거리	식구들과 나눈 이야기
좋아하는 마음을 표현하는 방법은?	● 엄마는 말과 행동은 섞어 표현하는 게 좋다고 했고 나와 아빠는 선물을 주는 게 좋다고 했다. 그런데 의외로 가장 어린 동생이 좋아하는 곳을 같이 가자는 꽤 괜찮은 의견을 냈다. ● 가족들의 의견은 직접 말한다, 편지를 쓴다, 몸으로 표현한다, 그 사람을 배려한다, 마지막으로 상대방이 올바른 생각과 판단을 할 수 있도록 도와준다였다. 언니가 시험기간이라 이야기를 많이 못해서 아쉽다. 마지막 의견은 엄마의 의견인데 '사랑하는 마음을 표현하는 방법 중에 이런 게 있구나' 하고 생각했다. 이런 것도 사랑하는 마음을 표현하는 방법인지는 모르겠지만 멋진 의견인 것 같아서 나중에 내가 상대방을 도울 줄 아는 사랑을 할 수 있도록 노력할 거다.
아이들 싸움을 부모가 해결해도 좋은가?	● 여러 의견이 나왔는데 부모님은 모두 중재를 하는 게 좋다고 하셨다. 중간에서 좀 더 객관적으로 볼 수 있기 때문이라는데 듣고 보니 맞는 것 같았다. 처음엔 난 중재를 받기 싫어할 수도 있겠다고 생각했는데 다시 생각해 보니 근거가 그것 하나밖에 없었다. 결국은 설득 당했다. ● 나까지 합해서 가족들 모두 좋지 않다고 생각했다. 부모님이 해결하다가 더 큰 싸움이 날 수 있다는 의견이었다. 이번에는 언니가 '좋지 않다'라고 이야기만 하고 공부를 하러 가서 언니의 의견은 있지만 근거는 없었다. 일단 모두 좋지 않다고 의견과 근거를 이야기했다. 다만 아이가 왕따를 당하거나 아이가 다친다거나 상처가 나고 큰 싸움이 일어나면 그때는 부모님이 조언해주어야 한다고 하셨다. 나도 그런 편이 낫다고 생각한다.

모든 활동이 그렇듯 이 활동도 '활동을 통해 배우고 느끼고 깨달은 점을 써 보세요'로 마무리 짓습니다. 이 괜찮은 숙제에 대한 두 아이(남녀 1명) 마무리는 이랬습니다.

부모님	● 대화를 나누다 보면 서로의 생각, 차이를 알 수 있어 상대를 이해하는 계기가 되는 것 같아 좋은 것 같다. ● 한 공간에 살고 있지만 일상적인 대화가 아닌 어떠한 주제를 가지고 이야기를 나누어 보니 각자의 생각들을 알 수 있는 좋은 기회가 되었고 '우리 아이의 생각주머니가 이렇게 많이 커졌구나' 하는 생각에 마음이 흐뭇했다.
아이	● 상대방과의 대화를 통해 상대를 존중하고 이야기를 나누면서 꼭 내 의견만 맞진 않겠다는 생각이 들었다. ● 평소에 가족들하고 많이 이야기할 시간이 없었는데 이렇게 숙제로 가족들과 이야기를 나눌 수 있어서 좋았다. 또 가족들이 참여를 잘 해주어서 고맙고 놀랐다. 다음에 있을 괜찮은 숙제도 가족과 함께하는 것이 좋을 것 같다.

'책나들이 갑니다!' 이야기

'책봄 이야기'는 2017년 1학기, '책나들이 갑니다!'는 2018년 1학기에 한 활동입니다. 활동시기, 목적, 활동 내용 면에서 '책봄 이야기'와 닮은꼴입니다. 책나들이는 책봄보다 활동시간을 더 확보하여 책 읽는 시간과 국어 교과와 연계된 활동을 더 많이 하는 대신 동시 감상을 제외하였다는 차이가 있습니다.

내용	쪽수	시간	성취 기준	평가
책에 대한 경험 이야기 나누기	2, 8 (2)	1	[6국02-06] 자신의 읽기 습관을 점검하며 스스로 글을 찾아 읽는 태도를 지닌다. [6국05-06] 작품에서 얻은 깨달음을 바탕으로 하여 바람직한 삶의 가치를 내면화 하는 태도를 지닌다.	
인물의 성격파악	2-3 (2)	3	[6국05-05] 작품에 대한 이해와 감상을 바탕으로 하여 다른 사람과 적극적으로 소통한다.	
토의·토론	4-5 (2)	5	[6국01-02] 의견을 제시하고 함께 조정하며 토의한다. [6국01-03] 절차와 규칙을 지키고 근거를 제시하며 토론한다. [6국01-07] 상대가 처한 상황을 이해하고 공감하며 듣는 태도를 지닌다.	
추론, 예측	6-7 (2)	2	[6국01-06] 드러나지 않거나 생략된 내용을 추론하며 듣는다. [6국05-02] 작품 속 세계와 현실 세계를 비교하며 작품을 감상한다. [6국02-01] 읽기는 배경지식을 활용하여 의미를 구성하는 과정임을 이해하고 글을 읽는다	[6국02-01]
추천하기	6 (1)	2	[6국05-01] 문학은 가치 있는 내용을 언어로 표현하여 아름다움을 느끼게 하는 활동임을 이해하고 문학 활동을 한다. [6국05-05] 작품에 대한 이해와 감상을 바탕으로 하여 다른 사람과 적극적으로 소통한다. [6국04-01] 언어는 생각을 표현하며 다른 사람과 관계를 맺는 수단임을 이해하고 국어생활을 한다.	

감상글 쓰기	7-8 (2)	2	[6국02-02] 글의 구조를 고려하여 글 전체의 내용을 요약한다. [6국03-01] 쓰기는 절차에 따라 의미를 구성하고 표현하는 과정임을 이해하고 글을 쓴다. [6국03-06] 독자를 존중하고 배려하며 글을 쓰는 태도를 지닌다. [6국04-05] 국어의 문장 성분을 이해하고 호응 관계가 올바른 문장을 구성한다.	[6국03-01] [6국03-06]
책읽기	9~12 (4)	24	[6국02-01] 읽기는 배경지식을 활용하여 의미를 구성하는 과정임을 이해하고 글을 읽는다. [6국02-03] 글을 읽고 글쓴이가 말하고자 하는 주장이나 주제를 파악한다. [6국02-05] 매체에 따른 다양한 읽기 방법을 이해하고 적절하게 적용하며 읽는다. [6국02-06] 자신의 읽기 습관을 점검하며 스스로 글을 찾아 읽는 태도를 지닌다. [6국04-02] 국어의 낱말 확장 방법을 탐구하고 어휘력을 높이는 데에 적용한다. [6국04-03] 낱말이 상황에 따라 다양하게 해석됨을 탐구한다. [6국05-02] 작품 속 세계와 현실 세계를 비교하며 작품을 감상한다. [6국05-03] 비유적 표현의 특성과 효과를 살려 생각과 느낌을 다양하게 표현한다. [6국05-05] 작품에 대한 이해와 감상을 바탕으로 하여 다른 사람과 적극적으로 소통한다. [6국05-06] 작품에서 얻은 깨달음을 바탕으로 하여 바람직한 삶의 가치를 내면화하는 태도를 지닌다.	[6국02-05]
활동배정시간			40시간	

'책 나들이 갑니다!'는 '책봄 이야기'처럼 3월 첫 주부터 시작하였습니다. 책봄이 총 32시간 동안 책 읽기, 토의·토론, 감상글 쓰기, 추천하기, 동시 감상으로 진행이 되었다면 책나들이는 책봄보다 8시간을 더 확보하여 40시간 동안 진행했습니다. 책봄과 마찬가지로 아이들이 책과 친해질 수 읽도록 혼자서 책을 보는 시간에 가장 많은 24시간을 사용합니다. 책봄 보다 4시간이 더 늘었습니다. 대신 문학과 읽기 단원 외에도 다양한 영역에서 성취기준을 가져와서 책봄 보다는 국어과 성취 기준과 관련 있는 활동이 더 많이 있다는 차이가 있습니다. 앞에서 이야기한대로 책 읽는 몸을 만들기 위

해서는 책을 읽는 것이 일상이 되어야 하지요. 한 가지 더해서 책을 잘 읽을 수 있는 능력을 길러주는 것도 중요합니다. 책 읽기 시간을 제외한 나머지 16시간 동안은 국어 교과의 성취기준을 달성하기 위해 책에 대한 경험 이야기 나누기, 인물의 성격 파악, 토의·토론, 추론, 예측, 추천하기, 감상글 쓰기 활동을 진행하였는데 항상 다음 책 읽기를 할 때 배운 내용을 적용하게 하고 더 나아가 책에서 하고 있는 이야기를 내가 살고 있는 세상과 의미를 연결하며 깊이 읽는 활동으로 확장을 했습니다. 책 읽기 능력을 길러주는 활동 따로, 책 읽기 따로가 되지 않도록 하기 위해서 이지요.

책봄에서 비중 있게 다루었던 동시감상은 '시로 통하다'라는 별도의 활동으로 떼어 내었습니다. '시로 통하다' 활동은 6장에 자세히 소개하였습니다.

책봄이 첫 시간부터 책 읽기 활동에 들어갔다면 책나들이 시간에는 책에 대한 아이들의 생각과 경험을 나누는 것부터 시작을 하였습니다. 책 나들이 활동을 통해서 아이들이 책에 대한 생각이 어떻게 바뀌었는지 확인을 하고 싶어서였습니다.

인물의 성격 파악하기는 사건의 전개를 이해하는데 중요한 단서가 되지요.『종이봉지 공주』,『만복이네 떡집』을 읽어주고 인물의 성격을 파악하는 활동을 했습니다. 『종이봉지 공주』의 두 등장인물의 성격을 파악할 때 각각 성격이 비슷한 사람을 떠올려 보고 어떤 점이 비슷한지 이야기를 했고『만복이네 떡집』을 읽어주고는 만복이를 자신과 비교하여 비슷한 점과 다른 점을 이야기하게 했습니다. 성격을 조금 더 구체적이고 정확하게 파악할 수 있을 뿐만 아니라 작품과 내 주변 현실세계와 연결하며 감상하는 연습을 해 보기 위해서입니다. 두 활동을 하고 나서는 책나들이 하며 만난 책 가운데 인물에 대해서 이야기하고 싶은 작품을 기록하게 하였습니다. 인물의 성격 파악하기뿐만 아니라 성격에 대한 평가, 자신 또는 주변 사람과 인물을 비교하며 책을 읽게 되었지요.

책을 잘 읽기 위해서는 책에 있는 정보를 제대로 파악하는 사실적 이해 수준에 머물러서는 안 됩니다. 책에 드러나지 않거나 생략된 내용을 추론하며 읽어야 하지요. 『책 읽는 강아지 몽몽』을 추론하며 읽어보았습니다. 그리고 친구들이 소개한 작품을 골라 읽으며 인물의 행동, 시대 상황 같은 것을 추론해 보게 하였습니다. 책 소개하기와 추론하기는 각각 읽기와 문학 영역의 평가이기도 했습니다.

토의 토론 활동을 위해서『텔레파시 단짝도 신뢰가 필요해』와『목기린씨, 타세요!』를 읽어 주었습니다. '텔레파시 단짝'을 감상하며 단짝이 필요한지 토론을 하기도 하고, 친구끼리 싸울 때 어떻게 하면 좋을지 토의를 해보았습니다. 목기린씨가 마을 버스에 탈 수 있는 방법에 대해 토의를 하였습니다. 토의를 하고 나서는 이야기한 내용과 견주어 보며 뒷이야기를 읽었지요. 또 목기린씨처럼 몸이 불편해서 겪었던 불편한 점, 어린이의 관점에서 불편한 시설이나 시설물에 대해 이야기를 나누었습니다. 또 이를 바탕으로 지방선거와 관련지어 교육감이나 시장님에게 바라는 점을 이야기 해 보게 했습니다.

책 나들이에서 만난 책 가운데 하나를 골라 감상문을 쓰고 이를 모아 학년 감상문집으로 펴냈습니다. 감상문을 쓰고 감상문집을 펴내며 했던 활동은 3부 '독서감상문'에서 자세히 소개하였습니다.

'책나들이 갑니다!' 활동이야기

*책나들이 활동지(12쪽)는 부록에 있습니다.

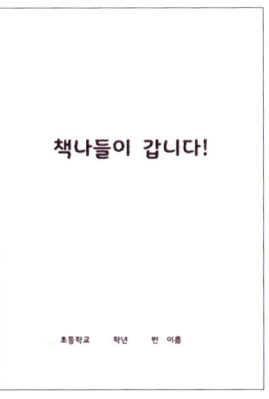

'책나들이 갑니다!' 표지

'책' 하면 떠오르는 것은 무엇인가요?

가을 강아지똥 감상문3 겨울 경험 공부2 국어4 글16 그림12 그림책19 글씨2 교과서 귀찮음 낱말놀이 느낌(감정)5 도서관11 독서록 동생2 동화23 등장인물8 만화9 많다 문학작품3 발음 배경 보다2 사전4 상상 생각2 설명글1 서점 소설5 시11 실제로 있던 일 아빠2 엄마5 연필 역사 위인전 이야기6 읽다5 작가5 잔소리3 재미있다6 제목3 정리 조용함 종이 주인공3 주장글3 줄거리 지식4 지루하다2 지혜 집3 책갈피2 책받침대 책상 출판사4 추리소설 친구2 표지 학교2 캐릭터

    50명의 5학년 아이들이 '책'이라는 낱말을 보고 가장 많이 떠올린 것은 동화였습니다. 그 다음은 그림책, 시, 만화였습니다. 감상문, 국어, 도서관, 제목, 출판사처럼 좋지도 나쁘지도 않는 걸 떠올린 아이들이 많았습니다. 그런데 '재미'처럼 좋은 것을 떠올린 경우는 '재미' 하나밖에 없었던 반면 귀찮음, 잔소리, 지루함처럼 나쁜 것을 떠올린 아이들은 다양한 낱말을 떠올렸습니다. 뜻밖의 낱말은 아빠와 엄마인데 이것은 아래 책에 대한 좋은 경험과 나쁜 경험을 보면 나쁜 뜻으로 떠올렸다는 것을 알 수 있습니다. 아빠와 엄마는 책을 읽으라고 잔소리를 하는 존재로 등장하기 때문입니다.

책에 대해서 어떤 경험을 갖고 있나요?

책에 대한 좋은 경험	
① 없음	없다, 모르겠다 5
② 쓸모 있었다	바둑 책을 읽고 예습해서 바둑 시험에서 1등 했다. 공부에 대한 책을 읽고나서 시험을 100점 맞은 경험이 있다. 영어책으로 공부하고 우수상을 받았다. 7살쯤에 아빠께서 야구책을 주셨는데 그 책을 보다가 자세도 좋아지고 홈런도 많이 쳐서 5학년 중에 야구를 제일 잘하게 되었다. 역사책을 읽고 나서 티비에서 역사에 대한 문제가 나와서 이해가 가서 문제를 풀었다. 영어책을 보고 영어에서 테스트를 통과했다. 예전에 '음, 어, 근데' 이런 거 자주했는데 책을 읽어서 나아졌다.
③ 기분 좋았다	책을 읽고 장애인에 대한 편견이 깨진 것 같다. 책에 글씨가 많았지만 이야기는 재미있었다. 도서관에서 친구에게 책을 추천해주었다. 다섯 살 때 엄마가 읽어준 책이 재미있었다. 책을 읽었더니 생각하는 것이 좋아졌다. 속상한 일이 있을 때 책을 읽으면 기분이 나아진다. 화날 때 읽으면 살짝 괜찮아져요. 책은 나에게 재미를 준다. 좋아하는 책을 사서 읽었을 때, 엄마가 읽고 싶었던 책을 사 주셨을 때, 책 100권을 다 읽어서 기분이 좋았다.
④ 추상적	책을 많이 보면 머리가 좋아진다. 똑똑해진다. 책을 보고 많은 것을 알 수 있다. 지식을 쌓을 수 있다. 모르는 걸 알 수 있다. 지식이 쌓인다. 책을 읽으면 시간을 유익하게 쓸 수 있다. 감성, 지성, 창의성을 높여준다. 쓸 데가 많다. 책을 보면서 모르는 단어를 알았다.
⑤ 또 다른 쓸모	자기 전에 책을 읽으면 잠이 잘 온다. 책을 읽으면 시간이 빨리 가서 빨리 놀 수 있다. 어릴 때는 밤에 잘 때 읽다가 잠들었다. 책을 읽어서 졸릴 때 잠. 만화책을 읽으면 쉴 수 있다. 할 게 없을 때 읽었다. 심심할 때 시간을 때울 수 있다. 누워서 책 읽는 것
⑥ 칭찬	해리포터를 도서관에서 빌려서 집에서 읽고 있었는데 엄마가 칭찬해주셨다. 책 보고 칭찬받았다. 처음으로 책을 읽었을 때 엄마한테 칭찬받았다.

책에 대한 좋은 경험이 없거나 모르겠다고 한 아이가 5명인데 50명을 대상으로 한 조사라는 걸 생각하면 굉장히 큰 숫자입니다. 아이들은 ②처럼 책이 쓸모가 있어서 좋았고 ③처럼 책을 읽고 기분이 좋아졌다고 했습니다. 얼핏 보면 ④와 ②, ③이 비슷해

보이지만 ④는 구체성이 없습니다. 그러니까 책에 대한 좋은 경험을 떠올릴 때 실제 경험을 떠올린 게 아니라고 볼 수 있습니다. 그냥 머리에 입력되어 있는 책의 좋은 점을 시험에서 답 쓰듯이 썼다고 해야 할까요?

⑤는 책의 쓸모에 대해 우스갯소리를 할 때 많이들 하는 말입니다. 시간을 때우기에도 좋다는 것도 비슷한 쓸모이지 싶습니다. ⑥처럼 칭찬을 들은 경험은 ③의 기분 좋음과는 종류가 달라 보입니다.

책에 대한 나쁜 경험	
① 없음	없음 3
② 강요	외삼촌이 삼국지를 10권까지 사주었는데 다 읽어야 했다. 지루하고 보기 싫은데 엄마가 보라고 한다. 책 읽었는데 엄마가 또 읽으라고 했다. 7살 때 엄마가 책을 읽으라고 해서 많이 읽었는데 기분이 별로 좋지 않았다. 가끔씩 책을 빨리 읽을 때 엄마가 책을 다시 읽으라고 한다. TV를 보고 있는데 아빠가 책을 하루에 10권씩 읽으라고 했다. 엄마가 두꺼운 책을 억지로 읽으라고 했다. 엄마가 책을 계속 읽으라고 했다. 책을 읽기 싫은데 엄마가 계속 책을 읽으라고 했다. TV 보고 있는데 엄마가 책 읽으라고 들어가라 했다. 엄마가 그만 놀고 책을 읽으라고 했는데 책을 읽다가도 딴 짓을 하게 됐다. 엄마는 좀 들은 것이 있어서 그런지 책을 읽으라고 해서 다투었다. 책 읽기 싫은데 아빠가 읽으라고 하고 독서록까지 썼다. 엄마가 책 많이 보라고 해서 새벽까지 읽었다. 책 읽기 귀찮은데 엄마가 계속 보라고 화내셔서 읽었다, 책 읽으라고 엄마한테 지적받았다, 할머니께서 책 좀 보라고 꾸중을 하셨다. 부모님이 책 읽으라고 하시는 잔소리. 학원에서 책을 읽고 시험을 보는데 엄마가 80점 이상 안 넘으면 핸드폰 1달 압수라고 했다. 책을 안 읽고 게임할 때 엄마 아빠가 책 읽으라고 잔소리를 했다.
③ 놀이시간 감소	3학년 여름방학에 엄마가 책을 20권 정도 읽으라고 해서 못 놀았다. 빨리 놀고 싶은데 책 읽느라 놀지 못했다. 난 놀고 싶은데 엄마가 계속 책을 읽으라고 했다.
④ 어렵고 지겨움	책 표지는 예쁜데 펴 보니 글이 너무 많고 그림 한 점 없었다. 어떤 책이 너무 두꺼워서 읽기 힘들었다. 역사책을 읽었는데 너무 어려운 말들이 나와서 재미가 없고 지루했다. 글이 많아서 이해하기가 어렵다. 글이 많다. 책을 읽는 게 지루하다. 책을 너무 많이 읽으면 지루하다. 책에 질렸다.

⑤ 색다른 싫음	만화책을 보려다 교과서에 발가락을 찍혔다. 책을 보다 종이에 손이 베었다 3, 지우개에 관련된 책을 읽고 지우개 시합을 했는데 중요한 부분에 맞았다. 내가 좋아하는 책을 동생이 찢었다. 안 좋은 걸 보면 계속 생각난다. 책을 잃어버렸다.
⑥ 좋은 듯한 나쁨	재미있고 도움이 되는 책에 푹 빠져 있다가 학교 숙제와 공부를 하지 못한 적이 있다. 책을 읽느라 시간 가는 줄 몰라서 급식을 놓칠 때도 있다.

책에 대한 나쁜 경험이 없다는 아이는 3명으로 좋은 경험이 없다는 아이들보다는 적었습니다. 책에 대한 나쁜 경험의 대부분은 ②처럼 누군가의 강요로 읽었던 것입니다. 강요하는 사람은 주로 부모님이었고 좋은 뜻으로 책을 사준 사람도 포함되었습니다. 아무리 좋은 것도, 좋은 걸 알고 있어도 누군가 강요하고 잔소리하면 그 좋음은 금세 나쁨으로 바뀌는 일은 흔하지요.

④처럼 책의 재미를 찾지 못한 아이도 있고, 수준과 흥미에 맞는 책을 원하는 아이들도 있습니다. ⑥처럼 책이 재미있어서 생긴 나쁜 경험이 많아지면 좋을까요?

책에 대한 좋은 경험과 나쁜 경험을 비교해보면, 나쁜 경험이 좋은 경험에 비해 상당히 구체성을 띤다는 걸 알 수 있습니다. 책에 대한 좋은 경험과 나쁜 경험을 따로 이야기하라고 하지 않고 좋든 나쁘든 떠오르는 것부터 쓰라고 했으면 아이들은 나쁜 경험을 더 먼저 떠올릴 거라고 충분히 예측할 수 있겠습니다. 나쁜 경험이 더 많을 수도 있겠고요.

책에 대한 아이들의 경험은 이미 만들어졌지만 도저히 바꿀 수 없는 종류의 경험은 아닙니다. 만들어졌으면 바뀔 수도, 바꿀 수도 있는 것이지요. 아이들은 책을 싫어하는 게 아니라 좋아할 기회가 없었을 뿐이고, 충분한 시간과 관심이 주어지면 책에 대한 좋은 경험이 쌓이고 어쩌면 나쁜 경험이 덮일 수도 있습니다.

책을 얼마나 좋아하나요?

2018년 5학년 50명에게 책을 얼마나 좋아하는지 1~10까지의 숫자로 표시해 보라고 했습니다. 책나들이를 시작하면서 아이들은 2~10까지 표시했고 6.36의 평균을 보였습니다. 정말 싫어하는 것을 1, 아주 많이 좋아하는 것을 10으로 보았을 때 5는 중간이니 6.36이라는 숫자는 싫어하는 쪽보다는 좋아하는 쪽에 조금 더 가깝다고 볼 수 있습니다. 2, 3점을 주며 책이 싫다고 답한 아이들은 책이 지루하다고 했고 머릿속이 복잡해지고 심지어 벌레가 나와서 싫다고 했습니다.

책나들이가 끝나고 책을 얼마나 좋아하는지 다시 물었습니다. 50명의 5학년 아이들은 6~10으로 표시했고 평균은 8.54로 높아졌습니다. 책나들이를 시작하면서 있었던 숫자 2~5는 없고 평균은 2.16 높아졌습니다. 9를 쓴 아이는 4명에서 18명으로 4배 넘게 늘어 가장 많이 늘었고, 10을 준 아이는 5명에서 11명으로 2배 넘게 늘어 그 다음을 차지했습니다. 책나들이를 시작하면서 5를 준 아이가 14명으로 가장 많았는데 활동을 끝냈을 때는 9를 준 아이가 18명으로 가장 많았습니다. 책나들이를 시작하면서 10을 주었던 한 아이는 활동을 마치고도 10인데 활동을 해 보니까 그 전 숫자는 8정도였다고 답했습니다. 활동 전에 '책을 읽으면 밖에서 못 놀고 머릿속이 복잡해진다'며 2를 준 아이는 활동을 마치고 '집중해서 읽어보니 이해가 잘 되고 재미있다'며 8만큼 책이 좋아졌다고 했습니다. 책이 좋아진 아이들은 재미를 알게 되었고, 재미있는 책이 많다는 걸 알게 되었다고 이야기했습니다.

숫자가 아이들의 변화를 모두 이야기해주는 것은 아니지만 한두 시간이 아닌 40시간은 아이들의 변화를 이끌어내기에 충분합니다.

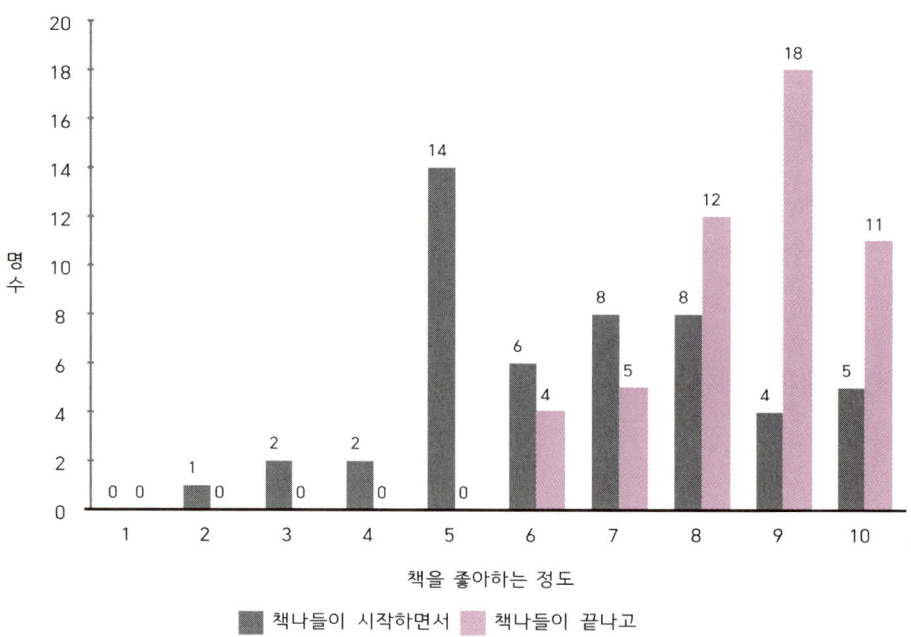

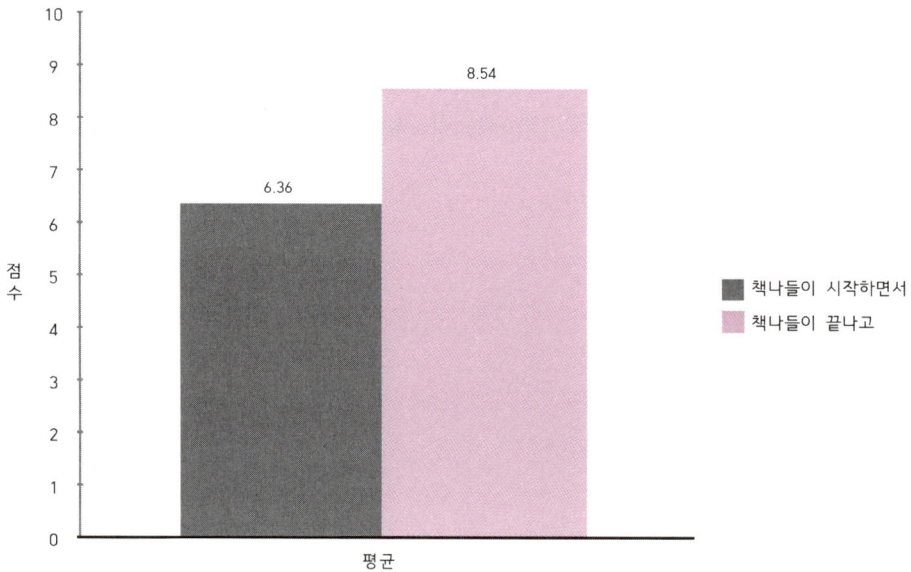

공주, 왕자와 성격이 비슷한 사람은 누구인가요?

『종이 봉지 공주』

로버트 문치 글·마이클 마첸코 그림
비룡소 1998

그림책 『종이 봉지 공주』는 새로운 공주의 탄생을 보여준 이야기입니다. 아름다운 공주 엘리자베스는 사랑하는 로널드 왕자와 결혼하기로 되어 있습니다. 어느 날 용이 나타나 성을 모조리 불태우고 왕자를 납치해 갑니다. 예쁜 옷만 입고 살던 공주가 표지처럼 종이봉지를 걸치고 왕자를 구하러 갑니다. 무시무시한 용을 지혜롭게 잠들게 하고 왕자를 구한 공주, 그 진실된 마음과 고생은 알아주지 않고 옷이 그게 뭐냐고 구박하는 왕자를 발로 뻥 차버리는 공주. 첫 장에서 만난 공주와 다른 공주를 보게 되면서 공주의 성격이 어떻게, 왜 바뀌는지 짐작해 보는 맛이 있고 왕자의 성격과 견주어 보는 재미가 있는 작품입니다.

공주, 왕자의 성격을 파악하고 주변에서 그런 성격을 가진 사람을 찾아보는 활동은 성격을 책 속에만 머물게 하지 않고 일상으로 끌어들이기 위한 활동입니다. 누구에게나 성격이 있고 그 성격은 동화에만 있는 것이 아니니까요.

공주의 성격과 비슷한 사람

친구 유정. 어려운 일이 있으면 도와주고 시원시원하게 말을 한다.

부모님. 힘든 일에도 매일 가족을 지켜주신다. 그리고 아빠는 항상 현명하시다.

김준결. 똑똑하고 그것을 다른 친구들에게 가르쳐준다.

기민재. 겁 없이 하는 건 다 하고 좀 위험하다 싶으면 안 한다.

엄마. 지혜롭다. 나보다 아들을 먼저 생각한다.

김민준. 친구가 다쳤을 때 먼저 괜찮냐고 말하고 친구들이 싸우자고 해도 물러서지 않는다.

전수진. 판단력이 좋고 겉모습으로 판단하지 않는다.

지효. 항상 지혜롭고 언제는 냉정하다가도 판단을 잘한다.

유리. 무언가에 용감하게 도전하고 판단력이 좋고 솔직하다.

예아. 겁이 없고 친구를 잘 챙겨주고 친구를 아껴준다.

사범님. 기계체조를 할 때 겁이 없고 방법을 잘 찾아내신다.

아빠. 한 번 결정을 내리시면 쉽게 결정을 바꾸지 않으신다.

가윤. 단호하게 딱딱 말한다.

왕자의 성격과 비슷한 사람

친구 ** 겉모습을 보고 판단하고 다른 사람에게 상처 주는 말을 한다.

친구 ** 나의 몸, 신체 부위를 가지고 놀린다.

동생. 자기 마음대로 하고 겉모습만 보고 판단한다.

동생. 자기만 생각하는 이기적인 성격일 때가 있다.

친구 ** 이적이고 은혜를 모르고 배려심이 없는 면이 왕자의 성격과 비슷하다.

사촌언니. 자기만 생각하고 거만하다.

우리 형. 이기적이다. 도와달라고 해놓고 "이거 말고."라고 하고 하기 싫게 만든다.

친구 ** 자기가 다쳤을 때 친구들이 괜찮냐고 하면 욕한다.

동생. 잘난 척한다.

친구 ** 겉모습이 이상하면 반이 모두 들리게 큰소리로 말한다.

우리 언니. 겉모습만 보고 사람을 본다. 맨날 자기만 생각하고 눈치 없고 자기가 예쁘다 생각한다.

나를 밀친 6학년 형. 내가 모르고 쳤는데 욕도 하고 자기도 또 밀쳤는데 나만 잘못했다는 듯이 함.

친구 ** 선생님 앞에서는 거만한데 다른 선생님이나 교감선생님이 오시면 조그마해진다.

우리 형. 무덤덤하고 누가 좋아하면 관심이 없고 냉정하다.

우리 오빠. 잘해줬는데도 내가 뭘 잘못해도 엄마한테 일러바친다.

동생. 같이 게임할 때 자기만 살면 된다고 도망친다.

우리 형. 까칠한 게 닮았다.

동생. 내가 도움을 주어도 고마워하지 않는다.

우리 오빠. 우리 오빠는 내가 뭘 해주면 고마운 걸 하나도 모른다.

동생, 큰이모. 겉모습이 예쁜 것만 좋아하고 무엇을 할 때도 화장을 제일 먼저 한다.

만복이의 성격은 어떻게, 왜 변했을까요?

『만복이네 떡집』

김리리 지음 , 이승현 그림
비룡소 2010

　　　　　　　동화 『만복이네 떡집』은 마음과 달리 말과 행동이 거친 만복이가 자신의 이름으로 된 떡집에서 여러 가지 떡을 먹게 되면서 벌어지는 이야기를 담고 있습니다. 떡의 종류별로 매겨진 값이 재미있고, 떡을 하나씩 먹으면서 만복이에게 어떤 일이 벌어지고 성격이 어떻게 변화하는지 살피는 재미가 있는 책입니다. 익살스러운 그림에 53쪽짜리 책이라 선생님이 아이들에게 읽어주기에도 좋습니다.

　이 책은 2015 개정 교육과정에 따라 편찬된 3학년 국어 교과서에 실려 있습니다. 10단원 '문학의 향기'에 두 편의 시, '강아지똥' 만화 영화와 함께 실려 있는데 1부에서 이야기한 것처럼 작품 전체를 싣지 못했습니다. 〈앞 이야기〉를 교과서 한 쪽에 요약하고 원작의 41쪽부터 끝까지 실었는데 원작에는 한쪽 가득 있는 그림이 작게 실려 있습니다.

이 단원의 목표, 관련 성취기준은 다음과 같습니다.

성취기준	문학 : 재미나 감동을 느끼며 작품을 즐겨 감상하는 태도를 지닌다.
	읽기 : 읽기 경험과 느낌을 다른 사람과 나누는 태도를 지닌다.
	문학 : 시각이나 청각 등 감각적 표현에 주목하며 작품을 감상한다.
단원 학습 목표	재미나 감동을 느낀 부분을 찾으며 작품을 감상할 수 있다.

재미있는 작품을 보자는 의도를 가지고 만든 단원에 제시된 작품으로는 자격이 충분하다고 생각합니다. 그냥 보는 것도 좋지만 성격과 관련해서 이야기를 나누어 보면 더 재미있게 읽을 수 있습니다. 만복이를 보면서 아이들은 자기들이 만난 만복이 같은 아이들을 떠올리기도 하고, 만복이반 아이들의 입장이 되기도 하기 때문입니다. 가장 기본적인 감상활동, 독후 활동 가운데 하는 이렇게 내 것으로, 내 이야기로 만드는 일입니다. 나를 위한 떡집에는 어떤 떡이 있을까?라는 질문에 답하는 활동은 나의 삶과 관련된 아주 멋진 독후활동이 됩니다.

만복이의 성격이 변하는 과정과 이유에 대해 아이들은 이렇게 이야기했습니다.

- 입이 거칠다 → 싸우지 않는다 → 친구들을 잘 도와준다. 바뀐 모습을 친구들이 좋아해서
- 거칠다 → 밝아졌다. 놀리는 것을 참았다.
- 이기적이다 → 소심하다 → 상냥하다 → 현명하다. 좋은 성격을 얻기 위해 노력을 했다.
- 심술이 많다 → 배려를 잘한다 → 많이 웃는다 → 칭찬을 많이 한다 → 때리고 싶은 마음을 참는다. 칭찬을 하고 나쁜 말을 안 했기 때문에.
- 심술맞다 → 착하다 → 재미있다 → 친절하다. 보이는 이미지가 달라져서 반 분위기가 더 좋아져서.

- 공격적이다 → 생각이 많다 → 남의 마음을 헤아린다. 내가 해야 될 것을 먼저 생각을 해서.
- 이기적이다 → 배려를 잘한다. 칭찬을 하고 나쁜 말을 안 했기 때문에.
- 마음에 없는 말이 튀어 나온다 → 잘 웃고 칭찬하고 배려를 잘한다. 친구 관계가 좋아져서 맞춰주려고 그랬다.
- 자신도 모르게 나쁜 말을 함 → 좋은 말을 함. 착한 일이 버릇이 돼서 변했다.
- 입이 거친 성격 → 재미있는 성격. 떡을 먹고 나쁜 짓을 하지 않아야 된다는 걸 알아서 떡이 없어도 나쁜 짓을 안 했다.
- 폭력적이다 → 배려를 한다. 아이들의 웃음을 얻으려고 노력을 해서.
- 심술 맞은 아이 → 믿음직하고 성실한 성격. 착한 일을 다 잘 실천해서 달라졌다.

책나들이 하면서 만난 책 가운데 인물의 성격이 잘 드러난 작품은 무엇인가요?

『종이봉지 공주』와 『만복이네 떡집』을 읽고 책나들이 활동을 하면서 인물의 성격이 잘 드러났다고 생각하는 작품을 만나면 기록했습니다. 인물의 성격을 작품과 함께 공부하고 싶을 때 좋은 참고자료가 될 것입니다.

책 제목	인물	성격
게임파티	지민	실수를 용납하지 못하고 뭐 하나 잘못해도 배신한다.
	황선우	처음에는 의존적이어서 친구 지민이 따라 게임만 했는데 나중에는 결단력 있게 게임을 하지 않는다.
고양이 학교	스파타 선생님	근엄하고 마음에 어둠이 없고 1000년의 지혜를 갖고 있다
	러브레터	똑부러지고 침착하며 가끔 깊은 생각에 빠진다. 남의 기분을 잘 파악하고 잘 알아준다.

작품	인물	성격
고양이 학교	버들이	똑똑하고 장난꾸러기다. 이해심이 많고 용감하기도 하다. 선생님 말씀에 귀를 기울인다. 정말 좋은 성격을 가지고 있다.
	메산이	힘이 세고 엉터리지만 재미있는 친구다. 뭐든지 힘으로 하려고 하고 싸우는 걸 좋아한다.
귀신 전성시대	주인공 복남이	귀신을 안 무서워하고 궁금해 하는 점이 정말 용감하다. 그런데 허세가 조금, 아주 조금 있다. 귀신 보러 가자고 큰소리 뻥뻥 치고 앞서나가다 무서워서 오줌을 쌌기 때문이다.
금두껍의 첫 수업	금두껍	친절하고 적극적이고 동정심이 많다. 이렇게 살면 주위에 친구가 많을 것 같다.
나도 예민할 거야	정이	오빠에 대한 질투가 많다. 오빠가 예민해서 엄마 아빠가 오빠를 더 챙겨주니까 그렇게 된 것 같다.
날아라 모네 탐정단	병호	소심한데 말버릇도 있어서 더 소심하고 조용하다. 친구가 위험할 때 하지 말라고 하는 걸 보니 용감한 성격도 조금 있다.
내일 또 만나	찬이	책임감 있고 활발하다. 나도 찬이 같은 성격이면 좋겠다. 문제가 있어도 씩씩하게 대처하는 점과 친구들과 잘 노는 게 부럽다.
냄비와 국자전쟁	마녀고모	비열하고 이기적이다. 이렇게 살면 사람들이 피해 다닐 것이다.
동동 김동	김동	활기차고 항상 질투심이 많다. 하지만 이해해주는 성격이 있어 착하다.
또 잘못 뽑은 반장	공수린	친구들과 사이가 별로 안 좋아서 말이 별로 없다. 그래서 항상 그림자처럼 다닌다. 친구들과 싸우면 항상 지고 다른 애들이 잘못한 것도 자기가 미안하다고 한다.
똥줌 오줌	수복이	활동적이고 산만하고 엉뚱하다. 이렇게 해도 친구들이 잘 웃어주니 다행이다.
로봇의 별	루피	●정신이 없고 여러 가지 기능 덕분에 재미있고 엉뚱하지만 의리는 좋다. ●성격 변화가 빠르다. 모든 게 다 잘 될 거라는 듯 자신만만하다가 무슨 안 좋은 일이라도 생기면 '오! 다 망했어요. 우린 끝났다고요'라면서 좌절한다.
	나로	자유를 얻기 위해 손을 자르는 걸 보면 자신이 하고 싶은 일을 해내는 성격이다. 엄마에 대한 안 좋은 소식을 들어도 로봇의 별로 떠나는 걸 보면 더 그렇다.
	네다	용감하다. 남의 탓으로 돌리지 않는다. 로봇답게 영리하다. 어린 아이들을 잘 돌보아주는 것은 마음이 따뜻한 것 같다
	쵸노	어린 아이 같지만 자신감이 넘친다. 자기밖에 모르는 것 같지만 남을 걱정하는 마음도 많다.
마음을 배달해 드립니다	미지	자기가 깨끗한 줄 알고 더러운 애들을 차별하고 잘난 척 엄청 잘한다.

마지막 이벤트	표영욱	할아버지를 좋아하고 할아버지를 잘 챙겨주는 착한 아이다.
만도슈퍼 불량만두	영배	이름 가지고 놀리고 별명을 만들어서 자기 마음대로 부르는 개구쟁이다.
맞아 언니 상담소	은별	친화력이 높아서 친구들을 잘 사귀고 낯을 안 가린다. 친구들에게 먼저 말 걸어주고 사이가 좋다.
	세나	문방구 아줌마가 다치신 게 자기 탓인 줄 알고 걱정한다. 나도 내가 한 일에 대해 굉장히 예민하다.
명랑한씨와 유쾌한씨	유쾌한씨	억울한 일에도 다른 사람을 먼저 배려하고 괜찮다고 하고 웃는다. 항상 웃어서 다른 사람의 기분도 좋게 만든다.
박순미 미용실	순미	순수한 성격에서 열정이 많고 궁금증이 많은 성격으로 바뀐다. 집을 떠나지 않기 위해 집주변을 깨끗이 치우고 많은 노력을 하면서 성격이 달라졌다.
별난반점 헬멧뚱과 X사건	오동이	문제가 생기면 꼭 누가 한지 알고 싶어한다.
블랙아웃	고동민	용감하고 걱정이 많다.
샬롯의 거미줄	펀	생명을 소중히 생각하고 동물을 좋아하고 순수하다.
선생님도 한번 해 봐요	기동찬	유쾌하다. 소심하지 않고. 궁금한 것은 다 물어봐서 답을 찾는 성격. 그런 당당한 점이 부럽다.
생중계 고래싸움	나이경	자기 이득을 중요시하고 성질이 더럽다. 돈이 많다고 잘난 척이 많다.
수상한 아파트	여진이	참견을 잘하고 남의 일을 궁금해 하고 궁금한 건 꼭 해결해야 하는 성격이다.
수상한 학교	교장선생님	뭐든지 완벽을 추구하는 완벽주의자.
수평선 학교	장복오	친구의 부탁을 잘 들어준다. 엄마와 떨어져서 지내면 무서울 텐데도 잘 참고 울지도 않는다.
아기 너구리 키우는 법	엄마	아기 너구리가 떼를 써도 성실함이 있어서 엄청 부지런하심.
아저씨 진짜 변호사 맞아요?		변호사 아저씨를 약 올리는, 한 번 꼬집어 주고 싶을 만큼 아주 얄미운 친구다.
어느 날 구두에게 생긴 일	혜수	자기만 잘난 줄 알고 동아리에서 잘못하면 '넌 빠져'라고 하고 조금 거슬리는 아이가 있으면 매일 괴롭힌다. 선생님 앞에서만 착한 척 한다.

어느 날 학교에서 왕기철이	왕기철의 친구들	왕기철을 따라 하고 선생님께 혼나는데 왕기철 때문이라고 변명하는 게 아무래도 이기적이다.
	왕기철	장난기가 많고 학교에서 가거나 어디를 가면 가만히 못 있는 그런 성격이다.
엘데포	시시벨	자기를 숨기려 하지만 한쪽으로는 배려심이 있고 남들이 자기를 보는 걸 창피해하는 성격. 이 성격은 나의 사촌동생과 닮았다.
여우의 전화박스	사내아이	꼼꼼하다. 매일 해가 진 저녁에 전화박스로 와서 엄마에게 전화하는 게 쉽지 않을 텐데 기특하고 인내심이 있다.
와우의 첫 책	나	깨어나 보니 뱀이 되어 있을 때 그것에 대해 아무런 반응이 없는 것으로 보아 순진하다고 생각하였다.
외아들 구출소동	창수엄마	너무 호들갑을 떨면서 말하는 게 나까지 불안해진다. 순진하다. 창수가 울고 있었을 뿐인데 다섯 명에게 폭행당했다고 하니 증거도 없이 속는 게 순진해 보인다.
	창수	순진하다. 그래서 로봇같다. 항상 시키는 대로만 하면 나중에 어른이 돼서 사기를 당할 것 같다.
왜 나만 미워해!	소민	소심하다. 뭐든지 잘해야 한다고 생각하고 엄마한테 혼날까봐 마음대로 못한다. 하지만 활발한 친구를 만나 조금 나아졌다.
우리들의 스캔들	이모	활기차고 어느 때나 기죽지 않는다. 또 특별한 인상을 남긴다.
으랏차차 도깨비죽	홍주	동정심이 많고 활기차고 정의롭다
이모의 꿈꾸는 집	이모	대충대충 하고 쿨한 성격이어서 좋다.
임진년의 봄	나협	자신을 잘 믿는 것 같다. 엄마랑 아빠가 말렸는데도 혼자서 자신의 마음을 믿고 한양을 가서 무동생활을 하기 때문이다.
	금금	정말 남을 잘 배려한다. 협이를 부축해주기도 하고 협이가 길을 모를 때 알려주었기 때문이다.
장수만세	박혜수	자신이 도울 수 있는 사람이라면 무조건 도와주고 그게 가족이면 더욱더 도와주는 소심하지만 용감한 성격이다.
진짜 거짓말	연지	남을 탓한다. 엄마가 죽은 이유가 작은이모 때문이 아닌데 작은이모를 탓한다.
축 졸업 송언초등학교	할아버지 선생님	자상하시고 다른 사람과 어울리면 잘 챙길 것 같다. 승미가 하루도 빠짐없이 찾아오는데도 화를 내지 않으니 그렇다.

코드네임 X	바이올렛	시원한 성격이다. 강파랑이 잘하면 엄지척 올려주는 것이 엄청 멋있어 보였다. 조금 폭력적인 면도 있다.
콩이네 옆집이 수상하다	콩이	이 생쥐는 겁이 많고 싸돌아다니고 참견하는 걸 좋아한다.
태풍에 대처하는 방법	우엽	애들을 왕따시키는 걸 보니까 기가 세다. 그래도 마지막엔 착해져서 다행이다.
푸른사자 와니니	와니니	무서움을 이겨내고 포기하지 않고 끝까지 하는 성격이다.
	마디바	냉정하고 판단력이 좋다. 동료를 잘 챙긴다.
	말라이카	엄마 사자들이 자기를 챙겨주니까 자기가 왕인 줄 안다.
프린들 주세요	닉	닉은 상상력이 아주 풍부하고 그것을 실천하는 성격이다. 기발한 생각을 하고 새로운 말을 당당하게 쓴다.
	그레인저 선생님	단호하시고 진지하시다. 국어사전에 없는 말은 하기 싫어하신다. 조금 변덕쟁이시다. 너무 뻔뻔하시지만 마지막엔 인정을 하신다.
플레이볼	한동구	야구를 절대 포기 하지 않고 끝까지 뭐든 해내려는 모습이 정말 멋지고 칭찬해주고 싶다.
	푸른이	솔직하고 욕심도 많다. 푸른이 대신 3, 4학년 애가 주전으로 뛰었는데 자신보다 잘한다고 했기 때문이다.
하도록 말도록	어린이	정말 당돌하다. 무서움도 없다. 내가 옷장에 있었다면 무서워서 울었을 텐데.
하루와 미요	하루, 미요	하루는 털보라는 강아지를 만나서 용감해지고 수영 못하는 고양이 미요도 털보를 만나서 수영을 하려고 노력해서 용감해졌다.
학교 영웅 전설	강구	하고 싶은 말을 다 하고 눈치 없는 아이다. 선생님께 하고 싶은 말을 다하면서 어떤 상황에도 자신의 할 말을 다하는 모습이 그렇다.
해피 버스데이 투미	지후	포기하지 않고 계속 도전하는 성격이고 활발하다.

단짝은 필요한가요?

『텔레파시 단짝도 신뢰가 필요해』

정연철 지음, 이갑규 그림
한겨레아이들 2017

『텔레파시 단짝도 신뢰가 필요해』는 초등학교 2학년 아이들의 이야기 세 편을 담고 있습니다. 2학년이 주인공이니 저학년용 동화로 나왔고 108쪽이라는 숫자도 2학년 아이들이 읽기에 부담이 없습니다. 그러니까 2학년이 읽어야 하는 게 아니라 2학년부터 읽을 수 있다는 뜻이므로 2학년보다 조금 더 오래 살고 경험도 많은 아이들이 읽으면 더 깊은 맛을 느낄 수 있는 건 당연합니다. 어떤 아이들은 그 시절의 자신을 떠올리며 추억에 빠져들어 아련한 눈빛을 짓기도 합니다.

신뢰를 다루고 있는 가치동화로 '텔레파시 단짝'은 친구 사이의 신뢰, '새끼손가락을 걸었다'는 부모와 아이 사이의 신뢰, '보디가드가 될 거야'는 선생님과 아이 사이의 신뢰를 다루고 있습니다. 책나들이에서는 '텔레파시 단짝'만 함께했습니다.

작품을 보기 전에 '단짝은 필요한가?'로 토론을 했습니다. 5학년 120명 가운데 단짝이 필요 없다고 한 아이는 19명으로 이 가운데 15명이 남자입니다. 관계를 중요하게 생각하는 여자아이들은 남자 아이들에 비해 단짝이 필요하다고 생각했습니다.

근거는 다음과 같습니다.

필요하다
● 같이 화장실도 가고 어딜 가든 함께 가서 든든하다.
● 다른 친구들보다 더 친한 친구가 있으면 나에게 더 관심이 있을 것 같다.
● 화나는 것, 슬픈 것을 맞장구를 쳐주면서 풀 수 있다.
● 외로울 때 단짝이 있어서 따뜻하다. 힘든 점을 이야기하면 마음이 편해진다.

- 단짝이 없으면 왕따가 된 기분이다.
- 같이 있어도 어색하지 않다.
- 서로 힘든 부분을 도와줄 수 있다.
- 단짝이 있어야 학교생활이 더 즐거워진다. 단짝이 없으면 외로워서 제대로 생활할 수 없다.
- 서로의 행동과 말투로 기분을 쉽게 헤아려서 서로 위로해준다.
- 단짝은 나의 마음을 알아주고 말이 통한다.
- 누구보다도 서로를 잘 알고 믿음이 가는 친구이기 때문에 서로의 고민을 들어주고 위로해줄 수 있다. 단짝은 다른 친구들보다 더 믿음이 간다.
- 다른 친구들에게 하지 못한 이야기를 단짝에게 말할 수 있다.
- 친구는 비밀을 안 지켜줄 때가 있는데 단짝은 약속해서 비밀을 잘 지킨다.

필요하지 않다

- 여러 친구들과 다 같이 함께 노는 게 더 좋다.
- 단짝과 싸우면 실망이 크다.
- 단짝과만 친하면 다른 친구들과 친해질 기회가 좀 부족하다. 두루두루 친하면 좋다.
- 친구들과 그냥 놀면 되는데 한 사람만 정해선 친하게 지낼 필요는 없다.
- 어쨌든 단짝도 그냥 친구다.
- 조용이 있고 싶다.
- 단짝이 있으면 그 사람과만 놀고 단짝이 없는 사람은 혼자 노니까.
- 단짝이 없어도 동생이랑 놀 수 있고 동생이 없으면 친구들과 놀 수도 있다.
- 잘못하면 우정이 쉽게 깨져버린다.
- 단짝이 있으면 좋지만 혼자 있고 싶어서 못 논다고 하면 마음이 편치 않다.
- 유치원 때부터 혼자 놀았고 그러면 행복했다. 친구 사귀는 것은 별로 좋아하지 않는다.
- 혼자 놀고 싶을 때 놀자고 하면 어떻게 할 수가 없다.
- 화났을 때 따라 다니면 귀찮다.
- 어쩔 수 없이 뭔가를 하는 경우가 많다.
- 그냥 친구로만 지내면 된다. 나는 싫은데 친구가 하자면 해야 한다.
- 그냥 조금 친한 친구 여러 명만 있어도 된다.
- 단짝이 있어도 단짝이랑 언제 헤어질지 모른다.
- 단짝이랑 놀다 보면 그 친구의 나쁜 점도 닮을 수 있다.
- 단짝이랑만 놀다 보면 다른 사람과 친하게 지내지 않는다.

우리 반 아이들 26명 가운데 단짝이 필요 없다고 한 아이는 남자 2명이었습니다. 이 두 명은 책나들이를 시작하면서 책을 얼마나 좋아하는지 물었을 때 9, 10이라고 답했던 아이들로 어휘력과 표현력이 풍부해서 24:2여도 아주 풍성한 토론이 되었습니다. 서로의 근거를 확인하고 단순한 질문부터 반론까지 하면서 토론은 진지하게 진행되었습니다. 토론을 마치기 전에 의견이 바뀐 사람이 있는지 물었습니다. 단짝이 필요하다고 한 아이들 가운데 생각이 바뀐 사람은 없었는데 단짝이 필요 없다고 한 두 명 가운데 한 명이 '있는 게 조금 더 좋을 거 같다'며 입장을 바꾸었습니다. 토론으로 입장이 바뀔 수도 있다는 걸, 그러기 위해서는 상대방의 의견을 더 잘 들어야 한다는 걸 몸으로 알게 된 시간이었습니다. 사고의 유연성을 기르는 데도 토론은 참 좋습니다.

이 작품을 보기 전에 할 수 있는 다른 활동도 있습니다. 단짝의 조건에 대해 이야기를 나누면 토의가 될 것입니다. 자신의 단짝을 소개하는 활동을 해 보는 것도 좋습니다.

친구들끼리 싸울 때 어떻게 하면 좋을까?

'텔레파시 단짝'에서 단비, 채원, 하나가 단짝이 되기로 약속을 한 뒤로 잘 지내다 채원과 하나가 싸워서 단짝이 깨질 위기를 맞게 됩니다. 이 위기를 어떻게 극복하면 좋을지, 단비가 어떻게 하면 좋을지, 단비의 문제해결 행동이 나오기 전인 24쪽 첫째 줄까지만 읽고 토의해 보았습니다.

친구끼리 싸울 때 해결책으로 제시한 방법은 이렇습니다.

모둠 토의 결과는 이렇습니다.

- 싸운 친구들의 이야기를 들어준 다음에 방법을 찾아서 풀어준다.
- 먼저 싸움을 말리고 한 명 한 명 만나서 위로해준다.
- 서로 화해를 하게끔 자리를 만들어준다.

- 먼저 화해를 시키고 같이 놀게 하면서 점점 가까워지게 한다.
- 서로 화해할 수 있게 재미있는 곳을 가서 사진도 찍고 이야기한다.
- 말로 설득한다.
- 서로의 입장으로, 역지사지로 생각해서 해결하기
- 진정될 때까지 기다렸다가 마음을 정확하게 표현하는 편지를 써서 전해준다.

목기린씨가 마을버스를 탈 수 있는 방법은 무엇일까요?

『목기린씨, 타세요!』

이은정 지음, 윤정주 그림
창비 2014

『목기린씨, 타세요!』는 긴 목 때문에 마을버스를 타지 못하고 걸어서 출퇴근하느라 힘든 목기린씨가 화목마을 고슴도치 관장에게 어려움을 호소하는 편지를 보내는 이야기입니다. 목기린씨는 목이 길다는 신체의 다른 점 하나 때문에 어찌 보면 차별을 받고 있고 사람들은 목기린씨의 외침과 불편함을 모른 척 합니다. 목기린씨가 버스를 탈 수 있는 방법을 찾아보고, 목기린씨처럼 사회적 약자들에게 어떤 시설이나 제도가 필요한지까지 이야기할 수 있는 작품입니다.

책나들이에서는 이 작품을 '작품에서 말하고 있는 사람의 관점을 이해한다'는 문학 영역의 성취기준을 달성하기 위해 보았고, 약자의 대표인 어린이의 관점에서 불편한 시설이나 시설물에 대한 이야기를 나누었습니다. 2018년 6월 13일이 있었던 제7회 전국동시지방선거를 맞이하여 어린이의 관점에서 시장이나 교육감에게 바라는 것도 이야기해 보았습니다.

23쪽까지 읽고 목기린씨가 마을버스를 탈 수 있는 방법에 대해 모둠에서 토의를 했습니다. 목기린씨 전용 자리 위에 구멍을 뚫는다, 마을버스를 3층으로 만든다, 의자와 의자 사이에 침대를 두고 목기린씨를 눕힌다, 는 의견이 나왔습니다. 목기린씨를 위한 천장이 높은 전용 버스를 만든다는 의견에는 돈이 너무 들 것 같다고 했고, 목기린씨가 기린 마을로 이사 가면 좋겠다는 의견에는 목기린씨가 기분 나쁠 것 같다는 반론을 제기했습니다. 트럭을 타고 다니게 한다는 의견에는 위험하고 경찰이 잡아갈 것이라고 했고, 지전거를 타는 방법도 좋은데 버스가 아니어서 아쉽다는 이야기도 했습니다. 목기린씨처럼 몸과 관련해서 불편했던 경험도 나누었습니다.

- 버스 손잡이에 키가 안 돼서 못 잡는다.
- 수영장에서 물이 깊어서 기다릴 때 가치발을 들고 있어서 쥐가 날 뻔 했다.
- 친구 집에 가려고 엘리베이터를 탔는데 할아버지께서 나보고 동생이냐고 그러셨다. 지하철 손잡이가 잡히지 않는다.
- 나는 초등학생인데 키가 크다고 버스 요금을 1000원 내고 100원만 줘서 200원 더 달라고 했다.
- 캠핑장에서 세면대에 손이 안 닿았다.
- 다른 아이들보다 키가 커서 뒷자리에만 앉는다.
- 마트에 있는 키즈카페에 놀러 갔는데 나이는 되는데 덩치가 커서 못 들어가고 게임만 했다.
- 몸집이 작아서 어른들이 모르고 치고 간다.
- 대부분 오른손잡이여서 국기에 대한 맹세 할 때도 오른손으로 하라 해서 헷갈리고 불편하다.
- 키가 커서 친구들이 안 보인다고 계속 비켜 달라고 한다.
- 왼손잡이여서 오른손잡이랑 부딪힐 때 골반 둘레가 얇아서 바지를 사서 다리에 맞추면 바지가 계속 흘러내려서 고무줄을 달거나 줄여야 한다.
- 키가 작아서 1, 2, 3학년으로 오해받는다.
- 키가 작아서 야구 타자할 때 스트라이크존이 높다.

어린이의 관점에서 불편한 시설이나 시설물에 대해서는 이런 이야기가 털어놓았습니다.

- 그네가 너무 작고 좁고 낮다.
- 도서관에서 책을 고를 때 키가 안 돼서 꼭대기에 있는 책을 못 골랐다.
- 화장실에서 변기에 앉아 볼일을 보는데 휴지가 손에 안 닿아서 불편했다.
- 망원경은 너무 높은데 발판을 밟으면 너무 높아진다.
- 화장실에서 겉옷을 벗어 올려놓은 옷걸이에 키가 안 닿아서 못 걸었다.
- 마트에서 높이 있는 물건을 못 꺼낸다.
- 편의점에 있는 의자가 너무 높아서 앉으면 발이 안 닿아서 무서웠다.
- 영화관에서 앞에 의자에 큰 사람이 앉으면 안 보여서 불편하다.
- 버스 창문을 열 때 힘을 많이 줘야 돼서 힘들다.
- 계단 한 칸이 높다.

어린이의 관점에서 시장, 교육감에서 바라는 점은 다음과 같습니다.

- 10시 등교
- 학교에서 먼 아파트 친구들이 쉽게 다닐 수 있게 작은 학교 만들어주세요.
- 학교가 걸어서 20분 정도인데 학교까지 가는 버스를 만들어주면 좋겠다.
- 필기도구 무상지원
- 중학생들은 학교 가느라 버스를 타야 하는데 버스카드를 지급해주면 좋겠다.
- 체험학습을 무료로 가고 싶어요.
- 수학을 좀 더 쉽게 해주면 좋겠다.
- 놀이시간을 늘려주세요.
- 도서관에 책이 더 많으면 좋겠다.

- 축구할 때 야구하는 애들 때문에 축구가 안 되니까 야구장을 작게라도 만들어주세요.
- 일주일에 5교시 두 번 하게 해주세요.
- 현장체험학습을 많이 갈 수 있게 해주세요.
- 학교에서 간식 먹을 수 있게 매점 같은 걸 세워주세요.
- 학교에서 아침밥을 제공해주세요.
- 놀이기구를 더 만들어 주세요.
- 5~6교시를 빼주세요.
- 우리 학교가 계속 혁신학교가 되게 해주세요.
- 학교에 실내체육관 만들어주세요. 배드민턴장 등.

몽몽이가 '번개의 시간 여행 2'를 읽는 방법은 무엇일까요?

『책 읽는 강아지 몽몽』

최은옥 지음, 수신지, 신지수 그림
비룡소 2014

『책 읽는 강아지 몽몽』은『만복이네 떡집』보다 조금 더 두껍지만 1학년~6학년 아이들 모두가 재미있어하고 감동받는 작품입니다. 특히 이 작품은 책에 대한 이야기라 아이들이 책 자체가 주는 재미를 만날 수 있는 귀한 기회를 제공해줍니다.

2학년 영웅이네 집에 사는 강아지 몽몽은 영웅이네 엄마가 영웅이가 어렸을 때 품에 안고 책을 읽어줄 때 곁에 있으면서 한글을 깨쳤습니다. 그렇게 책을 읽을 수 있게 된 몽몽이가 제일 좋아하는 시간은 식구들이 회사로, 학교로 떠난 다음 혼자 쇼파에 앉아 음악을 들으며 조용히 책 읽는 시간입니다. 그런 몽몽이는 영웅이의 생일잔치를 기다립니다. 유치원 친구인 수지가 책을 생일선물로 가지고 오기 때문입니다. 영웅이는 게임에 맛을 들여서 책은 거들떠보지도 않을 것이고 그럼 그 책은 자신에게 돌아올 것이니까요. 그렇게 손에 넣은 책은 강아지가 주인공인 '번개의 시간 여행 1'입니다. 이 책을 몇 번이고 읽은 몽몽이의 간절한 소망은 '번개의 시간 여행 2'를 읽는 것입니다. 몽몽이가 '번개의 시간 여행 2' 아니 3, 4를 읽을 수 있는 방법은 무엇일까요?

강아지가 책을 읽는다는 설정도 재미있는데 그림이 정말 귀여워서 읽다가 그림을 보여주면 어떤 그림이든 아이들은 한결같이 "아~ 귀여워~" 하는 반응을 보입니다. 몽몽이의 말을 사람들이 알아듣는 게 아니라 사람들에게는 그저 짖는 소리로만 들린다는 것도 이 책이 주는 재미 가운데 하나입니다. 아이들은 몽몽이의 간절한 소망이 부디 이루어지길 바라고 영웅이가 책에 눈길을 주고, 책의 재미를 되찾기를 간절히 바라면서 함께 책장을 넘깁니다. 그래서 강아지도 아는 책의 재미, 책이 주는 것을 사람인 우리도 알아보자고 했을 때 아이들은 두 손을 불끈 쥐었습니다.

몽몽이가 '번개의 시간 여행 2'를 읽는 방법을 여러 가지로 짐작해 보는 활동을 하면서 작품을 읽으면 더 재미있습니다.

방법과 까닭	추론
채리가 추천한 방법은	영웅이에게 애교를 부려서 점수를 딴다.
	영웅이가 '번개의 시간 여행'을 보게 만들어서 도서관에 가서 빌리게 한다.
	영웅이도 책을 좋아하게 해서 '번개의 시간 여행2'를 같이 읽기
	영웅이 앞에서 책을 읽는다.
	영웅이 앞에 책 탑을 쌓아놓는다.
	영웅이한테 책을 던진다.
	영웅이가 책을 보도록 게임기를 숨긴다.
	영웅이가 다시 책을 좋아하게 만들어서 '번개의 시간여행2'를 사게 한다.
	게임기를 숨기고 게임기가 있던 자리에 '번개의 시간 여행'을 놓는다.
	영웅이가 게임을 그만하고 책을 읽게 한다.

영웅이를 꼬시는 방법	게임기를 숨기고 그 책을 영웅이 근처에 두기
	게임기를 빨아서 부순다.
	영웅이가 잘 때 게임기를 쇼파 밑으로 숨긴다.
	어떻게든 게임기를 뺏어서 숨겨놓고 책을 물어서 영웅이한테 갖다 준다.
	영웅이에게 게임에 관한 책을 보여주고 책에 관심을 갖게 한다.
	게임기를 책에다 끼워놓기
	게임기를 숨기고 영웅이한테 잘 보이는 곳에 책을 놓는다.
	엄마한테 책을 갖다 주고 영웅이이에게 읽으라고 하기
	몽몽이가 점프해서 게임기를 머리고 툭 쳐서 고장나게 한다.
	영웅이가 나갔을 때 게임기를 숨기고 게임기가 있던 자리에 '번개의 시간 여행'을 놓는다.
	영웅이가 학교 갔을 때 게임기가 있는 쪽에 책을 놔둔다.
	책에 있는 내용을 영웅이 앞에서 연극한다.
	영웅이의 게임기를 없애거나 고장내기
영웅이의 행동이 변한 까닭은	영웅이의 행동이 변한 까닭은?
	몽몽이가 영웅이가 책을 읽을 수 있게 끝까지 노력해서
	게임보다 책이 재미있어서
	제목이 재미있을 것 같고 어떤 책이 또 있는지 궁금했기 때문에
	책을 한 번 읽고 나서 정말 책의 재미를 느끼고 또 어떤 책들이 있을지 기대가 돼서
	화장실에 있는 시간이 길어져서 지루해서
	책을 한번 읽어 볼까 했는데 너무 재미있어서
	몽몽이가 하도 발밑에 가져다 놓아서 궁금했기 때문이다.
	책을 본 영웅이간 책의 맛을 알아서
	게임을 못하게 되니까 책 밖에 볼 것이 없어서 보니 재미있어서

📖 '책 가을하다!' 이야기

'책봄 이야기'와 '책 나들이 이야기'가 책을 읽는 몸을 만드는 것이 목적이라면, '책가을하다'는 책을 깊이, 제대로 읽는 힘을 기르기 것을 목적으로 합니다. 이현 작가의 단편 「짜장면 불어요」를 중심으로 작가의 다른 작품 10여 편을 읽으며 자신, 또 주변 친구들과 깊은 대화를 나누고, 작가와 직접 만나 소통하는 활동으로 구성되어 있습니다. 책을 통해 자신, 친구, 세상을 연결하여 생각하는 힘을 기르는데 주안점을 두고 있습니다.

내용	쪽수	시간	성취 기준	평가
책읽기	2, 9, 10 (3)	18	[6국02-01] 읽기는 배경지식을 활용하여 의미를 구성하는 과정임을 이해하고 글을 읽는다. [6국02-03] 글을 읽고 글쓴이가 말하고자 하는 주장이나 주제를 파악한다. [6국02-05] 매체에 따른 다양한 읽기 방법을 이해하고 적절하게 적용하며 읽는다. [6국02-06] 자신의 읽기 습관을 점검하며 스스로 글을 찾아 읽는 태도를 지닌다. [6국04-02] 국어의 낱말 확장 방법을 탐구하고 어휘력을 높이는 데에 적용한다. [6국04-03] 낱말이 상황에 따라 다양하게 해석됨을 탐구한다. [6국05-02] 작품 속 세계와 현실 세계를 비교하며 작품을 감상한다. [6국05-03] 비유적 표현의 특성과 효과를 살려 생각과 느낌을 다양하게 표현한다. [6국05-05] 작품에 대한 이해와 감상을 바탕으로 하여 다른 사람과 적극적으로 소통한다. [6국05-06] 작품에서 얻은 깨달음을 바탕으로 하여 바람직한 삶의 가치를 내면화하는 태도를 지닌다.	[6국02-05]
낱말과 문장 의미 파악하기	2 별도 활동지 낱말밭	책읽기 시간 사용	[6국04-02] 국어의 낱말 확장 방법을 탐구하고 어휘력을 높이는 데에 적용한다. [6국04-03] 낱말이 상황에 따라 다양하게 해석됨을 탐구한다.	
인상 깊은 장면 찾기	2, 4 (2)		[6국05-05] 작품에 대한 이해와 감상을 바탕으로 하여 다른 사람과 적극적으로 소통한다. [6국05-06] 작품에서 얻은 깨달음을 바탕으로 하여 바람직한 삶의 가치를 내면화하는 태도를 지닌다.	

활동	차시	시간	성취기준	관련
궁금한 점 찾기	3	책읽기 시간 사용	[6국02-01] 읽기는 배경지식을 활용하여 의미를 구성하는 과정임을 이해하고 글을 읽는다. [6국05-02] 작품 속 세계와 현실 세계를 비교하며 작품을 감상한다. [6국05-05] 작품에 대한 이해와 감상을 바탕으로 하여 다른 사람과 적극적으로 소통한다.	[6국02-01]
인물의 성격, 입장 파악하기	2-3 (2)	1	[6국04-01] 언어는 생각을 표현하며 다른 사람과 관계를 맺는 수단임을 이해하고 국어생활을 한다. [6국05-05] 작품에 대한 이해와 감상을 바탕으로 하여 다른 사람과 적극적으로 소통한다.	[6국05-05]
감상글 쓰기	7-8 (2)	2	[6국02-02] 글의 구조를 고려하여 글 전체의 내용을 요약한다. [6국03-01] 쓰기는 절차에 따라 의미를 구성하고 표현하는 과정임을 이해하고 글을 쓴다. [6국03-06] 독자를 존중하고 배려하며 글을 쓰는 태도를 지닌다. [6국04-05] 국어의 문장 성분을 이해하고 호응 관계가 올바른 문장을 구성한다.	[6국03-01] [6국03-06]
토의 · 토론	6-7 (2)	2	[6국01-02] 의견을 제시하고 함께 조정하며 토의한다. [6국01-03] 절차와 규칙을 지키고 근거를 제시하며 토론한다. [6국01-07] 상대가 처한 상황을 이해하고 공감하며 듣는 태도를 지닌다.	
조사 요약 발표	7-9 (3)	5	[6국02-02] 글의 구조를 고려하여 글 전체의 내용을 요약한다. [6국01-04] 자료를 정리하여 말할 내용을 체계적으로 구성한다 [6국03-03] 목적이나 대상에 따라 알맞은 형식과 자료를 사용하여 설명하는 글을 쓴다. [6국05-05] 작품에 대한 이해와 감상을 바탕으로 하여 다른 사람과 적극적으로 소통한다.	
작가 만나기	10	3	[6국05-02] 작품 속 세계와 현실 세계를 비교하며 작품을 감상한다. [6국05-05] 작품에 대한 이해와 감상을 바탕으로 하여 다른 사람과 적극적으로 소통한다. [6국03-05] 체험한 일에 대한 감상이 드러나게 글을 쓴다.	
추천하기	11 (1)	3	[6국05-01] 문학은 가치 있는 내용을 언어로 표현하여 아름다움을 느끼게 하는 활동임을 이해하고 문학 활동을 한다. [6국05-05] 작품에 대한 이해와 감상을 바탕으로 하여 다른 사람과 적극적으로 소통한다. [6국04-01] 언어는 생각을 표현하며 다른 사람과 관계를 맺는 수단임을 이해하고 국어생활을 한다.	
책에 대한 경험 이야기 나누기	12 (1)	1	[6국02-06] 자신의 읽기 습관을 점검하며 스스로 글을 찾아 읽는 태도를 지닌다. [6국05-06] 작품에서 얻은 깨달음을 바탕으로 하여 바람직한 삶의 가치를 내면화하는 태도를 지닌다	
활동 배정 시간			35시간	

책을 깊이 읽는다는 것은 책을 꼼꼼히 읽고, 독자의 배경지식을 활용하여 드러나 있지 않거나 생략된 내용을 추론하며 읽는 것만을 말하는 것이 아닙니다. 책을 정확히 읽는 것은 물론이고 글을 쓴 작가와 소통하고 나아가 책을 읽는 자신과 깊은 대화를 나누는 것을 말합니다. 그래서 책을 깊이 읽으면 책을 천천히 읽게 되지요. 아이들의 독서환경이 책을 꼼꼼히, 많이 읽는데 치우쳐 있어서 대부분의 아이들이 책을 깊이 읽는 경험을 하지 못하였습니다.

이현 작가의 단편 작품 『짜장면 불어요!』 가운데 〈짜장면 불어요!〉를 깊이 읽기 위해 작품을 감상하며 멋지고 오래 생각나는 문장을 이유를 들어 정리했습니다. 정리한 문장들을 바탕으로 가장 인상 깊은 장면을 뽑고, 주인공 용태와 기삼이가 중국집에 대해, 중국집에서 일을 하는 것에 대해, 삶에 대해 어떤 관점을 가지고 있는지를 비교하고 자기가 가지고 있는 관점과도 견주어 보게 하였습니다. 문학 성취기준 관련 평가이기도 하였습니다. 또 이를 바탕으로 감상글을 썼습니다. 일반적인 감상글과는 달리 모두 같은 작품에 대해 썼기 때문에 상대적으로 책의 내용 소개 비중은 적은 대신 인상 깊은 문장과 주인공의 관점을 자기의 입장에서 해석하고 비교하며 자기 생각을 중심으로 썼습니다. 이어서 책을 읽으며 이야깃거리를 뽑아 친구들과 토의토론을 하였습니다.

책을 읽으면서 잘 이해되지 않는 단어는 '낱말밭'이라는 별도의 활동지에 뜻과 쓰임새를 정리하게 하였습니다. 내용 중에 잘 모르고 궁금한 것은 책가을 활동지에 정리했습니다. 예를 들어 〈짜장면 불어요!〉에 나오는 공간적 배경인 황금반점을 보고 중국집 이름에는 왜 '반점'이 많을까?, 중국집 이름에 많이 들어가는 말에는 또 어떤 것들이 있을까?, 다른 종류의 음식점 이름에도 많이 들어가는 말이 있을까? 등의 질문을 하게 하는 것이지요. 십여개의 질문을 찾게 한 후에 그 중에 하나를 골라 조사를 하고 조사 내용을 잘 드러낼 수 있는 적절한 매체를 골라 발표를 하였습니다. 이 과정을 쓰기 영역의 성취기준과 관련지어 평가를 하였습니다.

지금까지 말한 여러 활동이 모두 단편동화 하나를 읽고 한 활동입니다. 여러 관점에서 책에 대해 살펴보는 과정에서 자연스레 아이들이 책을 아주 천천히, 여러 번 읽게 되었습니다. 이후에 『짜장면 불어요!』에 실린 다른 단편 네 작품과 이현 작가의 장편 십 여편을 읽었습니다. 한 작가의 작품을 깊게 읽으니 작가에 대해 궁금한 점이 생기게 되었지요. 이현 작가를 직접 모셔서 작가에 대해, 작품에 대해 궁금한 점에 대해 이야기를 나누었습니다. 서른시간 넘게 이현작가의 작품에 대해 깊이 읽은 아이라 작가와 만나는 자리에서도 깊은 질문들이 오갔습니다. 작가를 만난 이야기는 따로 글로 정리하였습니다. 아이들은 책가을 하다를 통해 책을 읽으며 자기 자신, 친구, 세상, 작가와 소통하는 경험을 하게 되었습니다. 읽기를 잘 한다는 것, 깊이 읽는 다는 것은 이처럼 책과 이야기를 나누며 읽고 생각하는 과정을 통해 자기를 되돌아보는 것입니다. 또 이를 바탕으로 다른 사람들과 책에 대해 이야기를 나누는 것이지요. '책가을 하다!'는 책을 깊이 읽은 경험을 바탕으로 스스로 책을 골라 읽고 친구들에게 추천하는 활동으로 마무리 되었습니다.

'책가을하다!' 활동이야기

*책나들이 활동지(12쪽)는 부록에 있습니다.

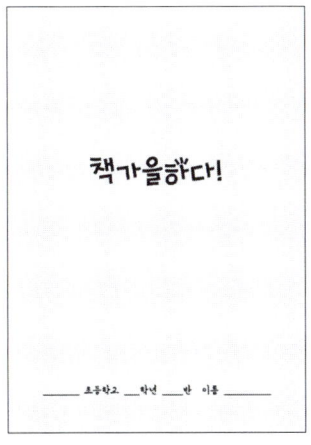

'책가을하다!' 활동지 표지

『짜장면 불어요!』

이현 지음, 윤정주 그림 창비 2006

『짜장면 불어요!』은 '짜장면 불어요!'를 포함하여 모두 다섯 편의 동화가 실려 있는 이현 작가의 작품입니다. 5학년 모든 아이들은 '짜장면 불어요!'를 읽었습니다. 나이를 세 살 더 높은 열일곱 살이라고 속이고 중국집 배달 아르바이트를 하게 된 용태가 양파를 까고 있는 기삼이를 만나 나누는 대화가 이야기의 대부분을 차지합니다. 둘이 나누는 이야기는 짜장면부터 삶의 자세 이야기까지 아주 풍성합니다. 대화할수록 기삼이의 말에 점점 더 고개를 끄덕이는 용태를 보는 재미도 좋고 기삼이의 말을 되새겨 보는 맛도 좋은 작품입니다. 기삼이와 용태의 이야기를 엿들은 5학년 아이들은 지금까지 한 번도 생각해보지 못했던 것들에 대해서 생각하면서 생각의 폭이 넓어지고, 기삼이의 말이 맞는지 생각하면서 생각이 깊어집니다. 토의나 토론을 위한 이야깃거리가 아주 풍성한 것도 이 책의 매력 가운데 하나입니다.

'짜장면' 하면 떠오르는 것은 무엇인가요?

중국집, 중식, 철가방, 양파, 단무지, 쟁반, 접시, 춘장, 면, 배달, 나무젓가락, 완두콩, 곱빼기, 간짜장, 볶음밥, 깐풍기, 검은색, 휴지, 면발, 짬짜면, 차이나타운, 서비스, 군만두, 전화기, 고춧가루, 식초, 입학식, 김치, 친구, 옛날, 빈 그릇,

'짜장면 불어요'를 감상하면서 멋진 문장, 오래도록 남을 문장은 무엇인가요?

구절, 문장(쪽수)	멋진, 인상 깊은 까닭
사월의 푸른 하늘이 새하얀 새털구름 한 자락을 드리운 채 펼쳐져 있었다.(99)	사월의 푸른 하늘을 잘 표현한 것 같다.
그럼 짬뽕은 잠뽕이냐? 잠뽕이냐? 짬뽕이냐?(104)	● 왜 잠봉이 아니라 짬뽕일까? 그냥? 그러면 짜장이든 자장이든 상관없는 건가? ● 용태에게만이 아니라 다른 비슷한 상황에서도 이런 표현을 쓰면 상대방이 변명할 게 없을 것 같다.
시킨다고 아무거나 다 따라 하냐?(104)	나는 부모님이나 어른들께서 시키는 것을 따라 했는데 이 문장을 보니 다 따라 할 필요는 없다고 생각했다.
사람은 먹어야 살고, 먹으려면 요리도 하고 양파도 까야 하는 거지(106)	용태 같은 사람들에게 하면 딱 좋은 말이다. 이 말만 하면 조용히 일을 할 것 같다.
성적 때문에 자살하는 애들까지 있는 거 알지?(107)	이런 뉴스를 많이 봤다. 고작 그 성적 하나 때문에 생을 마감하는 게 안타깝다.
대한민국에 철가방의 발이 안 미치는 데가 있어, 없어?(108)	● 정말 여기 저기 다 들어가는 것 같다. 전화만 하면 오는 게 짜장면이니까. ● 난 짜장면을 좋아한다. 보통 애들도 좋아한다. 말이 이상한 것 같지만 애매하게 맞는 말이기도 하다.

배달에 대한 철학이 있어야 한다.(108)	배달은 그냥 만든 음식 빨리 갖다 주는 줄 알았는데 철학이 있다니 새롭다.
아니, 죄를 지었으면 지었지. 왜 짜장면도 못 먹게 하냐고.(115)	정말 그렇다고 생각한다. 정 그렇다면 가벼운 죄를 지은 사람에게라도…
이 세계에 평화를 배달하는 일이 그렇게 만만한 일이 아니라고(118)	● 음식을 배달하는 것도 아니고 평화를 배달한다는 게 멋지다. ● 말이 안 되는 것 같은데 따지고 보면 말이 된다.
철가방도 역사적인 발명품이라고.(124)	짜장면만 생각했지 그걸 담은 철가방에 대해선 생각 못했는데…
그러니까 짜장면은 말이야, 학력, 직업, 빈부, 나이, 성별을 초월한 거야.(125)	모든 걸 초월한 짜장면이라, 사람들이 좋아할 만 하다.
어색한 사이도 같이 짜장면을 먹으면 금방 친해지거든(126)	나도 친구와 짜장면을 먹고 친해진 적이 있다.
철가방을 들기 위해선 이런 철학이 필요하다(127)	공부 못하면 어쩔 수 없이 철가방 드는 줄 알았는데 철가방 드는 데도 철학이 필요하다는 것을 알았다.
세상엔 대학을 안 나온 사람들이 훨씬 많아.(130)	대학을 안 나온 사람이 더 많은데 대학을 나오라는 건 말이 될까?
아냐, 짜장면 갖고 가면 사람들이 얼마나 반가워하는지 몰라. 애들은 막 소리 지르고 콩콩 뛰고 난리다.(130)	나도 짜장면 올 때면 난리를 친다. 저 문장은 100%로 확실하다. 철가방을 든 분을 우린 아주 반긴다.
왜? 빨간 머리로 물들이면 머리가 나빠지니?(135)	● 그동안 그냥 그렇게 하면… 음. 할 말이 없다. 맞긴 맞는데… 응, 그래. 맞는 말이다. ● 머리 염색을 하면 머리가 나빠진다는 소리를 많이 들었다. 앞으로 기삼이처럼 긍정적이어야겠다.
머리? 멋있잖아.(135)	● 자신의 모습에 만족하고 자랑스럽게 여기는 말이다. 나한테 자신감을 준다. ● 자신이 원하는 대로 머리를 할 수 있는 게 부럽기도 하고 자유가 있는 것 같아 부럽다.
사람마다 다 취향이 있는 거지(135)	● 다른 사람들과 달라도 자신의 취향대로 살아가는 용기 있는 말이다. ● 내 취향에 대해 친구가 참견한 적이 있다. 남의 취향을 존중해야겠다.
너, 공부 잘하는 애들이 택할 수 있는 직업은 딱 세 개밖에 없는 거 아니?(136)	꼭 공부를 잘해야 좋고 편안하게 살 수 있을 거라 믿었는데 듣고 보니 저 말이 백 번 옳다.

세상이 이렇게 넓은데 설마 너한테 딱 맞는 일이 없겠냐?(137)	● 용기를 북돋아주는 마음이 너무 아름답다. ● 정말 멋진 말이다. 이만한 명언이 어디 있을까?
사람이 내일 일도 모르는데 몇 십 년 뒤의 일을 어떻게 알겠냐?(137)	내일 일도 모르고 몇 십 년 뒤의 일도 모르니 미래를 위해 오늘도 열심히 살아야겠다.
영화 좋아한다고 다 감독하고 배우하니? 난 그냥 관객할래(138)	● 어떤 것을 좋아한다고 꼭 그것에 관련된 직업을 선택할 필요가 없다는 것을 깨달았다. ● 그렇지. 영화를 좋아한다고 감독하지 않듯이 나는 PC방을 좋아하지만 사장을 안 하고 손님을 하고 있다. ● 나도 그냥 좋아하는 거나 취미인데 "그럼 나중에 커서 너는 뭐 하면 되겠다~" 라는 말을 들어봐서 공감이 된다.
사람들이 짜장면을 시키면 빨리 갖다 달라고 만날 재촉하잖냐(141)	우리 집도 가끔씩 빨리 갖다 달라고 하는데 앞으로 그러면 안 되겠다고 깨달았다.
기계도 빨리, 차도 빨리, 시간도 빨리 안 그래?(141)	명언 같다. 정말 어디서나 빨리 빨리 하는 것 같다. 학원에서도 빨리 빨리. 이러다가 느린 게 사라지는 건 아닐까?
난 그냥 철가방 손에 들고 부릉부릉 오토바이 시동 걸면 기분 바로 충전이야(144)	● 용태를 위해선 해준 말이 멋있고 나도 기분 충전하는 법을 알아야겠다고 생각했다. ● 금방 기분이 바뀌는 시감이사 부럽다. 닮고 싶다.
나? 그냥 내가 좋아(147)	● 뭘 하든 자기 자신을 좋아하라, 힘들어도 긍정적으로 변할 말이다. 그런데, 나 자신이 좋다는 말은… 많이 하는 말은 아닌… ● 누가 뭐래도 자기 자신을 좋아하는 마음이 존경스럽다. ● 이런 말을 들어본 적이 없다. 난 그냥 이성이나 가족만 좋아하는 줄 알았는데 나 자신이 좋다니… 나도 나 자신을 좋아해야겠다. ● 나도 내가 좋기도 하고 사람들은 다 자기 자신을 사랑해야 되는데, 요즘엔 그런 말 하면 공주병이라고 하니까 기삼이가 대단해 보인다.
또 뭐 다른 거 하게 되면 그런 나도 좋아할 거야(147)	난 내가 잘하는 것을 해야 좋다고 생각했는데 이 문장을 보니 맞는 말이다.
에이, 세상 사람들이 다 그렇다는 건 거짓말이다.	나도 세상 사람들이 다 그러는 거 거짓말이라고 믿는다. 기삼이랑 나랑 의외로 잘 통한다.

'짜장면 불어요'를 감상하면서 잘 모르는 것, 궁금한 것은 무엇인가요?

낱말, 구절, 문장(쪽수)	궁금한 것
국민학교(96)	① 나라 국, 백성 민. 대한민국 국민이 모두 다닐 수 있는 학교인가? ② 지금의 초등학교를 옛날에 왜 국민학교라고 했을까? ③ 의무교육이 아니었나?
저승사자(98)	① 무서운 사람을 뜻하는 말에는 무엇이 또 있을까? ② 밀림의 왕 사자의 이름 중에도 저승사자가 있을까? ③ 저승사자가 실제로 있을까?
새털구름(99)	① 구름의 다른 이름 ② 새털구름을 만지면 새털처럼 포근할까?
운칠기삼(100)	기술이 엄청 좋은 사람도 있을 텐데 왜 운이 70일까? 운이 없으면 성공하지 못할까?
제 처지가 한심스러웠다 (100)	혼잣말이어도 놀리는 것이 되는가?
신참(100)	신참, 신입 말고 시작하는 사람을 뜻하는 다른 말은 없을까?
초짜(102)	① 처음이라고 꼭 초보일까? ② 초짜랑 초보 중에 어떤 게 더 낮은 걸까?
중국집(102)	① 중국집이니까 중국에도 많을까? ② 중국집에서는 왜 짜장면과 짬뽕이 유명할까? ③ 왜 한국에는 중국집이 많을까?
사투리(104)	사투리의 장단점은?
짜장면(104)	① 짜장면이 언제부터 짜장면이라고 불렸나? ② 어쩌다가 자장면이 만들어졌을까? ③ 다른 나라 사람들도 짜장면을 좋아할까? ④ 왜 짜장면은 금방 불어터질까? ⑤ 짜장 소스는 어떻게 만들까? ⑥ 왜 짜장면이 중국음식의 대표가 되었을까? ⑦ 짜장면에도 예술이 있을까? ⑧ 고춧가루 말고 다른 것도 뿌려 먹나?
단골(106)	① 어느 정도로 많이 와야 단골일까? ② 단골을 만들려면 어떻게 해야 할까?
요리에 취미(106)	요리에 취미가 있어야 요리를 더 잘할까?

양파(106)	① 양파는 왜 요리하지 않고 생으로 먹게 나올까? ② 양파를 까면 왜 매울까? ③ 다른 채소 가운데 재채기가 나는 게 있을까?
배달(108)	① 언제부터 시작됐을까? ② 배달 같은 좋은 서비스에는 어떤 것들이 있을까? ③ 우리나라는 왜 배달이 발전했을까?
분단국가(107)	① 우리나라만 분단국가일까? 분단국가가 몇 개가 있을까? ② 통일이 되려면 어떤 노력이 필요한가?
헬멧(108)	머리를 보호하는 다른 물건이 없을까?
달리는 기차 안까지도 철가방은 들어가(109)	실제로 들어갈까, 기차에서 시키면 민폐 아닐까?
역(111)	역은 기차의 정거장이라고 하는데 다른 교통 수단의 정거장은 뭐라고 부를가?
낚시꾼(112)	① 낚시하는 사람이 아니라 왜 꾼이라고 할까? ② '꾼' 이 붙는 말과 아닌 말의 차이는 무엇일까?
군대(115)	① 안 가는 방법은 있을까? ② 군대에서 생활하는 기간은? ③ 왜 군대에서는 통제하는 게 많을까?
대통령(116)	대통령도 배가 고프면 짜장면을 먹나?
보물 1호(116)	보물을 1호를 정하는 기준은 무엇일까?
청와대(117)	왜 대학교 이름처럼 지었나?
소지품 검사(117)	소지품 검사는 주로 어떨 때 많이 하나?
헌병대(117)	군인과 헌병은 무슨 차이가 있을까?
불교(118)	① 불교에는 어떤 이념이 있을까? ② 다른 종교에는 어떤 것이 있을까? ③ 스님들은 왜 고기를 먹지 않을까? ④ 스님들은 왜 머리를 깎고 그런 옷을 입을까?
쫄깃쫄깃(119)	① 생김새나 소리를 나타내는 말은 왜 반복해서 부를까? ② 두 번 연속되는 말에는 무엇이 있을까?
단무지	① 왜 중국 음식은 단무지와 함께 나올까? ② 단무지는 어떻게 만들까? ③ 단무지는 왜 노랄까? 다른 색이 있을까? ④ 단무지는 언제부터 중국집에서 썼을까?

짜장면 데이(120)	왜 굳이 '날'이 아니라 '데이'일까?
개천절(110)	① 특별한 날 뒤에는 왜 '절'이 붙을까? ② 어떤 날의 이름 뒤에 붙는 다른 이름은?
짜장면의 날(124)	중국에는 짜장면의 날이 있을까?
곱빼기(124)	곱빼기는 왜 중국집에서만 쓸까?
철가방(127)	① 다른 재료로 만든 짜장면 배달 가방이 있을까? ② 철가방은 얼마일까? ③ 철가방이 있으면 나무가방도 있을까? ④ 철가방은 짜장면 집에서만 쓰는 건가? ⑤ 보온 효과가 계속 되나?
주방장(127)	① 중국집에서 요리하는 사람은 왜 주방장일까? ② 주방장 말고 다른 이름은 없을까? ③ 요리사와 주방장의 차이는?
대학(129)	① 대학에 사람들이 목숨을 거는데, 그렇게까지 해야 할까? ② 대학을 못 나오면 사람 취급을 못 받나?
짬뽕과 짜장면(131)	① 짬뽕과 짜장면에 관한 다른 노래가 있을까? ② 음식에 대한 노래는 어떤 게 있을까?
영화(138)	영화에는 어떤 종류가 있을까?
자라목(139)	자라목은 어떻게 생겼나?
유선방송(144)	① 유선 방송이 있으면 무선 방성도 있을까? ② 왜 무선방송은 안 나올까?
왕짜증(145)	'왕', '짱' 등의 말 말고 많음을 뜻하는 다른 말은?
선의의 거짓말(145)	① 선의의 거짓말을 하면 좋을까? ② 선의의 거짓말도 거짓말인데 해도 될까?
왕자병(147)	왕자병 말고 왕병도 있나?
번개 배달(147)	번개처럼 빠르다는 것을 표현하는 낱말에는 또 뭐가 있을까?
면(148)	면은 왜 불을까? 불지 않는 면이 있을까?
노인대학	왜 대학에 '노인'이 들어갈까, 요즘엔 할머니 할아버지도 공부하나?
나무젓가락	① 한 중국집에서 나무젓가락을 얼마나 사용할까? ② 나라마다 젓가락의 모양의 차이점은?

중국집에 대한, 중국집에서 일을 하는 것에 대한, 삶에 대한 용태와 기삼, 나의 관점을 비교해 보세요. (평가)

중국집에 대한, 중국집에서 일을 하는 것에 대한 관점

● 중국집에 대해서는 기삼이가 엄청 중요한 곳이라고 생각하는데 비해 용태는 처음엔 별거 아니라고 생각히다 좀 좋게 변한다. 난 여느 식당처럼 중국집을 하나의 식당으로 생각한다. 중국집에서 일하는 것은 내 생각엔 무척 쉬운 것 같다. 처음 용태의 생각도 그렇다. 하지만 기삼이는 대단한, 기술이 많이 들어가는, 몇 년 배워야 하는, 아무나 못하는 일로 생각한다. 난 살아가는 것 하나하나를 중요히 생각해야 된다고 생각한다. 기삼이는 그냥 개성 있는 인간이 되고 진지하게 생각 안 하고 그때 그때 재미있게, 큰 계획이 없다. 용태도 나랑 비슷하고, 비교해보니 가심이가 참 자기만의 생각이 있는 것 같다.

● 용태는 중국집을 되게 싫어하고 기삼이가 하는 말에 다 부정적으로 생각하거나 거짓말이라고 하는 반면, 기삼이는 중국집에 재미를 가지고 일도 열심히 한다. 기삼이는 삶이 긍정적이고 재미있다는 생각을 한다. 나는 용태처럼 부정적이지도 않고 기삼이보다는 중국집에 대해 그렇게 좋아하지는 않으니 기삼이 쪽에 조금 더 가깝다. 용태가 나라도 좀 닮으면 좋겠다는 바람이 있다.

● 용태는 나와 비슷비슷하다. 다른 점은 난 짜장면에 대해 흥미가 있는데 용태는 별로 없다는 거. 난 중국 음식은 땀과 열정을 쏟아 부어서 만든 거라고 생각하는데 용태는 바로 만들어서 배달하는 것이라 생각한다. 나머지는 거의 같다. 기삼이는 좀 흥미 있는 나와 다르게 정말 열정적이다. 비슷한 점은 별로 없고 다른 점은 난 중국집에서 일하는 게 멋있어 보이지는 않는데 기삼이는 멋있어 보인다고 하고 난 짜장면에 목

숨을 걸 정도로는 좋아하지 않는다.

● 나와 용태는 공부를 잘 못해도 비록 돈을 잘 못 벌어도 된다고 생각이 바뀌었다. 또 나와 기삼이, 용태는 생각이 같아졌다. 꼭 하고 싶은 일을 해야 한다고! 나와 용태는 기삼이의 이야기를 듣고 생각이 바꾸었다. 나와 기삼이의 차이점은 나는 이 이야기를 읽고서 생각이 바뀌었고 기삼이는 원래 자신의 생각이 변하지 않았다.

● 나와 용태는 비슷한 생각을 가지고 있다. 이 책을 읽기 전까진 짜장면 배달하고 중국집에서 일하는 게 부끄러운 일이라고 생각했다. 그런데 기삼이는 중국집에서 일하는 것에 자부심을 가지고 있고 자랑스럽게 생각한다. 나, 용태와 기삼이의 생각은 정반대이다. 하지만 이 책을 읽고 나의 관점은 용태보단 기삼이 쪽에 가깝게 변했다.

● 용태와 나는 관점이 똑같다. 기삼이의 말을 듣고 생각이 바뀐 것도 똑같다. 이를 통해 알 수 있는 점은 기삼이가 평범한 사람들의 관점을 비판하고 관점을 바꿀 수 있도록 잘 설득한다는 것이다. 나는 잘못된 편견을 갖고 있었고 쉽게 설득당한 것이다. 앞으로는 짜장면 집을 얕보지 말고 존경하며 살아야겠다.

● 용태와 기삼이, 나의 관점을 들여다보면 기삼이와 난 짜장면 배달하는 것은 하찮지 않고 좋은 직업이라고 생각하지만 용태는 정말 하찮고 잠시 돈만 벌고 그만두는 직업이라고 생각하는 것 같다. 이렇게 생각하는 게 다 다르다. 나는 용태처럼 생각하지 않기 때문에 용태처럼 생각하는 사람을 만나면 사람마다 관점이 다 다르다고 얘기를 해주어야겠다.

● 용태는 대학에 대해 굉장히 집중적으로 생각하고 나는 생각도 해보지 않았고 그렇게 중요하다고 생각하지도 않는다. 기삼이이는 자신이 못하는 걸 부끄러워하지도 않고

숨기지도 않으려고 하지만 나는 내가 못하는 걸 숨기고 부꾸러워하는 면이 많다. 기삼이하고는 공부에 대해 같은 생각이고 용태랑은 별로 좋지 않은 숨기는 편이 비슷하다.

● 기삼이도 자기가 하고 싶은 일을 하듯이 나도 내가 하고 싶은 일을 하면서 산다. 하지만 나는 내 자신을 좋아하지는 않는다.

● 나하고 기삼이는 다르다. 기삼이는 초긍정이고 어떤 게 되든 즐겁게 하지만 나는 즐겁게 못하고 내가 못하는 거나 내가 싫어하는 것은 즐겁게 안 한다. 그리고 나는 용태하고 비슷하다. 싫어하는 것을 억지로 한다.

● 기삼이의 얘기를 들으면서도 아직 짜장면을 배달하는 그런 직업이 좋은 쪽으로 느껴지지는 않는다. 기삼이는 짜장면을 배달하는 직업이 좋고 재미있다고 생각하지만 용태는 무시당하는 직업, 그렇게 좋지 않고 사람들이 피하는 직업이라고 생각한다. 하지만 나는 무시당할 정도의 직업은 아니지만 사람들이 되고 싶어 하는, 많은 사람들이 원하는 직업은 아닌 것 같다.

'짜장면 불어요!' 의 주제가 잘 드러나게 감상글을 써 보세요.

이 감상글은 책나들이 활동에서 쓴 감상글과는 결이 좀 다릅니다. 책나들이에서 쓴 감상글은 서로 좋은 책을 소개하는 데 중점이 있었기에 책 내용 소개가 중요한 부분을 차지했습니다. 그런데 이 '짜장면 불어요!'는 모든 아이들이 몇 번씩 읽은 작품이라 내용을 모두 잘 알고 있습니다. 그래서 이 감상글은 이 글의 주제를 먼저 찾아보고 그 주제가 드러나게 쓰는 데 중점을 두었고 먼저 이야기한 기삼이, 용태, 나의 관점을 바탕으로 썼습니다. 감상글도 때에 따라, 목적에 따라 힘주는 부분이 달라야 합니다.

세상의 모든 일에는 철학이 필요하다

기삼이는 짜장면을 배달하는 일, 중국집에서 일어나는 일이 철학이 필요하다고 생각한다. 나도 기삼이와 비슷하다.

사람이 하는 모든 일은 철학이 필요하다. 예를 들어, 짜장면을 만드는 일, 물론 철학이 필요하다. 짜장면 양념의 간도 생각해야 하고 어떻게 하면 면발이 쫄깃쫄깃할지도 연구해야 하니까. 그게 철학이다. 짜장면을 배달하는 일을 예로 들자면, 짜장면을 어떻게 하면 안전하고 빨리 배달할 수 있을지 생각하고 연구를 하니까 철학이 세상의 모든 일에 꼭 필요한 것이다. 나도 이 책을 읽기 전까지는 '철학이 고작 짜장면 배달하는 일에 왜 필요해?' 라고 생각했다. 하지만 이 책을 읽고 난 다음에는 생각이 바뀌었다. 세상의 모든 일에는 철학이 필요하다고. 그런데 생각을 해 보면 내가 생각이 바뀐 이유도 '짜장면 불어요!' 책을 많이 읽고 깊게 생각을 해서 생각이 바뀐 거니까 책을 읽는 것도 철학이 필요한 일이다. 무엇이든 깊게 생각하고 연구하면 그 일이 철학이 필요한 일인 것이다. 용태도 처음엔 짜장면 배달하는 일이 철학이 왜 필요하냐고 비웃었지만 이야기가 끝나갈 때 쯤 용태도 짜장면 배달하는 일에 철학이 필요하다고 생각하고 있는 느낌이었다.

앞으로 어떤 일을 할 때마다 '내가 하고 있는 일은 철학이 필요한 일이야.'라고 생각한다면 그 일에 더 집중할 수 있을 것이다. 세상의 모든 일에는 철학이 필요하다. **한예인(5학년 여)**

하고 싶은 일을 하자!

'짜장면 불어요!'에 나오는 용태는 공부로, 돈을 많이 버는 직업을 선택해야 한다고 생각하였지만 기삼이를 만난 후 하고 싶은 직업을 선택해야 한다고 생각이 바뀌었다. 기삼이는 자신이 하고 싶은 일이어야 최선을 다할 수 있다고 생각한다. 나는 용태와 기삼이를 보고 생각이 바꾸었다. 자신이 하고 싶은 일을 직업으로 해야 성공한 것이라고! 꼭 돈을 못 번다 해도. 여기서 용태와 기삼이를 보며 꽤 많은 사람이 생각이 달라졌을 것 같다. 나처럼.

이 책에서 작가가 말하고 싶은 이야기는 내가 하고 싶은 것을 마음껏 즐기며 하라는 것 같다. 내가 하고 싶은 일을 하지 않는다면 재미있게, 즐겁게 최선을 다해서 할 수 없기에 내가 가지고 있는 꿈, 생각을 펼쳐나가라는 뜻 같다.

지금 우리 아빠는 하고 싶지 않은 일을 우리를 위해 하시고 예전에 가지고 있던 꿈을 접으셨다. 아빠는 자동차에 유난히 관심이 많으셔서 스포츠카를 타며 질주하는 카레이서가 꿈이셨다. 아빠는 지금도 자동차를 많이 알고 계신다. 우리 아빠는 회사를 가기 싫어하신다. 아빠가 집에 돌아와서 표정이 안 좋으시면 나도 힘들다. 우리 아빠가 하고 싶은 일을 하시다면 조금이라도 즐거우실까? 우리 아빠를 보면 하고 싶은 일을 해야 한다는 생각이 든다. 내가 하고 싶은 일을 하는 것은 아주 중요하다. 그러니 꼭 내가 하고 싶은 일을 하기로! **심효민(5학년 여)**

'짜장면 불어요!' 에서 이야깃거리를 뽑아 모둠 친구들과 이야기를 나누어 보세요.

토의 이야깃거리
● 짜장면의 날을 만든다면 어떤 점이 좋을까?
● 짜장면을 안전하게 배달할 수 있는 방법에는 무엇이 있을까?
● 개성 있는 사람이 되는 방법은?
● 사람들은 왜 '빨리 빨리'를 외칠까?
● 사람들은 왜 겉모습만 보고 판단할까?
토론 이야깃거리
● 배달할 때 오토바이가 좋을까, 차가 좋을까?
● 불교신자가 고기를 먹어도 되나?
● 좋아하는 것을 직업으로 해야 할까?
● 짜장면을 삶고 있는데 출발했다고 거짓말을 해도 되는가?
● 폭주족은 나쁜 것일까?
● 직업을 갖는 데 공부가 필요할까?
● 앞날에 대한 계획이나 공부가 필요할까?
● 공부를 잘해야 커서 잘 될까?
● 돈이 많으면 행복할까?
● 공부를 해야 할까?
● 배달 때문에 위험하게 운전하는 사람을 이해해야 할까?
● 취직을 하는 데 나이제한이 필요한가?
● 중학교까지 의무로 다녀야 하는가?
● 사람들의 인정을 받으려면 대학을 가야 하나?

토의·토론	토의
이야깃거리	개성 있는 사람이 되는 방법은?
이야기	● 봄 : 내가 좋아하는 것을 잘하려고 노력하고 유행만 따라가지 않는다. ● 여름 : 남들과 다르게 생각하고 호기심이 있어야 한다. 창의력이 많으면 개성 있는 사람이 될 것 같다. 고정관념도 깨기! ● 가을 : 지금 제일 자신 있는 것을 한다. ● 겨울 : 유행을 따라가지 않고 내 마음대로 하는 것이 개성 있다.
정리	유행을 따라가지 않고 노력한다.

토의·토론	토의
이야깃거리	사람들은 왜 '빨리 빨리'를 외칠까?
이야기	● 봄 : 뭐든지 먼저 하고 빨리하려고. ● 여름 : 빨리 하고 남은 시간에 다른 것을 하려고. ● 가을 : 빨리 하지 않으면 욕 먹고 혼나니까. ● 겨울 : 사람들이 기다릴 줄 몰라서 그런다.
정리	인내심이 없어서 '빨리 빨리'를 외친다.

토의·토론	토론
이야깃거리	짜장면을 삶고 있는데 출발했다고 거짓말을 해도 되는가?
이야기	● 봄 : 해도 좋다. 피해 볼 사람이 없고 거짓말이란 게 사람의 기분을 때로는 안심시켜준다. ● 여름 : 안 된다. 가까운 가게에서 시켰는데 시간이 오래 걸리면 그게 진정한 짜증! ● 가을 : 해야 한다. 거짓말을 안 하면 다른 밥을 먹을 수 도 있다. ● 겨울 : 손님을 위한 착한 거짓말이니 해도 된다.
정리	반반

토의·토론	토론
이야깃거리	짜장면을 배달할 때 차가 좋을까, 오토바이가 좋을까?
이야기	● 봄 : 오토비아가 더 좋다. 차보다 더 빨리 갈 수 있어서 사람들이 덜 허기진다. ● 여름 : 차가 더 좋다. 자동차가 오토바이보다 더 좋고 안전하다. ● 가을 : 오토바이가 더 좋다. 오토바이가 더 빠르고 색다르게 리듬을 타서 좋다. 신호위반을 자연스럽게 하는 것도. ● 겨울 : 오토바이가 더 좋다. 차가 막히면 면이 불어서 맛이 없다.
정리	오토바이가 최고! 더 빠르게!

'짜장면 불어요!' 에서 궁금한 것을 짝과 함께 조사해 보았어요!

작품을 읽으면서 궁금하다고 기록한 것 가운데 정말 궁금하고 조사해서 친구들에게 알려주고 싶은 것을 하나씩 정했습니다. 아이들이 조사한 것은 다음과 같습니다.

주제	내용
교회	- 우리 동네에는 교회가 얼마나 있을까, 우리나라에는 얼마나 있을까? 다른 종교와 비교히면? - 교회가 생긴 까닭 / 우리나라에 교회가 언제, 어떻게 들어왔는지 - 세계의 종교
국민학교	- 국민 학교 이름의 역사 - 우리나라 의무교육에 대해서
노인대학	- 노인대학의 역사 -노인대학에서 배우는 것들
단무지	- 단무지를 만드는 방법과 과정, 유래 - 단무지 색깔 + 재료, 어떤 게 좋은지.
면	- 면의 종류-면발을 좋게 하는 방법
배달	- 철가방은 누가 어떻게 개발했을까? 철가방의 재료, 개발 과정 - 세계의 배달문화는 어떻게 다른가?
분단국가	- 전 분단국가인 나라 : 독일이 통일이 된 과정 - 우리나라가 분단국가가 된 과정 - 우리나라 역사 속 통일 과정
빨리빨리	- 한국 사람들이 빨리 빨리를 좋아하는 까닭, 그래서 생긴 문화 - 빨리 빨리를 좋아하는 외국, 그래서 생긴 그 나라 문화.
사투리	- 사투리가 무엇이고, 왜 생겼나 (우리나라, 외국) -사투리의 장단점
스님	- 스님을 고기를 먹지 않는 까닭(불교) + 먹으면? - 스님의 패션 (머리, 옷, 도구)

양파	- 양파가 깔 때 매운 까닭, 양파에 눈물이 나는 까닭 - 중국음식과 양파 관계(양파가 많이 쓰이는 까닭, 많이 쓰이는 요리, 얼마나 많이 쓰이는지)
염색	- 염색약의 나쁜 점, 피해, 부작용-염색약을 만드는 과정, 염색이 되는 원리 - 우리나라 사람들이 염색을 얼마나 하는지, 왜 하는지 - 머릿결을 좋게하는 방법
음식과 노래	- 음식을 소재로 한 노래
전통음식	- 중국과 한국의 전통음식
젓가락	- 나무젓가락이 얼마나 많이 사용되는가? 문제점 - 나무젓가락이 만들어지는 과정 문제점 - 나라마다 젓가락의 모양, 생김새의 차이점 (왜)
중국집	- 중국집(음식점)의 역사-중국음식을 하는 곳만 중국집이라고 부르는 까닭 - 원래 것보다 더 유명해진 음식
짜장면 소스	- 소스 색깔, 만드는 과정, 춘장으로 할 수 있는 다른 요리- 자장면 소스의 영양에 대해서 따져보기
짜장면	- 짜장면의 종류-짜장면에 들어가는 재료
짬뽕	- 짬뽕의 역사-다른 나라와 우리나라의 짬뽕의 차이점

조사한 내용을 친구들에게 알기 쉽게 자료를 만들고 발표하는 시간을 가졌습니다. 다음은 아이들의 발표 자료입니다.

'짜장면 불어요!'를 읽으며 궁금했던 것을 조사해서 담은 작품을 보고 아이들은 다음과 같은 점을 새롭게 알게 되었다고 했습니다.

'중국집' 발표자료

염색 발표자료 1   염색 발표자료 2

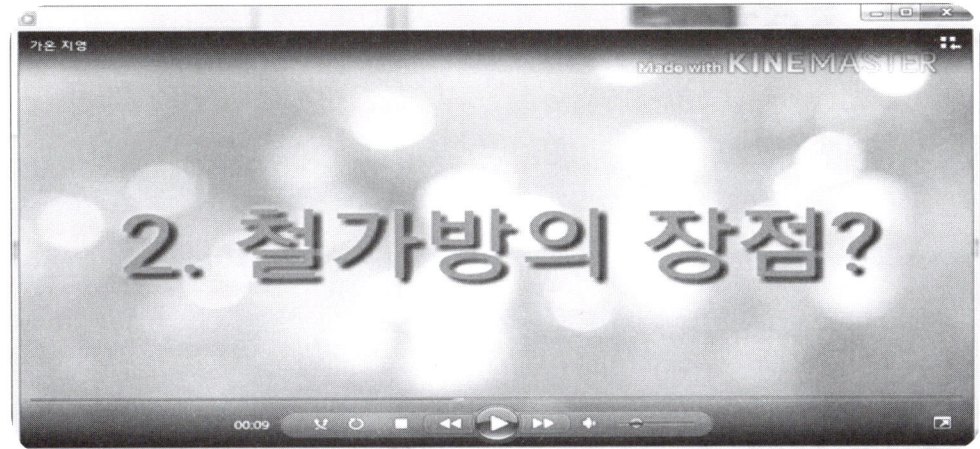
'배달' 영상 발표 자료

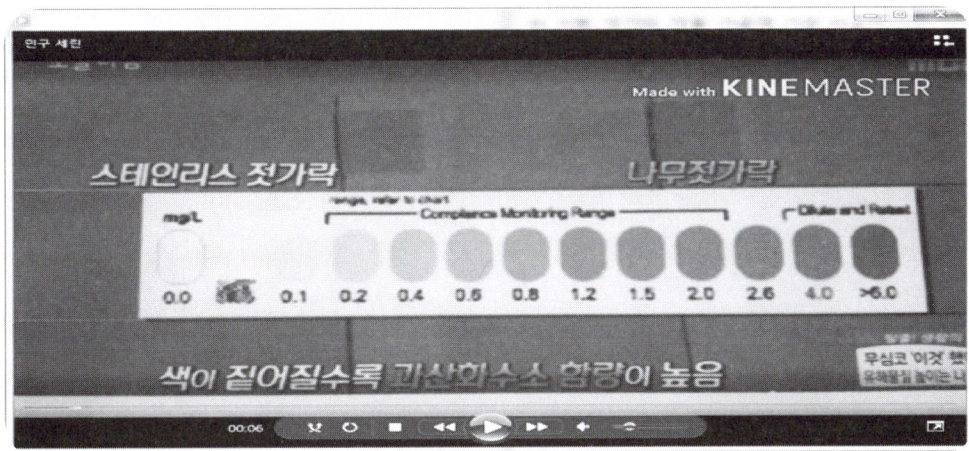
'나무젓가락' 영상 발표 자료

'음식과 노래' 영상 발표 자료

주제	새롭게 알게 된 점
교회	● 교회가 1870년~1880년 사이에 만들어졌고 예수 그리스도가 죽으면서 예수의 뜻을 알리려고 만든 것이라고 했다. ● 우리 동네에 교회가 8개나 있는지 몰랐다. 한국에 교회가 6만개 있다고 해서 놀라웠다. ● 중국에 불교가 쫙 펴져 있다는 사실을 알았다. 미국과 여러 지방에, 그러니까 가장 넓게 퍼진 종요는 기독교이다. ● 내가 볼 땐 다 같은 것들이 이렇게나 다른 종교일줄이야. ● 어떤 종교든 종교는 삶에 큰 영향을 준다. 직접적인 영향을 주지 않는다.
국민학교	● 옛날에는 시험을 보고 중학교를 나눠 좋은 곳, 안 좋은 곳으로 갔다고 한다. ● 일본이 황국식민학교라고 지었다. ● 국민학교의 의미가 소름 돋았다.
노인대학	● 노인대학은 노인의 사회 적응을 돕고 노후 생활의 안정을 위해 공부하는 기회를 주는 대학교이다. ● 할아버지, 할머니의 학교가 있다니 처음 듣는다. 재학 기간이 1년이라니 참 부럽다. 저런 학교가 있어서 다행이다. ● 노인들이 왜 대학을 가는지 알 수 있었다. ● 노인대학의 수준 차이가 너무 크다는 것이 조금 아쉽다. ● 노인들이 계속 많아져서 노인대학이 생겼다. ● 할머니, 할아버지면 다 갈 수 있을 줄 알았는데 66세부터 갈 수 있다. ● 전국에 노인대학이 정말 많다. ● 노인대학은 1년만 하는 어려운 대학이다.
단무지	● 단무지에 희석제를 넣는다. 단무지에 식초가 들어가 있는 줄 알았는데 아니었다. 공기의 변화에 따라 색감이 달라진다. ● 치자나무의 색을 이용하고 화학물질이 들어있다.
면	● 면에 대해 이렇게 자세하게 볼 기회는 없을 거다. 면을 탱탱하게 만드는 방법은 100℃에서 끓이기, 들었다 났다 하기 등이 있다. ● 면을 잘 관리하는 방법을 알게 되었고 다음에는 더 쫄깃한 면을 먹을 수 있겠다.
배달	● 6.25 전쟁 때 음식을 잘 먹을 수 없어서 배달이 발전된 것을 알게 됐다. 우리나라만 배달이 발전되었을 만 했다. ● 철가방이 튼튼하고 구부러지면 펼 수 있다. ● 철가방은 싸고 튼튼해서 중국집에서 많이 사용된다. ● 철가방은 가게마다 너무 다르다는 걸 알았다. 철가방 회사도 종류가 다양한 것 같다.

분단 국가	● 미국과 소련은 다툼을 벌였고 결국 우리나라가 분단국가가 되었다. ● 우리나라는 독립이나 분단이 남의 나라의 힘으로 이루어졌다. 고려만 완벽한 통일이다. ● 독일과 같은 나라에는 아예, 절대 관심이 없었는데 알고 나니까 더 궁금한 게 생겼다. 독일은 남북이 아니라 동서가 쪼개졌으니 불편했겠다. ● 우리나라 통일의 본보기가 될, 독일의 분단 역사. 독일처럼 빨리 별 문제없이 통일된다면 얼마나 좋을까?
빨리 빨리	● 한국은 사계절이 있어서 농사를 지을 때 계절에 맞게 심고 수확을 해야 돼서 빨리 움직인다. ● 우리나라는 20~30년 만에 발전했고 외국은 백년 이상 걸려 발전을 한다. 일본도 '빨리 빨리' 문화가 있다.
사투리	● 옛날에 교통수단이 발달하지 못해서 자기 마을만의 언어가 생긴 것이다. ● 사투리를 쓰면 지역이 어딘지 알 수 있다. 표준어를 안 쓰면 지역끼리 어색해진다. ● 새로운 표준어들과 매우 헷갈리는 낱말이 너무 어렵다. 10년은 더 연습해야 될 듯.
스님	● 대머리는 좋은 길로 가려고 한 것이고 고기 안 먹는 이유는 생명을 소중히 여기기 때문, 회색 패션은 단정하게 입으려고.
양파	● 양파는 최루성 물질이 있고 최루성이라는 단어의 뜻이 눈물을 흘리게 하는 것이다. ● 중국집에서 느끼한 것을 먹을 때 양파를 자주 먹는다.
염색	● 눈에 잘못 들어가면 실명된다. 부작용이 있을 수 있으니 조심해야 한다. ● 염색이 탈모가 될 줄은 상상도 못했다. ● 머리에 윤기 나게 할 때는 살짝만 말리고 자연스럽게 말린다. ● 염색약이 안 좋은 이유는 머리를 일부러 손상시켜서 색을 바꾸기 때문이다. ● 머리를 예쁘게 관리하는 방법, 비듬 없애는 방법이 많은 도움이 될 것 같다.
음식과 노래	● 음식 노래는 몇 개 안 들어 봤는데 오늘 많이 들었다. 노래에서 엄청 많은, 다양한 음식이 나왔다.
전통 음식	● 탕위엔이라는 맛있게 생긴 음식을 알게 되었다.
젓가락	● 젓가락에 과산화수소가 들어간다는 걸 알게 됐다. 나무젓가락을 쓰면 씻어서 먹고 되도록 쓰지 않는 게 좋다고 한다. 일본은 밥을 젓가락으로 퍼먹기 위해서 짧고 뾰족하다. ● 우리나라 젓가락만 쇠인줄 몰랐다. ● 치자, 황색소라는 색소 이름은 들어봤는데 단무지에 넣는 건 처음 들어봤다.
중국집	● 중국집은 1890년대에 생겼다고 했다. ● 옛날 짜장면은 된장에다가 섞어서 만든 음식이다.

짜장면 소스	● 간장과 춘장을 섞어 짜장 소스가 만들어졌다고 한다. ● 짜장 소스로 짜장 스파게티를 할 수 있다. ● 짜장 소스를 많이 먹으면 변비, 설사, 여드름 장애가 생긴다.
짜장면	● 1890년대에 짜장면이 만들어졌다. 졸업식, 입학식, 어린이날, 생일에 먹었다. 피자는 이탈리아 건데 우리나라에서도 유명하다. ● 유슬짜장이라는 처음 듣는 짜장에 대해 새롭게 알았다. ● 짜장면에 이렇게 많은 재료가 있으니 맛있지.
짬뽕	● 나가사키 짬뽕은 1899년 개발했다. 매운 맛을 좋아하는 한국인에게는 얼큰한 음식으로 변했다. ● 재료가 많이 남아서 팍팍 넣고 손님에게 줬더니 맛있다고 해서 생겼다. ● 런던에도 짬뽕이 있다.

『짜장면 불어요!』의 다른 작품은 어땠나요?

『짜장면 불어요!』에는 '짜장면 불어요!'를 빼고도 네 편의 작품이 있습니다. 그 작품을 읽은 이야기입니다.

제목	읽은 이야기
우리들의 움직이는 성	● 상우와 현경이가 서로 문제가 있긴 있었지만 다시 친해지고 학교에서도 다시 괜찮아지리라고 믿는다. 그 일을 앞으로 생각 안 할 것이고 작은 사건이라고 생각할 거다. ● 나는 남자 아이들의 단순한 호기심을 이해할 수 있다. 그렇지만 그게 지속적으로 이어지면 안 된다고 생각한다. 상우가 반성을 해서 정말 다행이다. 우린 아직 어린이라는 걸 꼭 기억하고 있어야 한다. ● 상우와 현경이가 커플이 되고나서 둘이 달콤한 시간을 보낸 것이 인상 깊었다. 상우도 어쩔 수 없고 궁금해서 열어봤으니 나도 한 번 쯤은 용서해줄 것 같다. 둘이 오래 가면 좋겠다. ● 내가 1학년 때 모습이 새록새록 떠오른다. 또 6학년이 될 나의 모습도 떠오른다. 6학년이지만 현경이가 상우를 이해해주는 모습은 누나 같았다. ● 내가 현경이라면 사귀지 않겠다고 했을 것이다. 불쌍하게 느껴질지는 몰라도 이상한 사진 보고 있는 아이랑은, 키는 엄청 커서 무서워서 사귀지 않을 것이다. 절대 공감 안 된 이야기다.

3일간	● 3일간, 그동안 진실이라고 영선이가 생각했던 것이 무너져 버렸다. 한 순간에. 그동안에 아무것도 하지 못했다니 더 괴롭지 않았을까? ● 희주에게 윤서, 영선이는 친구가 아닌 것이다. 왜냐하면 이야기는 자신이 먼저 꺼냈으면서 희주가 한 이야기를 왕창 써 놓다니! 그건 진정한 친구가 아니다. 영선인 보고만 있고! ● 희주가 윤서와 영신이의 진짜 친구인지 알 수 없었다. 희주의 말이 이해되긴 했다. 윤서가 다행히 돌아온 것이 내가 더 행복했다. 잉꼬, 닭살 부부와 윤서 엄마, 아빠가 안 싸우고 지내면 좋겠다. ● 윤서의 가출은 희주에게 피해가 갔고 희주의 위로의 말은 윤서를 가출하게 만들었다. 윤서에게 희주는 제물이었고 희주에게 윤서는 친구도 아니었나 보다. ● 가출이 무섭고 나쁘다는 걸 다시 한 번 머릿속에 집어넣었다. 가출을 하면 나쁜 사람이 될 것 같기도 하다. 내가 만약 가출을 한다면 친구집에나 갔지, 돈은 많이 안 쓸 것이다. 가출은 나쁜 것!
봄날에도 흰곰은 춥다	● 봄날에도 추운 흰곰은 동민이 아빠뿐만이 아닌 것 같다. 많은 생각을 하게 해주었다. ● 동민이네 아빠께서는 속상한 게 많으셨나 보다. 나는 우리 아빠가 우는 모습을 본 적이 없다. 그렇지만 속으론 울고 있을 수도 있다. 나는 우리 아빠가 춥지 않았으면 좋겠다. ● 봄날에 창민이는 학교, 엄마는 지방에 내려가서 아빠 혼자 흰곰처럼 쓸쓸하게 울고 싶었던 것 같다. 아빠들은 어쩌면 술을 친구들과 재미로 먹기보다 슬픔을 달래려고 마시는 것 같다. ● 흰곰은 지금도, 앞으로도 추울 것이다. 다만 그 흰곰이 이 추위를 어떻게 견디느냐에 따라 동민이의 인생이 바뀐다. ● 아빠가 좀 불쌍했다. 그 애도 어린 나이에 친구랑 전단지를 붙이고 있고. 자기가 그렇게 되고 싶어서 된 것도 아닌데…
지구는 잘 있지?	● 이런 날이 올까? 난 언젠가는 다가올 수 있는 미래인 것 같다. 지구에 있는 핵, 그거면 지구를 산산조각 낼 것 같다. 표현이 그렇다는 거다. 아무튼 이런 날이 오지 않도록 노력해야겠다. ● 내가 우주로 가서 지금이 언제인지 몇 년이 흘렀는지 모른다면 너무 외로울 것 같다. 아니, 울고불고 난리가 났을 거다. 난 오늘, 내일을 기다리며 사는 게 행복하다. ● 민규가 생각인지 진짠진 모르겠지만 동석이와 아주 친했던 것 같다. 우주에서 다음 날이 지나도 똑같은 날짜에 편지를 쓴다는 것이 신기했다. 민규와 동석이가 꼭 만나면 좋겠다. ● 지구가 아닌 우주에서 기계의 힘을 이겨내고 진실을 깨달은 주인공과 타이나와 여러 사람들이 대단하다. 미래에 실제로 그러는 건 아니겠지? 무섭다. ● 엄청 재미있었다. 특별한 이야기다. 우주 이야기인데도 재미있는 걸 보면. 아이와 기억을 찾는 사람들 모두 가족과 만날 수 있길 바란다.

이현 작가의 작품 가운데 가장 마음에 드는 작품

『짜장면 불어요!』를 제외하고 이현 작가의 작품 가운데 열다섯 가지를 안내했고 모든 작품을 다 읽은 아이들도 반마다 서넛은 되었습니다. 몇 권을 읽었든 마음에 드는 작품을 고르고 마음에 드는 까닭을 이야기할 수 있지요.

작품	가장 마음에 드는 까닭
로봇의 별	● 미래의 모습을 실감나게 표현했고 주제도 흥미롭다. 이야기도 내 마음에 든다. ● 소설식으로 되어 있어서 내가 좋아하는 형식의 글이고 재미있고 그냥 좋다. 나로, 아라, 네다의 활기찬 이야기가 좋았다. ● 이현 작가가 생각한 미래, 아니면 우리의 미래가 될 수도 있는 까다로운 스토리를 잘 정리한 작품이다.
마음대로 롯	● 원하는 로봇을 내 마음대로 만들어서 얻을 수 있다는 게 흥미롭다. ● 로봇을 사는 게 신기하고 신선하다.
빙하기라도 괜찮아	● 재치 있는 이름들이 많고 웃기면서도 가족의 소중함과 친구의 소중함을 느끼게 해줘서. ● 재미있는 말로 이름을 지어 보기 좋았고 이야기가 서로를 돕는 것이어서 더욱 마음에 들었다.
악당의 무게	● 벌 받을 사람은 벌 받는 모습이 통쾌했다. 막장 드라마 같은 그런 책이 아니라 잔잔하고 내용이 이해가 잘 되었다. ● 동물들의 마음을 잘 이해할 수 있었다. ● 마지막에 악당이라는 개가 죽었지만 죽기 전 일들이 감동이었다. ● 표현이 생생하다. ● 가장 인상 깊고 공감이 잘 된다.
오늘의 날씨는	● 이야기를 날씨로 표현한 것이 마음에 들었다.
장수만세	● 저승사자가 장수 동생을 잘못 데려와선 동생이 귀신이 되어 장수따라 나니는 게 재미있었다.● 스토리가 남다르고 신선하다. ● 혜수가 죽는 꼴이 됐는데 장수가 죽는 것이 반전이어서.

푸른 사자 와니니	● 가장 감동스러웠다. 스릴과 여러 감정이 넘쳤다. ● 제일 흥미를 가지면서 읽어서 ● 감동적인 장면이 많고 마지막에 초원으로 돌아간다 할 때 좋았다. ● 내가 사자가 된 느낌이 들었다. ● 동물을 중심으로 나에게 오는 슬픈 감정이 많아서 ● 사냥하고 싸우는 장면이 참 재미있고 실감났다. 이름도 멋있다. ● 이야기가 재미있고 사자의 세계도 알 수 있었다. ● 사람들을 빗대어서 만들어서 나와 빗대어 보면 정말 공감이 되어서. ● 사자 이야기라 내가 좋아하는 동물 이야기이기도 하고 자연에 대해 배우는 기분이고 감수성이 풍부했다. ● 사자들의 인생과 사냥, 기분이 잘 드러나게 표현해서 재미있고 집중해서 읽을 수 있다.

이현 작가에게 작품과 관련하여 궁금한 것

이현 작가님을 만나기 전에 작품과 관련하여 궁금한 것이 무엇인지 아이들에게 먼저 물어 보았습니다. 5학년 아이들이 궁금하다고 한 것은 모아서 정리해서 작가님께 메일로 보냈습니다. 메일로 보낸, 아이들이 작가님을 만나면 여쭤보고 싶다고 한 것은 아래의 아홉 가지입니다.

1. 책의 제목이나 주인공의 이름은 어떻게 짓나요? 악당의 무게에서 '악당'이라는 이름에 숨겨진 뜻이 있나요?

2. 역사를 바탕으로 책을 쓰는 이유가 있나요?

3. 작가님이 쓴 책 중에서 제일 마음에 드는 책은 어떤 것인가요? 어떤 주인공이 마음에 드나요?

4. 글을 쓸 때 영감은 어디에서 얻나요?(이런 재미있는 이야기는 어떻게 생각하게 되셨어요?) 직접 겪은 일도 있나요? 자료 조사는 어떻게 하나요?

5. 작가님은 「짜장면 불어요」의 기삼이처럼 직업에 대한 철학이 있나요?

6. 앞으로 어떤 이야기를 쓰고 싶으신가요?

7. 『로봇의 별』에서 1권, 2권, 3권마다 주인공이 다른데 그 이유는 무엇인가요? 로봇의 별 옆에 붙어있는 숫자는 무슨 의미인가요?

8. 작품 쓸 때 힘든 일은 무엇인가요? 힘들 때 어떻게 하시나요? 어떤 작품이 가장 힘들었나요?

9. 작가가 되려면 초등학생이 지금 할 수 있는 일은 무엇일까요?

이현 작가 만난 이야기

책가을 활동의 꽃이라고 할 수 있는 활동, 아이들이 가장 감격스러워한 일은 이현 작가님을 만난 것입니다. 11월 23일, 5학년 아이들 137명은 5층 시청각실에서 5~6교시 두 시간 동안 이현 작가님과 함께했습니다. 이현 작가님의 이야기를 듣고 질문도 하고 작품에 사인도 받았습니다. 점심시간 전에 오신 작가님은 아이들 산 동화책에 사인을 해주시고 저희 반 교실에서 점심을 드셨습니다. 평소와 달리 너무나 조용했던 점심시간, 아이들의 떨림과 설렘이 아직도 생생합니다. 그날 아이들은 참 귀여웠습니다.

이현 작가님을 만나고 아이들은 이런 이야기를 털어놓았습니다.

작가님을 처음 봤을 때는 책에서 봤던 이미지랑은 조금 달랐다. 작가님을 볼 기회가 없어 기하기도 했고 또 반이 조용해졌다. 시청각실에서 작가님 이야기를 들었다. 책을 볼 때 작가님은 알 기회가 없었고 별로 관심이 없었는데 이번에 한 작가님의 책들을 보며 책을 볼 때 작가가 누군지 더 생각하게 되었다. 작가님 이야기를 들을 일이 없어서 집중해서 들었다. 어떻게 작가가 되었는지 들려주셨는데 그 이야기를 들으며 생각했다. 책을 많이 읽을 계기가 있어야 책을 많이 읽을까? 또 여러 생각. 작가님이 책을 어떻게 쓰셨는지, 왜 이런 책을 쓰셨는지 설명하실 때가 가장 좋았다.『푸른사자 와니니』를 쓸 때 정작 작가님은 아프리카로 못 간 일, 표지 후보작 등. 작품에서는 알지 못했던 이야기들이 재미있었다.『로봇의 별』에서 번호를 다 안 알려주신 게 궁금하긴 하지만. 아무 뜻도 없나? 또 작가님이 판타지 장르를 좀 좋아하신다는 것도 들었는데 그것 때문에『일곱 개의 화살』을 쓰셨다고 한다. 좋아하는 장르의 책을 직접 쓴다는 건 정말 좋은 특권인 것 같다. 작가님을 만나고 작가들에게 존경심이 더 커졌다. **석우진(5학년 남)**

　　이현 작가님이 옛날에 동생이 다쳐서 혼자 있게 된 시간이 많아서 책을 읽게 되었다고 그러셨는데 나 같으면 게임을 하거나 자거나 TV를 봤을 것 같은데 책을 읽었다는 게 정말 대단해 보였다. 또 초등학교 때 서울에서 전학 온 친구한테 책을 더 많이 읽는다고 알려주기 위해서 소설도 읽고 계속 읽어서 얘기하고 읽고 해서 그 친구랑 친해졌다고 했는데 정말 그렇게 친해지는 방법도 있다는 걸 알았다. 그렇게 친해지기는 굉장히 어려운데 이건 둘 다 책을 좋아해야지만 가능한데 그 어려운 방법을 친구를 사귄 이현 작가님이 정말 신기했다. 또 이현 작가님이 무슨 책을 많이 봤는지도 알 수 있었다.『깜빡깜빡 도깨비』이 책을 많이 읽었다고 했는데 나도 한번 사서 읽어 봐야겠다. 얼마나 재미있는지 궁금하다. 이현 작가님이 읽어주셨지만 내가 읽는 건 또 다를 수 있으니까 나도 한번 사서 꼭 읽어볼 것이다. 마지막으로 이현 작가님에 궁금한 점을 물어 봤는데 궁금증이 드디어 풀렸다. 궁금증이 풀려서 속이 정말 시원했다. **유현준(5학년 남)**

　　나는 난생 처음으로 작가라는 직업을 가진 사람을 눈앞에서 보았다. 이렇게 유명한 사람을 눈앞에서 보니 나의 장래희망, 취미가 생각났다. 나도 작가가 될까 생각하고 있기 때문이다. 작가님은 세상 살아가면서 나처럼 많은 것에 관심을 기울이고 그 관심에서 책을 쓰시는 것 같다. 나와 비슷한 점이 많으시다. 나도 살아가면서 보는 대로 머릿속에서 장면을 상상한다. 혼자서도 잘 논다. 작가라는 직업도 추천할 만한 직업인 것 같다. 나도 처음엔 작가를 잘 몰랐다. 글 쓰는 것에 관심이 없었기 때문에 몰랐고 관심도 없었다. 요즘 들어서 글에 관심이 많아져서 작가, 시인에 관심이 많다. 그런 사람들이 궁금하고 지금부터 시작해도 되는지 잘 몰랐지만 시작은 자신이 알아서 하고 싶을 때 쓰면 그것이 글이라는 걸 깨달았다. 이현 작가님을 만나면서 생각했다. **박 건 (5학년 남)**

다른 동화 깊게 읽은 이야기

작품	궁금한 것
귀신새 우는 밤	귀신이 어디서 생겨났는지 궁금하고 어던 종류의 귀신이 있는지 궁금하다.
너는 나의 달콤한 ○○	초등학생들의 연애인 듯 연애 아닌 이야기
로봇의 별	● 로봇의 발전이 인간에게 미치는 영향은? ● 인간에게 반항심을 보인 로봇들-소피아 ● 로봇의 다양한 종류
만도슈퍼 불량만두	불량 만두 파동
샌드위치 도둑	마요네즈를 만드는 데 필요한 재료에는 무엇이 있을까?
싸움의 달인	불법 시위에 관한 법
완벽한 가족	케첩을 주로 어디에 찍어 먹나?
일곱 개의 화살	섬으로 이루어진 나라는?
장수만세	● 저승사자는 왜 검은색 옷을 입고 있나? ● 귀신은 왜 투명하고 날아다니나? ● 사람들은 왜 귀신을 무서워하나? ● 우리나라 귀신은 몇 종류일까?
푸른 사자 와니니	● 이야기에 치타가 나온다. 비슷한 표범과 다른 점이 뭘까? ● '누'라는 동물 ● 육식동물에는 무엇 무엇이 있을까? ● 초식동물은 무슨 풀을 먹고 살고 어떤 동물이 있을까? ●초원에는 어떤 법이 있고 동물들도 알고 있을까?
해피 버스데이 투미	보육원이란 어떤 시설일까?

깊이 읽는 것의 좋은 점

책가을은 책봄과 달리 하나의 작품을 깊이 읽었습니다. 여러 책을 읽고 책의 다양한 재미를 느끼는 것과는 많이 다른 활동입니다. 아이들은 깊이 읽는 것이 이런 점에서 좋다고 했습니다.

- 책에 대한 호기심이 생기고 기대감이 높아진다. 기대하게 된다. 23
- 어휘력이 좋아진다. 모르는 뜻도 보고 또 보면 알 수 있다. 22
- 내용 파악이 잘 된다. 이해하기 쉽다. 정보를 더 자세하게 알 수 있다. 18
- 작가가 무슨 이야기를 하는지 알 수 있다. 주제 파악을 잘할 수 있다. 책의 주제를 생각할 수 있다. 작가의 마음을 알 수 있다. 15
- 책에 빠져서 책의 내용을 오래 기억할 수 있다. 13
- 자세하게 읽을 수 있다. 2
- 집중력이 좋아진다. 2
- 나오는 인물을 제대로 파악할 수 있다.
- 글씨와 표현력이 좋아진다.
- 또 다른 이야기를 볼 수 있다.
- 시간 가는 줄 모른다.
- 많은 생각을 할 수 있다.
- 조사를 쉽게 할 수 있다.
- 자기 생각과 등장인물의 생각을 비교할 수 있다.

아이들은 깊게 읽는 것의 좋은 점을 세네 가지씩 들어보라고 했더니 '책에 대한 호기심이 생기고 기대감감이 높아진다'는 점과 '어휘력이 좋아진다'는 점을 많이 이야기했습니다. 여러 번 읽고 이런 저런 기록을 하고 조사를 했는데 아이들은 호기심이 생기고 기대감이 높아졌다고 했습니다. '짜장면 불어요!'라는 작품을 읽으면서 호기심이 생겼다기보다는 다른 작품을 읽을 때도 이렇게 깊게 생각하며 보면 재미있겠다는, 어떤 점을 깊게 볼 건지 생각하면 좋겠다는 것으로 해석할 수 있습니다. 한 작품을 여러 번 읽다보니 뜻을 모르는 낱말을 문맥에서 파악하기도 했지만 한 번 읽을 때보다 꼼꼼히 보아서 사전에서 뜻을 찾아 읽기도 했다는 뜻입니다. 두 번, 세 번 볼 때도 모르는 낱말의 뜻을 찾아보는 것은 당연한 일입니다.

눈여겨 볼 만한 것은 깊이 읽으면 책의 주제를 파악할 수 있다는 점입니다. 작품의 주제를 아는 것은 감상활동의 기본이라고 하지만 참 어려운 일입니다. 2009 개정 국어 교육과정에는 4학년에 주제 파악하기가 나왔습니다. 그래서 5학년 첫 날 본 진단평가에서 그림책 『종이봉지 공주』의 전문을 주고 주제를 써 보라고 했습니다. 우리 반 29명의 아이들 가운데 주제를 나름대로 파악해서 쓴 아이는 다섯 명도 되지 않았습니다. 물론 문학 작품의 주제라는 것은 정답이 있는 것은 아닙니다. 문학은 도덕교과서처럼 하고 싶은 말을 직접 드러내지 않기 때문이고, 쉽게 드러내는 작품은 작품성이 떨어지기 마련입니다. 이렇게 어려운 작가의 의도 파악이 깊이 읽으면 가능하다고 아이들은 이야기했습니다.

아이들이 꼽은, 깊이 읽기의 좋은 점은 책 자체의 좋은 점, 모든 책 읽기의 좋은 점과도 관련이 깊습니다. 집중력이 좋아진다거나 시간 가는 줄 모르고 책에 빠져든다는 것, 자기 생각과 비교할 수 있다는 것은 모든 책이 주는 좋은 점이기도 합니다.

책가을과 책봄 견주기

책봄과 책가을의 가장 큰 차이는 '깊이 읽기'지만 그것 때문에 활동 전체가 다르게 다가오기도 했을 것입니다. 어떻게 다른지, 같은 점은 없는지 아이들의 이야기를 들어 보았습니다.

- 책봄에서는 책과 친해지는 활동을 했다. 그나마 어렸을 때는 책을 많이 읽어서 힘들진 않았다. 하지만 그땐 책을 좀 편식했다. 지금도 그런 경향이 있다. 책가을에서는 한 작품을 깊게 파고들었다. 이 활동들로 책과 훨씬 친해졌다

- 책가을은 한 책을 엄청나게 깊게 읽었다. 나 같은 경우에는 '짜장면 불어요!'를 15번 넘게 읽어서 힘들긴 했다. 책봄은 토론이 재미있었다. 굳이 고르자면 책봄이 더 나은 것 같다.

- 책봄할 땐 책과 많이 친하지 않아서 짧은 책 골라 읽고 글씨 큰 책 찾아봤다. 하지만 책가을 땐 조금 길고 시리즈 책을 많이 읽었다. 책을 읽다보니 책과 한층 더 친해졌다.

- 책봄할 때는 책을 읽고 짧은 감상을 썼는데 책가을은 책을 통해 이야깃거리와 마음에 드는 문장을 찾고 면발에 대해 조사하였다. 책봄과 책가을은 은근히 비슷하다.

- 책봄에서는 간단히 했었는데 책가을은 활동이 많고 친구들과 이야기하고 작품 만드는 것이 많았다. 책봄은 잠깐 했지만 책가을은 깊이 읽어서 쓰니까 책의 내용을 더 이해하기 쉬웠다.

- 책봄은 책을 찾아 읽고 책가을은 깊이 읽어 내용을 파악하는 재미가 있었다. 책가을과 책봄을 견주면 같다. 책과 가깝게 해주는 활동이다.

- 책가을에서는 책을 깊이 읽으면 좋은 점을 깨달을 수 있었다. 책봄에서는 토의, 토론을 해 말하는 방법을 배울 수 있었다. 참 좋은 공부들이었다. 난 책봄이 더 재미있었다.

- 책봄 할 때 남자 애들은 몸을 완전 비비꼬면서 어려워했는데 책가을은 책봄으로 연습해서 그런지 훨씬 수월했다. 공통점은 서로 이야기하고 내 말을 들어준다는 것이다.

- 책봄 때는 책이 친구라는 걸 알게 되었다. 그땐 좀 읽기도 싫었고 책이 싫었는데 책가을을 할 때는 난 책과 가까운 친구가 됐다. 이제 어떻게든 읽을 수 있겠다.

　책가을보다 책봄을 먼저 해야 하는 이유를 아이들은 몸으로 알아챘습니다. 책봄으로 책과 친해지지 않았다면 책가을은 빛을 잃었을 것이 분명합니다. 책의 재미도 모르는데 하나의 작품을 깊게 읽고 조사하고 발표까지 하는 것은 책과 가까이 할 수 있는

기회를 뺏는 것과 마찬가지이기 때문입니다.

많은 아이들이 책가을보다는 책을 많이 만난 책봄이 좋다고 했지만 책봄이 있어서 책가을 활동이 가능했고 그래서 책과 더 친해졌다고 했습니다. 한 학기 한 권을 오래도록, 깊게 읽는 것을 꼭 하고 싶으시다면, 1학기보다는 2학기가 좋을 것입니다.

📖 '책향기 가득합니다!' 이야기

'책봄 이야기'와 '책나들이 갑니다!'가 닮은꼴인 것처럼 '책향기 가득합니다.'는 '책가을하다'처럼 책을 깊이, 제대로 읽는 힘을 기르기 것을 목적으로 하는 활동입니다. '책가을하다'가 한 작가의 작품을 깊게 보았다면 '책향기 가득합니다'에서는 작가 모둠을 정하고 모둠마다 여러 작품을 보는 점이 다릅니다. 또, '책가을하다!'처럼 진형민의 단편 〈꼴뚜기〉를 깊게 읽으며 국어과 성취기준과 관련된 여러 활동도 하였습니다. 이현, 유은실, 최나미, 김남중, 박효미, 천효정, 김려령, 김옥 여덟 명의 작가를 아이들이 스스로 선택해서 각각 예닐곱 권의 작품을 깊게 읽습니다.

내용	쪽수	시간	성취 기준	평가
책 읽기	2, 8 (2)	26	[6국02-01] 읽기는 배경지식을 활용하여 의미를 구성하는 과정임을 이해하고 글을 읽는다. [6국02-06] 자신의 읽기 습관을 점검하며 스스로 글을 찾아 읽는 태도를 지닌다. [6국05-02] 작품 속 세계와 현실 세계를 비교하며 작품을 감상한다. [6국05-06] 작품에서 얻은 깨달음을 바탕으로 하여 바람직한 삶의 가치를 내면화하는 태도를 지닌다.	
줄거리 요약			[6국02-02] 글의 구조를 고려하여 글 전체의 내용을 요약한다.	[6국 02-02]
주제 찾기	3-7		[6국02-03] 글을 읽고 글쓴이가 말하고자 하는 주장이나 주제를 파악한다.	
이야기 구성 요소 찾기			*작품 속 인물, 사건, 배경의 관계를 파악한다.(2009 개정 교육과정)	*
토의 토론 +독서 토의 토론문 쓰기	8-9	6	[6국01-01] 국어 의사소통의 특성을 바탕으로 하여 듣기·말하기 활동을 한다. [6국01-02] 의견을 제시하고 함께 조정하며 토의한다. [6국01-03] 절차와 규칙을 지키고 근거를 제시하며 토론한다. [6국01-07] 상대가 처한 상황을 이해하고 공감하며 듣는 태도를 지닌다. [6국03-04] 적절한 근거와 알맞은 표현을 사용하여 주장하는 글을 쓴다.	[6국 01-02] [6국 01-03]

			[6국03-06] 독자를 존중하고 배려하며 글을 쓰는 태도를 지닌다. [6국04-05] 국어의 문장 성분을 이해하고 호응 관계가 올바른 문장을 구성한다. [6국04-06] 일상생활에서 국어를 바르게 사용하는 태도를 지닌다. [6국05-05] 작품에 대한 이해와 감상을 바탕으로 하여 다른 사람과 적극적으로 소통한다.	
작가 모둠 활동	9-10	2	[6국05-05] 작품에 대한 이해와 감상을 바탕으로 하여 다른 사람과 적극적으로 소통한다.	[6국 02-01]
작가 소개 글쓰기+ 돌려 읽기	10-11	4	[6국03-01] 쓰기는 절차에 따라 의미를 구성하고 표현하는 과정임을 이해하고 글을 쓴다. [6국03-03] 목적이나 대상에 따라 알맞은 형식과 자료를 사용하여 설명하는 글을 쓴다. [6국05-05] 작품에 대한 이해와 감상을 바탕으로 하여 다른 사람과 적극적으로 소통한다.	
작가 만나기	15-16	2	[6국05-02] 작품 속 세계와 현실 세계를 비교하며 작품을 감상한다. [6국05-05] 작품에 대한 이해와 감상을 바탕으로 하여 다른 사람과 적극적으로 소통한다.	
책에 대한 경험 이야기 나누기	16	1	[6국02-06] 자신의 읽기 습관을 점검하며 스스로 글을 찾아 읽는 태도를 지닌다. [6국05-06] 작품에서 얻은 깨달음을 바탕으로 하여 바람직한 삶의 가치를 내면화하는 태도를 지닌다.	
활동 배정 시간			40 시간	

작가 모둠은 3~4명(대부분 4명)이어서 한 작가의 작품이 최소한 예닐곱 권은 있어야 합니다. 그래야 돌아가면서 모두 읽는 데 무리가 없습니다. 작품이 네다섯 개만 있으면 읽는 속도가 느린 아이, 읽기 수준이 낮은 아이에게 책이 오래 머물러서 돌려 읽는 데 어려움이 많습니다. 물론 같은 작품이 두 권씩 있으면 괜찮습니다. 그런데 이렇게 되면 한 학년이 한 두 반이 아니라 다섯 반이라고 하면 한 작품이 10권이나 필요합니다. 예닐곱 작품이 있으면 5권만 있어도 가능해서 도서관에서 책 구입 도움을 받을 때 훨씬 쉽습니다.

'책향기 가득합니다!' 활동이야기

*책향기 활동지(16쪽)와 활동에 사용한 책목록은 부록에 있습니다.

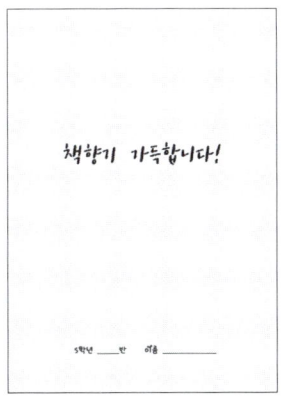

'책향기 가득합니다!' 활동지 표지

읽을 책을 고르는 방법에는 어떤 것들이 있나요? (5학년과 6학년 75명)

제목 71, 앞표지 67
애들이 보고 추천한 것, 많은 애들이 본 것, 우리 반에서 유명한 책 57
내용 훑어보기 36, 뒤표지의 소개글 32, 책의 쪽수, 글밥 (두께) 31, 그림 28, 새 책 16 글자의 크기와 모양 12, 아는 작가나 시리즈물 10, 출판사4, 선생님 추천 4, 차례3, 엄마 추천 1

위에 쓴 방법 가운데 주로 어떤 방법을 사용하나요? 왜 그 방법을 사용하나요?

방법(인원)	이유
제목 (26)	- 제목이 재미있으면 내용도 재미있을 것 같다. - 제목을 보면 호기심이 생기거나, 끌리는 책이 있다. - 제목은 보면 내용을 짐작할 수 있다.
표지 (14)	- 앞표지가 재밌어 보여야 책 내용도 재밌을 것 같다. - 표지가 멋있는 책이면 보고 싶은 마음이 든다. - 표지 그림이나 제목을 보면 재밌을지 어떨지 느낌이 온다. - 표지의 그림이 마음에 들면 그 책이 보고 싶은 마음이 든다. - 앞표지 살펴보기 - 제목, 그림을 훑어보면 어떤 책일지 짐작이 간다.

글자 크기나 두께(12)	- 너무 두껍거나 얇은 책은 읽기가 싫다. - 글밥. 양이랑 글씨 크기로 읽기 수준을 알 수 있다. - 책이 길면 더 재미가 있다. 많이 읽을 수 있어서 좋다. - 너무 길면 다 읽기 힘들어서. 적당한 걸 고르기 위해 두께를 본다. - 양이 너무 많으면 못 읽을 수 있기 때문이다. 두꺼우면 읽기가 지루하다.
뒤표지 (6)	- 뒤에 짧은 글이 나와 있어서 그 부분을 보고 이야기를 예측할 수 있다. - 주로 명장면이나 유명인의 추천사가 쓰여 있다. - 뒷면에 그림과 약간의 설명이 있다. - 책의 분위기와 내용을 알 수 있다. - 책의 내용을 조금 알게 되면 재미있을지 없을지 알 수 있다.
그림 (6)	- 그림이 마음에 들어야 읽고 싶어진다. - 웹툰이나 책을 볼 때도 그림을 먼저 본다. - 나는 읽는 게 느려서 그림이 많으면 좋다. 글이 많이 없는 것이 좋다.
친구 추천(6)	- 친구들 사이에서 인기가 있으면 재미가 보장되어 있다. - 많은 사람들이 읽은 거라 믿음이 간다. - 굳이 내가 고르지 않아도 되니까.
책의 종류(6)	- 좋아하는 것만 골라서 볼 수 있다. (주로 추리소설이나 공포소설) - 내가 좋아하지 않는 장르의 책을 읽으면 재미가 없다. - 관심 있는 종류의 책이나 시리즈를 찾아본다.
훑어 보기(5)	- 내용을 조금 파악할 수 있다. - 재밌는지, 지루한지 알 수 있다. - 한번 펼쳐보고 일부분을 보고 흥미로운지 추측한다.
새 책 (2)	- '읽어볼까?'하는 호기심이 생기고 옛날 책과는 다른 느낌이 있다. - 왠지 재미있을 것 같다.
차례 (1)	- 차례를 보면 무슨 내용인지 추측이 가능하다.
작가 이름(1)	- 유명한 작가나 내가 재밌게 본 작가. - 그 작가의 책을 읽어보아서 재미있는지 알 수 있다.
느낌 (1)	- 이끌리는 대로 본다.

아이들의 독서 수준이나 성별에 상관없이 아이들이 책을 고를 때 가장 중요하게 생각하는 기준은 제목과 표지를 보는 것이었습니다. 표지에는 제목과 책의 내용을 대표하는 그림, 작가, 출판사 등의 서지정보가 있는데 아이들이 그림과 글자 크기와 모양(편집상태) 등을 책을 고르는 데 중요한 기준으로 삼는 것을 보면 표지 가운데서도 제목과 그림 정보로 책을 판단한다는 것을 알 수 있습니다. 이는 뒤표지에 있는 책의 정보나 추천사를 확인하거나, 훑어보거나 차례를 보고 내용을 확인하는 아이들에 비해 훨씬 많은 아이들이 책의 내용 자체보다는 겉으로 보이는 이미지를 중요하게 생각한다는 것을 알 수 있습니다. 이는 시각이미지에 익숙한 아이들의 문식환경의 영향이라고 생각합니다. 몸에 좋은 약은 쓰고, 색이 지나치게 화려한 음식은 오히려 건강에 좋지 않을 가능성이 많지요. 좋은 편집자나 출판사를 만나지 못해 아이들이 보기에 멋져 보이지 않거나 나온 지 오래 된 책들은 아이들에게 외면 받기 쉽습니다. 또 읽기 수준이 낮거나 독서 경험이 많지 않은 아이들에게는 특히 책의 두께와 글자 크기가 책을 고르는 중요한 기준이 됩니다. 출판사에서 어린이 책은 출간할 때는 흔히 저·중·고학년용으로 나눕니다. 각 학년별로 글자크기와 책의 두께, 삽화의 양 등에서 차이가 납니다. 아이들이 책을 펼쳐보면 책의 수준을 금방 짐작할 수 있으니 자기 수준에 맞다고 생각하는 책을 고르는 것이지요.

아이들이 책을 고르는 방법을 살펴보니 아이들에게 좋은 책을 꾸준히 읽히기 위해서는 섬세한 배려가 필요하다는 생각이 듭니다. 1부에서 말한 '가뿐히 봄', '느긋이 봄' '곰곰이 봄'처럼 다양한 수준의 '좋은 작품 울타리'가 필요한 까닭을 아이들의 대답에서 확인할 수 있습니다. 친구들의 추천은 읽을 책을 고르는 방법 가운데 세 번째로 많이 나왔습니다. 책을 고르는 주요한 수단은 아니지만 아이들은 친구들 사이에 입소문이 난 책이나 친구가 추천한 책을 염두에 둔다는 것을 알 수 있습니다. 선생님이나 부모님의 추천이 7명인데 비해 친구의 추천은 8배가 넘는 57명인 것을 보면 고학년 아이들이 책을 고르는 데 있어서도 서로에게 영향을 미친다는 것을 짐작할 수 있지요. 교실에서 함께 책을 읽으면서 생기는 효과라고 할 수 있습니다.

5학년이 되어 인상 깊게 읽은 동화 작품을 여섯 가지만 써 보세요.

독서 수준이 높은 아이들 ❶=10 ❷=6 ❸=26	- 돈잔치 소동❶, 별난반점 헬멧뚱과 X사건❶, 도토리 사용 설명서❷, 분홍문의 기적❸, 롤러걸❸, 엘데포❸ - 황 반장 똥 반장 연애 반장❶, 나도 예민할 거야❶, 딱 걸렸다 임진수❶, 탄탄동 사거리 만복전파사❷, 수상한 아파트❸, 속좁은 아빠❸, - 푸른 사자 와니니❸, 건방이의 건방진 수련기❸, 플레이 볼❸, 오늘도 개저녀기는 성균관에 간다❷, 도둑왕 아모세❸, 나는 비단길로 간다❸ - 내 다리가 부러진 날❷, 우주의 우체부는 너무 바빠❸, 코드네임 시리즈❸, 사자왕 형제의 모험❸, 속좁은 아빠❸, 롤러 걸❸ - 로봇의 별❸, 플루토 비밀 결사대❸, 나는 비단길로 간다❸, 첩자가 된 아이❸, 일곱 개의 화살❸, 수요일의 전쟁❸ - 한밤 중 달빛 식당❶, 조막만 한 조막이❶, 우리 집에 온 마고 할미❷, 푸른 사자 와니니❸, 도깨비 폰을 개통하시겠습니까?❸, 햇빛마을 아파트 동물원❸ - 딱 걸렸다 임진수❶, 별난반점 헬멧뚱과 X사건❶, 한밤 중 달빛 식당❶, 김반장의 탄생❷, 나의 비밀 일기장❷, 싸움의 달인❸
독서 수준이 낮은 아이들 ❶=23 ❷=1 ❸=7	- 뻥이오 뻥❶, 겁보만보❶, 변신 돼지❶, 게임파티❷, 얘야 아무개야, 거시기야❷, 롤러 걸❸ - 멋지다 썩은 떡❶, 내 짝꿍 최영대❶, 겁보만보❶, 한밤 중 달빛 식당❶, 우리 집에 온 마고 할미❷, 롤러걸❸ - 목기린씨 타세요❶, 책 읽는 강아지 몽몽❶, 돈잔치 소동❶, 백만장자가 된 백설공주❷, 제발 소원을 들어주지 마세요❷, 싸움의 달인❸ - 개구리 폭탄 대결투❶, 쿵푸 아니고 똥푸❶, 게임파티❷, 잘못 뽑은 반장❷, 도토리사용 설명서❷, 방구탐정❷ - 딱 걸렸다 임진수❶, 축구왕 차공만❶, 별난반점 헬멧뚱과 X사건❶, 김구천구백이❷, 소리 질러 운동장❸, 날아라 모네 탐정단❸, - 아기 너구리 키우는 법❶, 만복이네 떡집❶, 텔레파시 단짝도 신뢰가 필요해❶, 목기린씨 타세요❶, 책 읽는 강아지 몽몽❶, 맞아 언니 상담소❸, - 한밤 중 달빛식당❶, 두 배로 카메라❶, 뒤집혀! 혀집뒤❶, 신호등 특공대❷, 떴다 수다 동아리❷, 시간 가게❸

*책 이름 옆에 숫자는 책의 수준을 나타냄. 저학년용은 ❶, 중학년용은 ❷, 고학년용은 ❸으로 표시함. 책의 수준은 출판사에서 표시한 기준을 따랐으며 따로 표시가 없을 때는 인터넷 서점 알라딘에서 분류한 대로 표시하였음.

1학기 책나들이 활동을 하면서 아이들이 쓴 독서록과 독서감상문, 평소 관찰을 바탕으로 독서 수준이 높다고 판단되는 아이 7명과 낮다고 판단되는 아이 7명의 대답을 비교하여 보았습니다. 책을 잘 읽는 아이들과 그렇지 않은 아이들의 차이가 궁금했기 때문입니다. 예상대로 책을 잘 읽는 아이들은 상대적으로 고학년용 책을 많이 꼽았고 읽기 수준이 낮은 아이들은 중학년 또는 저학년 도서를 많이 꼽았습니다. 하지만 책 읽기 수준이 높은 아이들이 고른 목록에서도 저학년 또는 중학년용 도서가 많이 포함되어 있다는 것을 알 수 있습니다. 재미있는 책, 좋은 책은 학년을 가리지 않습니다. 고학년 온작품읽기라고 해서 고학년용 책만 고집해서는 안 된다는 것을 아이들의 대답에서 확인할 수 있습니다. 다양한 독서 수준의 아이들이 교실에 있는 만큼 다양한 수준의 책이 필요합니다.

기억에 남거나 좋아하는 동화 작가는 누구인가요? 까닭은 무엇인가요?

동화 작가	까닭
J.K 롤링	- 내가 판타지 소설을 좋아하게 된 계기가 된 작가이다.
강경수	- 글이 적고 그림이 많아서 읽기 편하고 재미있다. - 시리즈로 많이 써서 늘 뒷이야기가 궁금하다.
강정연	- 내가 좋아하는 이야기를 쓴다.
김수빈	- 『여름이 반짝』이라는 책을 보고 좋아하게 되었다. - 주변에 있을만한 친구 이야기를 재미있게 풀어내었다.
김진경	- 작가의 책을 읽고 많은 생각을 하게 되었다. - 책의 내용이 기억에 오래 남는다.
로알드 달	- 『마틸다』가 굉장히 인상 깊었다. - 『백만장자가 된 백설공주』는 옛날이야기를 수준이 높게 바꾸었다.
송언	- 실제로 일어난 일을 쓴 것이라 재미있다.
신소현	- 읽은 책 중에 『빨간 연필』이 제일 재미있었다.
아스트리드 린드그렌	- 재미있고 감동을 주는 책을 많이 썼다. - 『사자왕 형제의 모험』책이 정말 인상 깊었다

오채	- 내가 책을 보고 처음 운 책이 『오메 할머니』이다.
유은실	- 『마지막 이벤트』를 읽고 엄청난 슬픔을 느꼈다. - 『나의 린드그렌 선생님』 작품이 너무 괜찮았다. 선생님이 처음으로 추천해 준 책이었고 제일 감명 깊게 읽은 책이다.
이금이	- 재미있고 감동을 주는 책을 많이 썼다.
이은재	- 반장 시리즈가 좋다. 작가가 쓰는 이야기의 주제가 특별하다.
이현	- 재미있게 읽은 책 대부분이 이현 작가의 책이다. - 『악당의 무게』를 재미있게 읽었다.
천효정	- 봐도 봐도 질리지 않는다. 천효정 작가의 책에 공감도 많이 되고, 마치 내가 신비한 힘을 가진 것 같이 느껴진다.
한윤섭	- 인물들의 이야기가 실제 같다.
황선미	- 재미있고 감동을 주는 책을 많이 썼다. 작품이 영화까지 나온 유명한 작가이다.

아이들은 작가를 신경 쓰며 책을 읽지는 않습니다. 책을 고를 때 작가를 본다는 아이들이 거의 없듯이, 아이들이 이름을 기억하고 있는 작가도 별로 없습니다. 위에 나온 작가의 이름은 기억에 남거나 좋아하는 작가라기보다는 1학기 때 읽었던 책 목록을 살펴보다가 아이들이 재미있게 본 작품들을 찾아서 작가의 이름을 댄 경우가 대부분입니다. 그 가운데 몇 몇 작품의 작가가 같은 경우를 발견했다는 아이들이 있었는데. 송언, 유은실, 천효정, 이현 작가 등이 그런 경우였습니다.

'책향기 가득합니다!' 에서 오래도록, 깊게 만나보고 싶은 작가는 누구인가요?

① 작가 : 김남중 김옥 박효미 유은실 이현 최나미 천효정 김옥 김려령

② (   ) 작가의 작품을 함께 만날 친구들은 누구인가요?

③ (   ) 작가의 작품에는 어떤 것들이 있나요?

책향기는 한 작가의 작품을 깊이 읽어보는 활동입니다. 그래서 작가를 잘 고르는 것이 무척 중요한 일입니다. 책향기 활동에서 염두에 둔 기준은 문학적으로 완성도가 높은 작품을 여러 권 썼으며, 작품의 수준이 다양해서 읽기 수준이 낮은 아이들도 활동하는 데 어려움이 없어야 한다는 것이었습니다. 국어과 성취기준을 반영하여 꼼꼼히 읽고 분석하여 기록을 하기 위해 *장편동화가 5편 이상인 작가를 골랐습니다. 그 기준에 부합한다고 생각한 작가가 김남중, 김려령, 김옥, 박효미, 유은실, 이현, 최나미, 천효정 작가 였습니다. 8명 외에 진형민 작가는 2018년 7월을 기준으로 1권의 단편과 3권의 장편이 출간되어 작가모둠에서는 제외하고, 대신 작가모둠 활동이 끝나고 모두 함께 읽을 작가로 선정하였습니다.(2018년 8월에 네 번째 장편동화 『사랑이 훅』이 출간되었습니다.)

작가별로 작품을 깊이 읽기 위해 4명을 기본으로 하되, 학급 인원수에 따라 3명을 한 모둠으로 하기도 했습니다. 한 모둠에 한 작가를 선택하니 6~8명 정도의 작가가 필요했습니다. 아이들이 작가를 선택하기 전에 작가에 대해 간단히 소개하고 어떤 책들이 있는지 함께 살펴보았습니다. 작가를 고를 때는 평소에 잘 읽어보지 못했던 작가, 관심이 가는 작가를 먼저 선택하도록 했습니다. 한 작가에 몰리지 않도록 1,2,3 지망을 받아 골고루 분배하였습니다. 작가모둠에서 작품을 가지고 토론도 하고 소개책도 만들어야 해서, 교사가 아이들의 읽기 수준을 적절히 분배하여 모둠을 구성해 주시는 것도 좋은 방법입니다. 읽기 수준이 낮은 아이들끼리, 또는 읽기 수준이 높은 아이들끼리, 남자(여자)끼리 한 모둠이 되지 않도록 섬세하게 살피면 더 좋습니다.

작가별로 반드시 읽을 책 5권과 골라 읽을 작품을 2~3권,

작가별로 구분지어 배치해 놓은 책들

모두 7~8권 정도를 준비하였습니다. 작가 모둠이 돌아가며 읽어도 읽기 속도와 책의 수준과 양이 다양하여 책이 겹치지 않도록 배려한 것입니다. 교실에 작가별로 작품을 구분해서 두었습니다. 책은 1학기 도서 신청을 할 때 목록을 도서관 사서 선생님께 드리고 준비를 해 달라고 미리 부탁을 드렸습니다. 한 작가의 작품을 여러 권 사는 것이 아니어서 쉽게 도움을 받을 수 있었습니다. 자세한 책 목록은 부록에 넣어두었으니 참고하시기 바랍니다.

( ) 작가의 작품을 만난 이야기를 써 보세요. (평가-줄거리 요약/인물, 사건, 배경 파악)

작가의 작품 가운데 5권은 국어과 성취기준에 맞추어 꼼꼼히 읽고 항목별로 분석하여 정리하였습니다. 함께 읽을 책은 장편으로 정하였고, 가뿐히 읽을 수 있는 책부터 곰곰이 읽을 수 있는 책을 섞어서 선정하였습니다. 토의·토론을 위한 이야깃거리 찾기 및 이야기의 구성요소(인물, 사건, 배경)와 주제 파악하기, 감상은 5·6학년 모두 공통으로 넣었습니다. 6학년 활동지에는 작품 속에서 관용표현을 찾아 넣는 항목을 넣었고 5학년에는 줄거리 요약하기와 인물, 사건, 배경의 관계 파악하기 항목을 넣었습니다. 6학년에서는 관용표현 찾기를, 5학년에서는 줄거리 요약과 인물, 사건, 배경 파악하기를 국어영역 평가에 반영하였습니다. 이처럼 어떤 항목을 강조하여 넣을지는 성취기준에 맞추어 구성하면 됩니다.

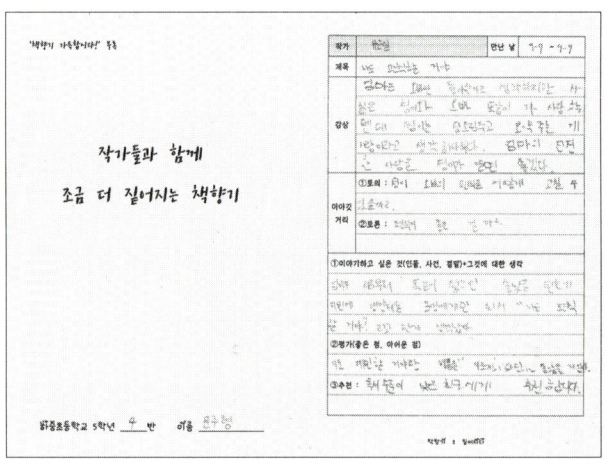

책향기 부록활동지(A5) - 작가들과 함께 조금 더 짙어지는 책향기

고학년은 읽기 속도 차이가 큽니다. 5권을 이미 다 읽은 아이들도 있고, 아직 반도 읽지 못한 아이가 있습니다. 그래서 5권 이외에 다른 책들도 준비하고, 이 작품들은 책향기 활동지가 아닌 부록이라는 이름으로 활동지를 따로 만들어서 그 곳에 기록을 하게 했습니다.

작가	제목	이야깃거리	토의	토론
김남중	『불량한 자전거 여행』	가족과 화목하게 지낼 수 있는 방법은?	○	
		호진이처럼 집을 떠나 있고 싶을 때는?	○	
		자식이 있는 부모가 이혼을 선택하는 것은 나쁜 것인가?		○
	『수평선 학교』	부모님이 지어주신 이름을 바꾸는 건 옳은가?		○
		시합을 할 때는 내기(또는 상과 벌)를 하는 게 좋을까?		○
	『새나라의 어린이』	일본은 왜 잘못은 반성하지 않고 역사를 멋대로 바꾸려고 할까?	○	
	『속 좁은 아빠』	아빠가 아파서 입원을 해야 할 때 가족한테 말하는 게 나을까? 몰래 하는 게 나을까?		○
		가족과의 시간을 위해 개인의 시간을 희생해도 좋은가?		○
	『싸움의 달인』	심하게 싸운 애들이 화해를 할 수 있는 방법은?	○	
		법을 따르면 좋은 결과가 나올까?		○
		아이들이 싸웠을 때 부모님이 관여하는 것은 옳을까?		○
		경찰은 언제나 시민의 편인가?		○
	『연이동 원령전』	마음속에 쌓인 게 있을 때 푸는 방법은?	○	
		사람들에게 잘못 알려진 역사를 바로잡는 방법은?	○	
김려령	『기억을 가져온 아이』	엄마와 아빠만 상의해서 이혼해도 될까?	○	
	『내 가슴에 해마가 산다』	선의의 거짓말은 해도 되는가?		○
		부모와 자식이 좀 더 친해지는 방법은?	○	
	『탄탄동 사거리 만복전파사』	어떤 사건의 중요한 증거를 허락받지 않고 녹음해도 될까?		○
	『플로팅 아일랜드』	어떤 일을 도전하게 만드는데 칭찬이 좋은가, 벌이 좋은가?		○
		여행을 갔을 때 좋아하는 음식만 먹는 것은 괜찮은가?		

작가	작품	질문		
김옥	『그래도 즐겁다』	이상한 질문이라도 대답을 해 주는 것이 맞을까?		○
	『물렁물렁 따끈따끈』	학교는 공부를 잘하기 위해서 다니는 것일까?		○
	『준비됐지?』	죽은 사람을 계속 생각해도 될까? 아니면 마음 정리하고 빨리 잊어야할까?		○
	『축구생각』	내가 하고 싶은 일만 계속 해도 될까?		○
박효미	『고맙습니다 별』	텔레비전이나 핸드폰이 우리에게 나쁜 것일까?		○
		초등학생에게 휴대폰은 정말 고마운가?		○
		우리 주변에 고마운 사람은 누구일까? 어떤 사람일까?	○	
		칭찬받기 위해 하는 거짓말은 옳은가?		○
	『길고양이 방석』	싫어하는 사람을 좋아하는 사람으로 바꾸는 방법은?	○	
		어릴 때 학원을 많이 다니는 게 좋을까?		○
	『노란상자』	자식의 잘못을 바로잡을 수 있는 좋은 방법은 무엇일까?		○
	『블랙아웃』	뉴스를 믿어도 되는가?		○
		정전이 났을 때 잘 대처하는 방법은?	○	
	『오메 돈 벌자고?』	돈을 많이 버는 사람(백만장자)이라는 꿈은 좋은 선택일까?		○
유은실	『나의 린드그렌 선생님』	학교 일기장에 정말 솔직한 마음이나 비밀을 적어도 될까?		○
		선의의 거짓말은 해도 되는가?		○
		책은 직접 사서 보는 건 돈 낭비인가?		○
	『드림하우스』	학생은 자기만의 공간이 필요할까?		○
		자극적인 영상으로 시청률을 올리는 건 좋은가?		○
		정이 들었던 오래된 집이 나을까, 새로 지은 집이 좋을까?		○
	『마지막 이벤트』	거짓말인지 아닌지 모를 때 확인하는 방법	○	
		꼭 부모와 자식은 서로 친하게 지내야 할까?		○
		친구에 대한 불만을 뒤에서 이야기 하는 것은 괜찮은가?		○
		의미 있는 장례식을 위해 정말 필요한 건 무엇일까?	○	
	『우리집에 온 마고할미』	비밀은 반드시 지켜야 하는 것인가?		○
	『일수의 탄생』	부모님이 나의 꿈을 정해주는 것은 옳은가?		○

저자	작품	질문		
이현	『마음대로봇』	로봇은 필요한가?		○
	『빙하기라도 괜찮아』	다른 사람을 나보다 먼저 배려하는 게 좋은 일인가?		○
	『악당의 무게』	사람을 살리기 위해 다른 생명을 죽여도 될까?		○
		개를 때린 사람이 개한테 물렸을 때 누가 처벌받아야 하나?		○
		사람을 다치게 했다고 동물을 죽이는 게 옳을까?		○
	『장수만세』	힘들다고 자살해도 되는가?		○
		자식이 힘들어해도 공부를 열심히 하라고 강요하는 것은 옳은 일인가?		○
	『푸른 사자 와니니』	나답게 산다는 건 무엇일까?		○
		전쟁은 꼭 해야 되나?		○
	『플레이 볼』	내 꿈을 정할 권리는 부모님에게도 있을까?	○	
		운동에서 재능과 노력 중에 더 중요한 것은 무엇일까?		○
		자신이 좋아하는 일을 열심히 하는 게 좋을까? 공부를 열심히 하는게 좋을까?		○
		직업을 선택하는 좋은 기준은 무엇인가?	○	
천효정	『건방이의 건방진 수련기』	사람을 돕고 나서 돈을 받아도 되는가?		○
		아무도 모르는 나만의 비밀장소는 필요한가?		○
	『아기너구리 키우는 법』	범죄가 의심 가는 사람은 먼저 신고하는 게 맞을까?		○
		모르고 한 나쁜 행동은 괜찮은가?		○
		아기를 키울 때 가장 중요한 것은?	○	
	『아저씨, 진짜 변호사 맞아요?』	공부 잘 하는 것 말고 잘 살 수 있는 방법은?	○	
	『첫사랑쟁탈기』	바람을 피우면 이혼을 해야 할까?		○
		초등학생이 이성 친구를 사귀는 것이 좋은가?		○
		이성친구와 사귀기 전에 고백이 꼭 필요한가?		○
		잘 보이기 위해서 거짓말을 해도 괜찮은가?		○
최나미	『걱정쟁이 열세 살』	만나지 못하는 친구를 사귀어도 되는가?		○
		머리를 기르는 게 공부에 방해가 되고 불량한 것일까?		○
	『고래가 뛰는 이유』	같이 지내는 무리 중에 내가 싫어하는 사람이 있을 때는 어떻게 해야 할까?	○	
		친구의 뒷담을 들었을 때 당사자에게 말하는 것이 옳은가?		○
	『바람이 울다 잠든 숲』	엄마가 아플 때 아이를 다른 집으로 보내는 게 맞을까?		○
	『성균관의 비밀 문집』	부모님이 걱정하실까봐 사실을 숨기는 것은 옳은가?		○
	『엄마의 마흔 번째 생일』	한 번 결혼하면 끝까지 살아야 하나?		○
		가족을 돌보는 것과 자기 꿈을 이루는 것 중 더 중요한 것은?		○
	『움직이는 섬』	부모님과 싸웠다고 집을 나가도 될까?		○

4에 모아놓은 이야깃거리 가운데 같은 작가를 만나는 친구들과 토의나 토론해 보고 싶은 이야깃거리를 하나 정해 보세요. 같은 작가를 만나고 있는 친구들과 겹치는지 확인해 보세요.

(   ) 작가 모둠 친구들과 이야기를 나누어 보세요.

이야깃거리	보상을 걸고 대결을 해야 할까?	김남중 「수평선 학교」
내 생각	보상을 걸면 해냈을 때 성취감이 있고 만족감이 있기 때문에 찬성이다.	
친구들 생각	① 반대. 대결에서 질 수도 있다. 진 것도 속상한데 보상 때문에 실망이 더 커진다. 보상을 바라는 다른 사람의 기대를 져버릴 수도 있어서 불편하다. ② 찬성이다. 보상이 걸려 있으면 책임감을 느껴서 더 열심히 하게 된다. ③ 찬성이다. 승부욕이 더 생기고 경기가 흥미로워 진다.	
정리	대결을 할 때 성취감을 느끼고 대결을 더 열심히 할 수 있으므로 보상은 필요하다.	
이야깃거리	선의의 거짓말은 해도 되는가?	김려령 「내 가슴에 해마가 산다」
내 생각	선의의 거짓말이라도 하면 안 된다고 생각한다. 잘못하면 상황이 더 안 좋아질 수 있기 때문이다. 또 계속 거짓말로 상황을 모면하려고 하기 때문이다.	
친구들 생각	① 해도 된다. 선의의 거짓말을 해서 사람들을 안심시킬 수 있고, 상대방의 기분을 풀어줄 수 있고 상처를 안 줄 수 있다. ② 해도 된다. 안 좋은 상황을 모면하기 위해서는 거짓말이 필요할 때도 있다. ③ 하면 안 된다. 어떤 상황을 모면하기 위해서 선의의 거짓말을 하면 그 선의의 거짓말을 믿은 사람이 피해를 볼 수 있기 때문이다.	
정리	사람들의 기분을 풀어줄 때는 가끔씩 선의의 거짓말을 사용해도 좋은 것 같다. 하지만 너무 자주 쓰는 건 좋지 않겠다.	
이야깃거리	자식의 잘못을 바로 잡는 방법은?	박효미 「노란상자」
내 생각	자식이 자기가 무엇을 잘못한 것 같은지 물어 보고 차분하게 말하면서 타이르는 방법이 좋다. 소리를 지르면서 말하면 아이도 놀라고 더 화가 쌓이기 때문에 차분하게 말해야 한다.	
친구들 생각	① 자식의 입장을 말 해보라고 하고 함께 이야기를 나눈다. ② 때리지는 말고 잘못을 알 수 있도록 말로 크게 혼내야 한다. ③ 자식이 자기 잘못을 스스로 깨우치게 해야 한다	
정리	자식을 혼낼 땐 차분하게, 자식이 어떤 잘못을 했는지 깨우치게 하며 해결한다.	

이야깃거리	자극적인 영상으로 시청률을 올리는 건 옳은 건가?	유은실 「드림하우스」
내 생각	괜찮다. 시청률을 올려야 큰 돈을 벌고 주목을 받을 수 있고 계속 만들 수 있기 때문이다.	
친구들 생각	① 영상을 찍기 전에 출연자가 괜찮다는 것을 확인하고 촬영한다면 괜찮다. ② 자극적인 영상은 보는 사람들에게 안 좋은 영향을 끼친다. 특히 아이들에게 안 좋다. ③ 반대다. 사람이 돈에 정신이 팔리면 돌아올 수가 없다.	
정리	출연자가 불편해하지 않고 동의를 하는 범위에서만 자극적인 영상을 찍는다.	
이야깃거리	나답게 사는 것은 무엇일까?	이현 「푸른사자 와니니」
내 생각	내가 하는 일에 최선을 다하고 내 곁에 있어주는 친구들에게 고마워 하는 것이다.	
친구들 생각	① 남을 따라하지 않으면서 자신이 할 수 있는 범위에서 최선을 다하는 것이다. ② 나는 남을 따라하지 않고 혼자 배우는 것이다. 남을 따라하면 나의 본 모습을 보여주지 못하고 내가 할 수 있는 일들을 해 보지도 않고 못하겠다고 포기하면 안 된다. ③ 혼자 놀고 마음대로 노는 것이 나답게 사는 것이다.	
정리	지금 사는 것에 최선을 다하고 할 수 있는 것을 다하는 것이다.	
이야깃거리	아기를 키울 때 무엇이 가장 중요할까?	천효정 「야! 너구리 키우는 방법」
내 생각	키우는 사람이 가장 중요하다. 사람이 나쁘면 아기를 때릴 수도 있고 나쁜 사람이라서 아기를 버릴 수도 있다. 그리고 아이가 칭얼대서 짜증나서 소리를 지르고 괴롭힐 수도 있다.	
친구들 생각	① 키우는 환경. 사람이 아무리 좋아도 환경이 좋지 않으면 문제가 된다. ② 아이들과 잘 놀아주는 게 가장 중요하다. 어릴 때부터 잘 놀아주어야 교육에 좋다. 그러려면 시간이 많아야 한다. ③ 아이를 잘 잠들게 하는 것, 아이가 자지 않으면 부모가 계속 아이를 돌보아야 하기 때문에 부모가 스트레스를 받는다.	
정리	부모가 아이를 잘 키울 수 있는 사람이어야 한다. 마음도 좋고 아이를 잘 돌봐줄 수 있는 사람이 부모가 되는 게 가장 중요하다	
이야깃거리	한 번 결혼을 하면 끝까지 살아야 하나?	최나미 「엄마의 마흔 번째 생일」
내 생각	한 번 결혼을 했으면 끝까지 살아야 한다고 생각한다. 가족이면 배려도 해 줘야 하고 좋아서 만난 건데 헤어지면 안 된다. 이혼을 하면 둘 다 속상하고 결혼은 같이 살라고 있는 것이다	
친구들 생각	① 살아야 한다. 마음이 맞아서 결혼을 했고 헤어지는 것은 가족들도 속상하게 하는 것이다. 결혼을 하기 전에 만나보고 하는 것이기 때문에 그 시간 동안 서로를 많이 알아봤을 것이다. ② 이혼을 해도 괜찮다. 결혼을 하고 나서 마음이 안 맞을 수도 있는데 끝까지 사는 것은 옳지 못하다. 사람은 연애할 때 본 것과 결혼하고 나서 본 성격이 다를 수도 있고 바뀔 수도 있다. ③ 이혼을 해도 괜찮다. 서로 안 맞는데 계속 같이 살 필요는 없다. 억지로 계속 같이 살면 살다가 화병이 날 수도 있다.	
정리	같이 살아야 한다. 이혼을 하면 상대방과 가족을 슬프게 할 수 있다. 또 이혼한 사람도 마음에 상처 때문에 결혼을 다시 못하게 될 수도 있을 것이다.	

토론한 것을 돌아보고 어떻게 참여했는지 이야기해보세요

● 나는 반대편의 의견을 정확히 내고 잘 참여했다. 의견이 부족한 것 같기는 했다. 민우는 너무 대꾸만 한 것 같다. 찬성 의견이든 반대 의견이든 자기 의견을 내기 보다는 대응만 했다. 동수는 의견을 잘 내서 설득을 잘 시킨 것 같다.

● 나는 입장에 대해 근거를 잘 말했다. 토의할 때는 조금 참여를 했다. 진수는 근거를 제대로 말하지 않고 자신의 의견만 너무 고집했다. 진원이는 근거를 잘 말했지만 진수와 서로 자기 의견이 맞다고 많이 싸웠다. 대영이는 자신의 입장은 잘 말했지만 애들이 반박을 하면 자신이 맞다고 소리를 쳤다.

● 나는 다른 사람의 의견을 잘 들어주었다. 질문을 많이 했다. 하지만 근거를 잘 못 들었다. 세림이는 다른 사람의 의견을 잘 들어주었고 상대방에게 기분 나쁜 발언은 하지 않았다. 말투가 예의 있었지만 근거가 설득력이 없었다. 세현이는 의견을 정확하게 설명했다. 집중도 잘 했고 설득도 잘했으며 다른 사람의 의견도 잘 들어주었다. 하지만 앉은 자세가 조금 삐딱했다. 주영이는 다른 사람의 의견을 잘 들어주고 근거를 잘 들어 이야기했다. 하지만 종종 상대방 기분이 상하는 말을 했다.

● 나는 근거를 잘 들고 특히 예를 들어 얘기를 잘했다. 다른 사람의 이야기를 잘 듣고 목소리 크기도 알맞았다. 다만 질문을 많이 하지는 않았다. 민성이는 처음 토론을 할 때 잘 듣지 않다가 나중에 무엇이냐고 계속 물어보기도 하고 옆에 있는 다른 모둠과 이야기를 하기도 했다. 참여를 잘하면 좋을 것 같다. 은서는 목소리 크기도 알맞고 의견도 잘 이야기 했지만 집중을 잘하지 못했다. 다른 사람들에게 질문을 많이 했으면 좋겠다. 채영이는 다른 모둠이랑 얘기를 계속해서 참여를 잘 안 한 것 같다. 우리 모둠이랑만 이야기를 하면 좋겠다. 말할 때 목소리 크기는 알맞게 했는데 설명할 때 경험이나 예를 들어 말을 하면 좋겠다.

● 작가모둠별로 토의·토론을 하며 나눈 이야기, 이야기를 나누고 나서 바뀐 생각 등을 모아서 토의토론문집을 만들었습니다. 토의토론 문집을 만든 이야기는 3부에 있습니다.

(   ) 작가의 작품 가운데 가장 마음에 드는 작품은 무엇인가요?

김남중	불량한 자전거 여행	평소에 친구들과 자전거를 타고 여러 곳을 다닌다. 그래서 주인공의 힘든 느낌을 잘 알아 공감이 되는 부분이 많았다. 작가가 자전거 여행을 좋아한다고 해서 인지 이 책을 더 잘 쓴 것 같다. 처음 예상과 달리 자전거 여행 뒤에 가족 이야기가 숨어 있어서 좋았다.
	수평선 학교	표지부터 되게 산뜻해 보였다. 지금까지 보지 못한 이야기다. 이 책 때문에 김남중 작가를 골랐는데 역시 너무 재밌었다. 특히 자존심 때문에 경주를 한 것이 너무 웃겼는데 북한 배를 구하려고 경주를 포기하는 장면을 보고 사람을 구하는 데 남한 북한 구분이 없다고 생각했다. 그냥 한마디로 꿀잼.
	싸움의 달인	정말 흥미진진했다. 가족 같이 지내던 사이에서 배신을 하며 서로 싸우게 되었을 때 살짝 분하기도 했다. 치고 박고 싸우는 게 진정한 싸움이 아니라는 것을 느꼈다. 끝까지 싸우는 모습이 멋졌다.
	연이동 원령전	처음에는 원령들이랑 싸우는 이야기인 줄 알았는데 책을 끝까지 읽고 난 뒤에는 장군이라는 사람이 한 일을 널리 알리려는 책인 것을 알았다. 광주시민의 원한을 원령으로 나타내어서 감정을 잘 나타내었다. 광주의 역사, 민주화 운동을 기억하게 만들어주는 책이다.
유은실	나의 린드그렌 선생님	비읍이가 좋다. 엄마가 린드그렌 선생님 책을 읽지 말라고 했지만 끝까지 읽는 모습이 보기 좋았다. 우연히 읽은 린드그렌 선생님 책으로 비읍이가 주변 사람을 대하는 것이 조금씩 변하고 의젓해 진다. 어른이 되어가는 것 같아 마음에 들었다. 내가 책을 잘 안 읽었는데 이 책을 읽고 책을 재밌게 읽을 수 있게 되었다.
	마지막 이벤트	할아버지가 재밌는 성격을 가져서 웃겼다. 또 영욱이가 할아버지 검버섯을 좋아한다는 것도 독특했다. 할아버지의 인생이 비참했는데 할아버지는 손자 영욱이에게 뭐라 하지 않는 게 마음에 들었다.
	우리 동네 미자씨	미자씨의 캐릭터가 정말 독특하고 마음에 든다. 내용도 좋다. 따뜻하다.
	일수의 탄생	주인공 일수가 나와 너무 비슷하다. 나도 '~같다'라는 말을 자주 쓰고 생각이 분명하지 않다. 또 어렸을 때부터 엄마 말만 듣고 자란 것도 완전 비슷하다.
이현	나는 비단길로 간다	친구들이 이 책이 어렵다고 해서 걱정을 많이 했는데 나는 재미있었다. 특히 반전이 있어서 정말 재미있었다. 더 편한 길을 갈 수 있지만 가고 싶은 길로 가서 하고 싶은 걸 찾는 게 멋있었다. 지금껏 해오던 것이 아까울 수도 있지만 결국 하고 싶은 것을 한 것이 대단하다.
	푸른 사자 와니니	초원의 법에 맞서 행동하는 와니니가 멋지다. 이야기가 흥미진진하고 사자의 생존에 대해 자세히 실려 있다. 와니니가 어려움을 이겨내는 과정이 멋지다. 한 번 더 읽고 싶은 만큼 기억에 남았다. 각각 캐릭터의 성격과 특징이 분명하게 나타났다. 무리에서 쫓겨났어도 새 동료를 만들어 같이 이겨낸 모습이 대단해 보였다.
	플레이 볼	야구를 좋아해서 내용이 모두 이해되고 공감 가는 부분도 많았다. 특히 경기할 때 흥미진진했다. 여러 가지 이야기가 섞이지 않고 야구 경기 이야기에 집중해서 좋다. 두 번 읽었는데 읽을 때마다 느낌이 아예 달라서 새로운 책을 읽는 느낌이 들어서 좋다. 내가 이해할 수 있는 폭이 넓어진 것을 확인시켜 준 책이다.

최나미	걱정쟁이 열 세살	나랑 비슷한 나이의 주인공이 하는 행동을 보면서 "아, 그게 아니지!" 하면서 막 나도 모르게 TV 보는 것처럼 말했다.
	단어장	늘 열세 살 이야기만 쓰던 최나미 작가가 열네 살 이야기를 써서 특별한 느낌이 들었다. 이야기도 가장 길고 더 몰입할 수 있었다. 주인공이 나랑 닮은 점이 많아서 나랑 비교하며 보는 재미도 있었다.
	셋 둘 하나	나에게 그리고 내 또래 아이들에게 엄청 공감되는 이야기다. 특히 셋둘하나 에피소드에서 친구관계에 관한 얘기는 폭풍공감이 되었다. 비겁하면서도 솔직한 사람의 마음이 적나라하게 보였다.
	엄마의 마흔 번째 생일	엄마의 입장이 잘 드러나 있다. 그 동안 몰랐던 엄마들의 마음을 알 것 같다. 왠지 모르게 감동을 받았다. 최나미 작가의 책 중 처음으로 본 것이어서 더 기억에 남기도 했다. 엄마는 집안일을 하고 식구를 돌보아야 한다는 사람들의 편견을 깨었다. 마지막이 좋았다. 부모님이 싸울 때 우리 부모님 싸울 때랑 비슷해서 공감이 많이 갔다.

( ) 작가의 작품 속 인물 가운데 가장 마음에 드는 인물에 대해 이야기해 보세요.

작품 제목	인물	인물 소개, 인물의 성격, 마음에 드는 까닭
유은실 작가의 『나의 린드그렌 선생님』	이비읍	린드그렌 한 작가의 책만 좋아하고 책을 아주 좋아한다. 비읍이가 책을 읽고 나서 하는 생각, 내용들이 보기 좋다. 엄마의 말을 잘 듣지만 자기가 좋아하는 것을 포기하지 않는 것도 마음에 든다. 나는 비읍이만큼 책 읽는 것을 좋아하지 않고 엄마의 지시대로만 하지 않는다.
최나미 작가의 『셋 둘 하나』	은혜	처음에는 친구들에게 무조건 맞추어주려고 했지만 결국 불편해질 수 있는 상황에서도 자기 마음속에 있는 이야기를 친구에게 정확히 전달한다. 내가 은혜라면 그렇게 생각해도 그 생각을 말하지 못했을 것 같다. 그냥 어정쩡하게 묻어가려 했을 것 같다. 특히나 몇 년 전에 그랬다. 지금은 좀 고쳤지만 그래도 그런 상황이 오면 말하기 힘들 것 같다. 나도 친구들에게 맞추려고 노력한다. 나는 그 모습이 싫으면서도 친구들과 달라 보이는 게 신경 쓰여서 계속 맞추려고 하는 경향이 있다. 남들과 다르면 신경 쓰인다. 하지만 나는 거짓말로 내가 불리하거나 몰리면 참지 못한다. 내가 하고 싶은 말이 있거나 진실을 알고 있다면 다 쏟아내고 말해야 후련하다. 안 그러면 답답해서 참지 못한다.
이현 작가의 『플레이 볼』	한동구	동구가 마음에 드는 까닭은 야구를 진심으로 하고 싶어 하면서도 왜 자신이 야구를 하는지 알고 있기 때문이다. 게다가 힘든 일이 있어도 포기하지 않는 것을 보고 감동을 받았다. 나처럼 야구에 대해 관심이 많고 언제나 야구를 머리에 떠올리고 있다. 하지만 나는 동구처럼 승부욕은 없다. 또 질 것 같아도 끝까지 최선을 다하는 것도 나와 다르다.

(   ) 작가의 작품에 드러난 공통점이나 특징은 무엇인가요?(작가모둠)

김남중	- 주인공의 사정이 좋지 않다. 외롭다거나 가족, 친구들과의 관계에 아픔이 있다. - 대결구도, 경쟁, 싸움이 있는데 주인공이 용기를 내어 이겨내려 한다. - 학교 밖에서 일어나는 일들이 많다. 잘 보지 못한 이야기들이다. - 꼭 좋은 마무리로 끝이 나지는 않는다. - 모험이 있고 흥미진진하다. 뒷이야기가 궁금해진다.(메세지를 남긴다)
유은실	- 실제로 일어날 법한 일들이다. - 평범한 이야기를 흥미롭게 쓴다. - 가족에 대한 이야기가 많다. - 책의 분위기가 차분하면서 따뜻하다.
이현	- 주인공들은 무리에 속해 있다. - 책마다 소재가 다르다. - 결말이 비극 같기도 하고 희극 같기도 하다. - 실패를 하고 깨달음을 얻는다. - 주인공들이 어려움을 이겨내기 위해 엄청 노력을 한다.
진형민	- 이야기가 밝다. 웃기고 발랄하다. - 주인공이 도전을 하는데 결국 큰 이득을 얻지 않고 끝이 난다. 그래도 행복해 한다. - 초등학생들이 공감할 만한 현실적인 이야기들이다. 배경이 학교이다. - 어른은 보통 악역이 많다. - 친구관계를 중요하게 생각하고 서로 돕는 내용이 나온다.
최나미	- 인간관계에 대한 이야기가 많다. 식구나 친구들이 꼭 한 번씩은 크게 싸운다. - 진지하고 어두운 분위기지만 현실적이다. - 학교나 집에서 실제로 일어나는 일을 주로 쓴다. - 고학년 아이들의 이야기고 이 나이 때 아이들의 마음을 잘 나타내었다. - 1인칭 시점으로 많이 쓴다.
박효미	- 일상생활을 정면으로 바라본 바탕으로 쓴다. - 주인공의 성격이 바뀐다. - 대부분 어른들이 아이들의 마음을 잘 모른다. - 작가가 하고 싶은 말이 정확하다. - 아이들이 답답한 성격이긴 하지만 자기 생각이 분명하다.
천효정	- 현실에서 자주 일어날 수 있는 내용이 아니다. - 결론이 정확하게 끝나지 않는 경우가 많다. - 주인공들은 자신만의 비밀이 있다. - 싸움을 해결해 가는 과정이 이야기의 대부분이다.
김려령	- 인물의 생각이 하나하나 잘 나타나 있다. - 작가가 생각한 주제가 잘 드러났다. - 작가의 경험을 바탕으로 이야기를 썼다. - 남을 배려하는 인물들이 많다. 나쁜 아이들이 별로 없다.

4, 6, 6-1, 7에 쓴 내용을 바탕으로 작가를 소개하는 글을 써 보세요

김남중 작가

어느 날 불쑥 김남중 작가의 책이 '책향기'란 통로로 우리 반에 들어왔다. 김남중 작가님은 『수평선 학교』외에 『연이동 원령전』, 『싸움의 달인』, 『불량한 자전거 여행』등의 책을 썼는데 아이들이 알았으면 좋겠다고 생각하는 이야기를 책으로 쓰셨다.

책의 주인공들이 내 또래라서 조금 더 이해하기 쉽고, 공감하기 좋았다. 책에는 주로 부모님 한 분 이상이 없거나 사이가 좋지 않은 아이가 주인공으로 나와 도전하고 이겨내는 이야기가 나온다. 이런 이야기가 계속 나오면 지겨울 것 같지만 책을 보면 '어쩜 이렇게 다른 책을 쓰실까?' 라는 생각이 들 정도로 책마다 다른 분위기와 주제, 이야기를 쓰셔서 다음 책이 기대되는 작가이다. 큰 특징은 주인공이 아닌 등장인물의 비중이 많고 중요한 역할을 한다는 것이다. 그렇기 때문에 이야기가 꽉 차 있어서 읽을 때 더 재미있다. 작품들의 주제가 늘 우리주변 가까이 있지만 잘 신경 쓰지 않는 것들이어서 읽으면서 다시 한 번 생각하게 하고 마지막에 메시지를 던져서 더 궁금하게 하고 또 생각하게 한다.

김남중 작가는 그림작가 운이 좋은 사람이다. 책마다 그림의 퀄리티가 높다. 『수평선 학교』가 대표적이다. 나도 그 책표지를 보고 김남중 작가를 알게 되었다. 그 때쯤 난 『건방이의 건방진 수련기』에 빠져 있어서 『싸움의 달인』이 가장 먼저 눈에 들어왔다. 아마 고수가 하늘을 날뛰며 적들을 쓰러트리는 모습을 연상할 것이다. 하지만 이 책은 판타지가 아니고 실제로 일어날 수 있는 이야기다. 요즘 게임에 빠져 싸움을 즐기는 아이들에게 진정한 싸움의 고수가 무엇인지 알려준다. 일반적인 싸움 이야기는 10%도 안 된다. 진정한 싸움의 고수는 돈과 법으로 싸운다고 한다. 우리의 환상은 깨지지만 현실적인 책이다.

『수평선 학교』는 그림이 애니메이션 수준이다. 표지에 아이들 셋이 뒤를 보며 바다로 뛰어가고 있는데 눈빛이 우릴 보고 따라오라는 것 같다. 누가 보아도 저 바다로 같이 가고 싶을 것이다. 각 나라의 자존심을 건 범선 경주 대회가 열린다. 비밀인데 선장들의 자존심 때문에 독도 현수막 걸기를 내기로 한다. 범선 대회는 자존심으로 시작해 자존심으로 끝

난다. 김남중 작가는 자존심을 중시하는 것 같다. 싸움도 대부분 자존심 때문에 일어난다. 하지만 유일하게 『연이동 원령전』은 자존심이 아니라 다른 무엇 때문에 싸움이 일어난다. 공포 판타지인데 원령들의 원한을 다룬 책이다. 책을 보면 우리가 원령들의 원한을 풀어 줄 수 있는 방법이 나온다. 김남중 작가는 주인공들에게 풀어야 할 문제를 주고 마무리 짓는다. 김남중 작가는 이야기의 결과를 작가가 마무리 짓지 않고 읽는 우리가 만들게 한다. 그래서 더 흥미진진할 것이다. 책을 읽다 결론이 낯설다면 작가의 이름을 보아라. 그럼 내가 말한 김남중 이름이 있을 것이다. - 6학년 남

김려령 작가

김려령 작가는 내 가슴에 해마가 산다. 『요란요란 푸른 아파트』, 『플로팅 아일랜드』, 『그 사람을 본 적이 있나요?』, 『기억을 가져 온 아이』, 『탄탄동 사거리 만복 전파사』, 『내 가슴에 해마가 산다』 등의 책을 썼다. 『내 가슴에 해마가 산다』라는 책은 입양된 아이를 중심으로 입양에 대한 편견을 없애자는 이야기고 『요란요란 푸른 아파트』는 아파트 주인들끼리 관계를 넓혀가는 이야기다. 『플로팅 아일랜드』는 섬에서 아이들을 만나 지내는 이야기고, 『그 사람을 본 적이 있나요?』는 자신의 이야기를 동화로 만들어 이야기 해주는 동화작가의 이야기다, 『기억을 가져 온 아이』는 잊힌 기억을 찾으러 떠나는 이야기다. 김려령 작가의 작품들의 공통점은 거의 다 사람들의 관계에 관한 이야기이며 인물과 작가의 생각이 작품에 정확히 드러나 있다. 또 작가의 경험을 바탕으로 쓴 글이다. 김려령 작가는 어린이들이 이해하기 쉬운 내용으로 작품을 썼고 인물의 마음을 잘 헤아려 그 마음이 정확히 드러나게 쓰기 때문에 책을 읽을 때 내가 그 인물이 된 것처럼 인물의 마음을 생각하게 되어서 이해하기가 쉬웠다. 또 상상력이 풍부하다. 『기억을 가져 온 아이』는 이 세상에 없는 판타지이고 특히 『요란요란 푸른 아파트』는 내용은 평범한데 아파트가 말을 한다는 아이디어가 참 좋다. 그냥 평범한 아파트였다면 이야기가 평범했을 것 같다. 평범한 내용이지만 재미있게 내용을 쓸 수 있는 작가라서 김려령 작가는 특별하다는 생각이 든다. 김려령 작가는 자신의

경험을 바탕으로 글을 썼기 때문에 사람들이 공감하기 쉬운 것 같다. 몇 작품을 빼고는 대부분 일상에서 일어날 수 있는 일들이 많아 공감이 많이 간다. - **5학년 여**

박효미 작가

박효미 작가는 『노란 상자』, 『오메 돈 벌자고』, 『왕자 융과 사라진 성』, 『블랙 아웃』, 『길고양 방석』 등을 썼다. 대부분 일상생활에서 일어날 수 있는 일로 쓴 이야기이고 결말은 자신의 뜻대로 되지 않았지만 그것을 받아들이고 더 나은 방향을 찾아간다. 『왕자 융과 사라진 성』은 옛날 이야기인데 그 속에서 오목 같은 싸움이 없는 전쟁이 벌어지는 이야기이다.

박효미 작가 책에 나오는 인물들이 자기 생각이 있는 아이들도 있지만 그 생각을 말하지 못해 답답한 인물도 있었다. 하지만 나중에는 자기 생각을 말하게 되어서 그 부분을 읽으면서 답답한 마음이 풀렸다. 나는 『길고양이 방석』 중 민유리라는 아이가 마음에 든다. 주인공 지은이는 성격이 약간 답답한 면이 있는데 민유리는 자신의 생각을 잘 말하고 시원시원한 성격이 있어 마음에 들었다. 당당하고 친화력이 좋아서 전학을 온 아이인데도 바로 바로 친구를 사귀는 면이 마음에 들었다. 나한테 없는 성격들이라 더 마음에 들었다.

박효미 작가의 책들ㄹ은 대부분 우리가 한 번 생각해 본 내용이거나 한번 정도 생각할 수 있는 내용으로 이루어지고 있다. 나도 예전에 '유정란이 깨어날까?'라는 생각을 했는데 『노란 상자』라는 작품이 그 생각으로 만들어져서 더 호기심을 갖고 보았다. 또 『오메 돈 벌자고』도 그렇다. 평소 '돈을 어떻게 벌까? 돈을 좀 벌어볼까?' 란 생각을 해 본적이 많은데 이 이야기에서 돈을 버는 이야기를 다루고 있다. 박효미 작가의 책은 길긴 하지만 읽다 보면 금세 읽을 정도로 빠지게 된다. 물론 짧은 책도 금방 빠지게 된다. 또 내가 평소 많이 보았던 성격들이 많다. 곤충을 좋아하는 아이, 자기가 하고 싶은 말을 바로 말하는 아이, 말을 잘 못하는 아이 등이 그렇다. 배경이 학교가 많아서인지 익숙하기도 하고 '학교에서 이게 진짜 있으면?' 이란 생각을 하며 보기도 했다.

박효미 작가는 판타지보다는 일상을 정면으로 바라본 책들이 많다. 자신의 뜻대로 되지 않는 삶에 두려움을 느끼지만 결국 쓰러지지 않고 일어날 수 있게 해주는 사람들이 곁에 있다는 걸 알 수 있었다. 그리고 그런 일을 통해 새로운 깨달음을 얻게 된다. 『학교가 문을 닫았어요』 같은 책은 바로 해결책을 알려주는 책이라면 『블랙아웃』이나 『길고양이 방석』 같은 책들은 열린 결말이라 우리에게 생각하는 힘을 준다. 작가로서 우리에게 주제를 맡기는 것은 대단하다고 생각한다. 박효미 작가는 우리에게 생각하는 힘과 주위를 보면 나를 위로해 줄 수 있는 사람이 있다는 것을 알려주는 사람 같다. 박효미 작가는 누구에게 추천할 것 없이 모두 다 재미있게 읽을 수 있는 책을 쓰는 작가다. - **5학년 여**

유은실 작가

나의 『나의 린드그렌 선생님』을 쓴 유은실 작가를 소개하려고 한다. 유은실 작가의 작품은 차분하고 따뜻하다. 물론 갈등도 있고 이별도 있다. 유은실 작가는 책으로 사람의 마음을 사로잡는다. 나의 경우는 『나의 린드그렌 선생님』으로 유은실 작가에게 사로잡혔다. 마치 어릴 때 마틸다가 책에 사로잡힌 것처럼.

비읍이는 아빠와 이별한 후에는 늘 엄마와 갈등이 생겼다. 『나의 린드그렌 선생님』의 겉표지는 은하수 같기도 하고 비읍이의 꿈 속 같기도 했다. 화려하게 보이지는 않았지만 멋져 보였다. 평범한 이야기인데도 이렇게 다른 이야기가 있는지 신기했다. 국어시간에 이야기의 주제를 바꾸어서 다시 쓰는 시간을 가졌을 때 나는 「나의 린드그렌 선생님」을 골랐다. 주인공인 비읍이가 린드그렌 선생님의 책을 읽는 대신 스마트폰이 없던 비읍이가 엄마에게 생일선물로 받은 스마트폰에 빠져서 엄마랑 싸우다 결국 엄마가 다시 책을 마련하는 이야기를 썼다. 유은실 선생님의 이야기보다는 못하지만 지금의 나로서는 만족하는 이야기였다.

유은실 작가의 책을 보며 감동받고 공감이 되기도 하고 화나기도, 웃기기도 했다. 마술사 같은 사람이다. 나를 슬프게 만든 책은 『마지막 이벤트』였다. 내가 처음으로 책을 읽다가 울 뻔 했다. 감정이입이 잘 되는 책이다. 주인공에게 일어나는 이별은 누군가에게나 일어날 수 있는 일이다. 바로 할아버지의 죽음이다. 그래서 더 슬프다. 책에는 웃픈 일도 일어나고 황당한 일도 일어난다.

『나의 린드그렌 선생님』이나 『마지막 이벤트』는 식구들이랑 갈등이 많이 있는 아이들에게 추천을 하고 싶다. 약간의 답답함은 있다. 답답한 게 싫고 사이다처럼 시원한 느낌을 받고 싶다면 『우리 동네 미자씨』를 추천한다. 나는 유은실 작가를 응원한다. **- 6학년 여**

이 현 작가

보는 사람마다 달라요

이현 작가는 『나는 비단길로 간다』, 『로봇의 별』, 『플레이볼』, 『푸른사자 와니니』, 『악당의 무게』, 『일곱개의 화살』 등을 썼다. 이현작가의 책들은 시대, 배경, 주제가 가지각색이다. '머리에 뭐가 들었을까?' 궁금할 정도로 책들은 각자 다른 분위기에 다른 말을 한다. 덕분에 공통점을 찾기 엄청 힘들었다.

『나는 비단길로 간다』는 발해를 배경으로 한 창작동화이다. 주인공 홍라가 무역길을 걸으며 힘든 일을 견디고 일어서는 이야기다. 『악당의 무게』는 지금을 배경으로 했다. 불의를 보고 눈 감는 지금 사회를 조금씩 보여주고 있다. 『푸른사자 와니니』는 넓은 초원 속 동물들의 이야기다. 초원이 환경에 대해 생각하게 하기도 하고 야생동물의 삶도 보 준다. 혼자가 되었다가 새로운 사람을 만나 모험하고 같이 사는 와니니의 이야기다. 아직은 사회생활이 좀 힘들고 남에게 인정받지 못한 사람들에게 추천한다. 『플레이볼』은 제목대로 야구 이야기다. 배경이 부산이어서 사투리가 나온다. 못 알아볼 때도 있지만 대부분 알아볼 수 있으니 걱정 안해도 된다. 야구 용어도 나오는데 뒷부분에 잘 설명되어 있다. 플레이볼은 재능과 꿈이 서로 달라 꿈을 이루지 못할까 방황하는 동구의 이야기다. 아직 진로를 정하지 못한 사람, 성적이나 재능 때문에 꿈을 고민하는 사람들한테 길을 찾는 열쇠가 될 책이다. 책들마다 하는 말이 다르니 기호에 맞게 골라 봐도 괜찮다. 교훈만 주는 책이 아니라 모험도 있고, 특히 이야기를 질질 끌지 않아서 책에 흥미가 떨어질 때 봐도 좋은 작가이다. 이현 작가는 다양하고 무한한 가능성을 가진 끝매듭을 하는 경우도 꽤 많다. 뒷내용은 읽는 사람의 상상에 맡겨서 상상력을 길러주기도 한다. 가벼운 듯 무거운 소재지만 때로는 가볍게, 때로는 무겁기도 하다. 어떤 무게로 읽을지는 읽는 사람에 따라 다를 것이다. - **6학년 여**

천효정 작가

천효정 작가를 소개한다. 책향기 활동을 하면서 『건방이의 건방진 수련기』,『도깨비 느티 서울 입성기』,『아저씨, 진짜 변호사 맞아요?』,『첫사랑 쟁탈기』,『아기 너구리 키우는 법』을 작가 모둠 친구들과 함께 읽었고 그 외에도 다른 작품 3권을 더 읽었다. 천효정 작가의 책은 대부분 현실에서 일어나지 않거나 일어나기 힘든 이야기들이다. 배경은 익숙하나 그 배경에 대한 이야기들이 현실에서 볼 수 없는 이야기다. 예들 들면『건방이의 건방진 수련기』의 배경은 학교지만 서로 기술을 쓰며 싸우는데 현실에 없는 기술들이다. 또 결론이 확실하게 끝나지 않는다.『도깨비 느티 서울 입성기』의 마지막은 느티라는 애를 만난다고 나오지는 않지만 만나는 것처럼 이야기가 끝난다. 마지막은 우리의 상상력으로 추론하게끔 이야기를 만든 것 같다. 그리고 주인공들은 각자 비밀이 있다. 또 대부분 이야기에서 싸움이 일어나는데 서로 싸움을 해결하려고 노력한다.『아저씨 진짜 변호사 맞아요?』는 어떤 아줌마와 주인공이 싸우게 되는데   이라는 아이와 빙빙 변호사가 해결하게 된다.

천효정 작가들 작품 가운데『건방이의 건방진 수련기』라는 책이 가장 나에게 맞는 책이라 재미있었다. 흥미진진해서 아침독서 시간이 끝났는데도 계속 보고 싶은 그런 책이었다. 계속 눈길이 가고 손이 갔다. 건방이가 기술을 익히기 위하여 돌을 깨려고 노력하는 모습이 인상 깊었다. 나라면 포기했을 것 같다. 건방이는 고아인데도 힘든 티 하나 없이 수련에만 집중하는 내용이라 마음에 들었다. 마음에 드는 인물은『아저씨, 진짜 변호사 맞아요?』라는 책에 나오는 하록이다. 하록은 꼴찌지만 친구들과 잘 어울린다. 지금의 '인싸' 같다. 만약 하록이라는 친구가 있다면 좋을 것 같다. 유쾌하고 재미있어서 내 옆에 항상 같이 있다면 재미있을 것 같다. 꼴찌지만 전혀 위축되지 않는 모습을 본받고 싶다. 나는 내가 해 놓은 공부가 마음에 들지 않으면 내 자신에게 화를 많이 내는데 하록이는 그렇지 않다. 하록이와 친구가 되면 많은 위로와 힘을 얻을 수 있을 것 같다.

천효정 작가의 책은 흥미진진한 이야기를 좋아하고 판타지를 좋아하는 사람들에게 추천한다. 물론 실제로 일어날 수 있는 이야기를 좋아하는 친구들도 재미있게 읽을 수 있다. - **5학년 남**

최나미 작가

자신이 평범하다고 말하는 이 작가는 자신처럼 평범한 인물로 감동과 재미를 준다. 최나미 작가는 일어날 법한 일로, 있을 법한 일로 글을 쓴다. 친구 사이, 가정에서 일어나는 일, 반에서의 일로 이야기를 만든다. 그 중에서도 주로 6학년 이야기를 쓴다. 자신이 기억하지 못하는 열 세 살의 상처가 있어서 13살 이야기를 쓴다고 한다. 같은 13살 이야기만 써도, 친구, 집, 학교 이야기만 써도 글마다 서로 다른 매력이 있다. 등장인물들도 서로 다른 특징을 가지고 있는데도 글과 잘 어울리고 공감이 된다. 특히 13살인 우리들에겐 더욱 이해가 쉽다. 『엄마의 마흔 번째 생일』 같은 남녀평등에 관한 이야기도 있고 『셋 둘 하나』 처럼 친구 사이의 갈등을 다룬 이야기도 있어서 아픔이 있는 사람들이 좋아할 만 책도 있다. 전체적으로 문장이 술술 넘어가고 고급진 표현도 많다. 이 작가의 책엔 이성을 좋아하는 표현과 설정이 없다. 로맨틱 마니아는 주의하시길. 이 작가의 글 중엔 비슷한 배경이 많지만 다른 작품과 완전히 다른 두 작품이 있다. 하나는 역사동화 『옹주의 결혼식』, 두 번째는 『단어장』이다. 이 책은 14살 이야기가 나온다. 13살 이야기만 쓰신 작가가 성공적으로 14살 이야기를 쓴 것 같다.

최나미 작가의 모든 책에는 좋은 친구가 나온다. 친구와의 우정에 관한 좋은 표현도 있어 이 작가의 이야기를 친구에게 써먹어도 좋다. 어떤 반에 가도 꼭 붙어 다니는 친구들이 있다. 그 친구들이 이 작가의 책을 읽으면 좋겠다. 벗에 대해, 가족에 대해 고민해 본 모든 사람들이 한 번쯤 읽으면 괜찮은 책이다. 특히 13살인 우리들에게는. **- 6학년 여**

7-2 7-1에 쓴 내용을 바탕으로 다른 작가 모둠 친구들이 볼 수 있도록 (   ) 작가 모둠 친구들과 함께 작가와 작품을 소개하는 자료를 만들어 보세요.

작가모둠 친구들이 함께 소개하는 자료를 만들었습니다. 6학년들은 4절지에 작가소개판으로 만들었고, 5학년은 12쪽짜리 소개책으로 만들었습니다. 들어간 내용은 함께 읽은 책 5권과 작가의 다른 작품 소개, 토의 토론 한 내용, 작가의 특징과 작가를 깊이 만나본 소감입니다. 역할분담을 미리 하고 책향기 활동지를 공유하여 소개책을 만들면 무임승차 하는 아이 없이 활동을 할 수 있습니다.

12쪽 작가 소개책(5학년)

친구들이 만든 소개 자료를 보고 만나고 싶은 작가, 읽어보고 싶은 작품을 골라 보세요.

작가별로 소개책에 소개 된 책은 8~10권입니다. 내가 만든 작가 외에 다른 작가 소개책을 보고 작가별로 한두 작품씩 읽고 싶은 작품을 골라 제목을 적습니다. 고른 책을 읽고 난 뒤에는 간단하게 읽은 이야기를 적습니다.

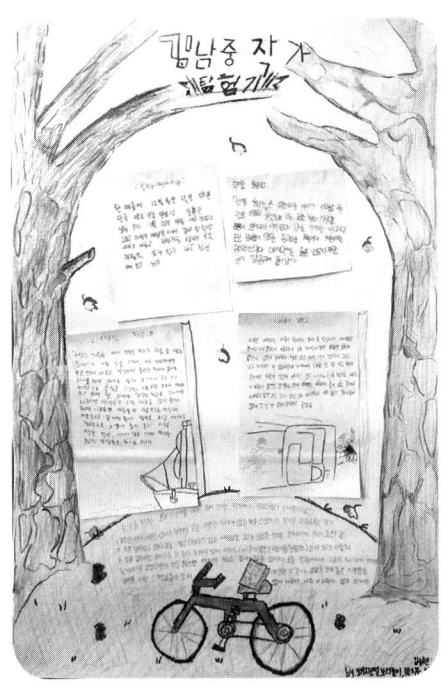
김남중 작가 소개판(6학년)

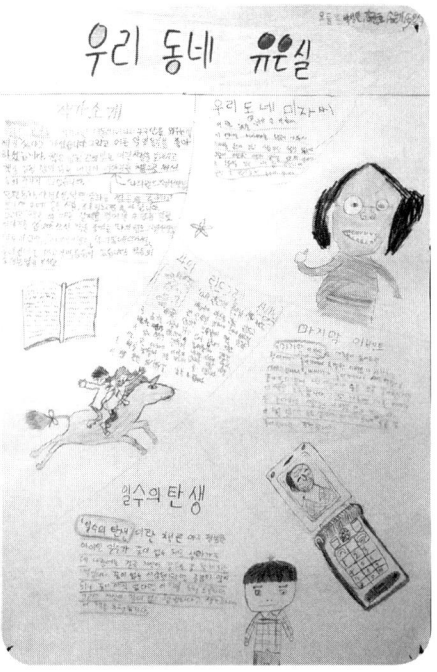
유은실 작가 소개판(6학년)

최나미 작가 소개판(6학년)

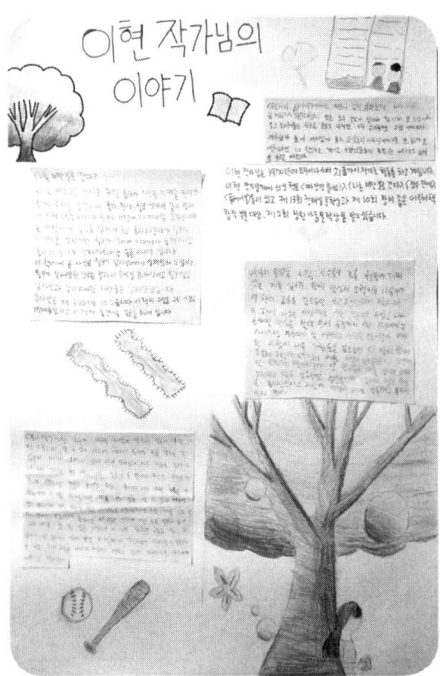
이현 작가 소개판(6학년)

12쪽 작가 소개책 표지와 내용(5학년)

선생님과 함께 진형민 작가의 『꼴뚜기』 가운데 '축구공을 지켜라'를 읽어 보세요.

『꼴뚜기』

진형민 지음, 조미자 그림,
창비 2013

동화집 『꼴뚜기』는 5학년 길이찬을 중심으로 아이들이 학교생활을 하며 겪을 법한 여러 가지 일들과 고민을 담은 이야기입니다. 표제작 「꼴뚜기」 외에 「인생 최대의 위기」, 「사랑 사랑 누가 말했나」, 「축구공을 지켜라」, 「뛰어 봤자 벼룩」, 「오! 특별 수업」, 이렇게 여섯 작품이 실려 있습니다. 진형민 작가의 맛깔난 문장과 톡톡 튀는 개성을 가진 인물들이 매력 있습니다. 여섯 작품 모두 아이들의 생활과 관련이 깊은 이야기라 아이들이 쏙 빠져들어 읽습니다. 이야기마다 이야깃거리로 삼을 만한 것들이 분명해서 아이들과 이야기 나누기도 좋습니다.

그 가운데 「축구공을 지켜라」는 길이찬이 아끼는 새 축구공을 가져왔다가 6학년 쌈짱 노범재 패거리에게 공을 강제로 빌려주게 되면서 벌어지는 이야기입니다. 내일 또 가져오라는 노범재의 말을 듣고 길이찬은 친구들에게 어떻게 하면 이 일을 해결할 수 있을지 묻습니다. 책을 읽어주기 전에 아이들에게 자기보다 높은 학년 학생들과 놀면서 있었던 일을 이야기해 보라고 하니 재미있게 잘 놀았다는 아이들도 있지만 「축구공을 지켜라」처럼 억울한 일을 토로하는 아이들이 훨씬 더 많았습니다. 책을 읽으며 등장인물들이 해결방법으로 제시한 의견과 근거를 정리해 보고 나라면 어떻게 말할지 의견을 내어 보이기도 하였습니다. 등장인물들과 우리반 친구들의 의견 가운데 가장 좋은 의견이 무엇인지도 따져보고 길이찬의 행동을 예상하기도 해보았습니다.

자기보다 높은 학년 학생들과 놀면서 있었던 일을 이야기해 보세요.

● 작년에 친구들이랑 시소에서 놀고 있었는데 그 때 6학년 언니들이 와서 계속 나오라고 눈치를 주었다. 혼잣말로 "아, 다리 아파." 라고 해서 어쩔 수 없이 나왔다. '다리 아프면 벤치나 가지, 왜 시소에서 뭐라 하냐?' 라고 생각했다.

● 4학년 때 친구와 그네를 타고 있었는데 운동장으로 6학년 언니들 6명이 우리 쪽으로 왔다. 그네가 두 개 밖에 안 남아 있어서 나머지 넷 언니들이 그네 주위를 돌다 한 언니가 "XX 그네 타고 싶은데 XX들이 안 비키네!" 이렇게 해서 내가 "저기 가서 놀자."고 말하고 도망갔다.

● 놀이시간에 6학년 형들이 노는 운동장에 있다가 얼굴에 공을 맞아서 울었다. 6학년 형이 와서 미안하다만 하고 그냥 갔다. 그 때는 아무 생각이 없어서 그냥 끝냈는데 지금 생각하니 분하다.

● 내가 3학년 때 오빠가 6학년이었다. 나랑 오빠가 방이 같아서 오빠가 오빠 친구들이랑 놀고 있을 때 나도 방에 들어가서 같이 게임하려고 했다. 그런데 나보고 싫다고 꺼지라고 했다. 그때는 어려서 충격을 많이 먹었다.

● 물놀이터 수영장에서 나보다 높은 학년과 잘 놀았다. 재미있기는 했는데 나보다 높은 학년이어서 막 대할 수는 없었다. 그래서 나이가 같은 친구랑 노는 게 낫다고 생각한다.

● 피아노를 같이 다니던 6학년 언니와 피아노 학원 소파 위를 뛰어 놀았는데 정말 재미있었다. 소파에서 서로 잡기놀이를 하면서 놀았다.

길이찬이 노범재에게 자블라니를 갖다 주는 것에 대한 등장인물들의 생각을 정리하고 자신의 생각을 써 보세요.

등장인물	자블라니를 어떻게 할 것인가에 대한 의견과 근거
박용주	①의견 : 노범재가 시키는 대로 공을 계속 빌려주어야 한다. ②근거 : 개기면 개길수록 인생은 자꾸만 더 피곤해진다.
김소정	①의견 : 축구공을 갖다 주면 안 된다. ②근거 : 계속 시키는 대로 하면 노범재의 밥이 된다.
오선재	①의견 : 선생님께 사실대로 이야기 한다. ②근거 : 빌려달라며 자꾸 갖고 오라고 하면서 돌려주지 않는 것은 범죄다.
홍지영	①의견 : 다른 학교 쌈짱에게 노범재를 해치워달라고 말한다. ②근거 : 힘에는 힘으로 맞서야 한다.
장백희	①의견 : 6학년 졸업을 하니 몇 달만 그냥 참는다. ②근거 : 똥이 무서워서 피하는 게 아니라 더러워서 피하듯 시간이 지나면 해결된다.
나	- 무조건 맞선다. 어차피 지금 맞서서 찍혀도 노범재는 곧 졸업하기 때문에 안 봐도 되기 때문이다. - 빌려주지 않고 친구들이랑 섞여 눈에 안 띄게 숨어 다닌다. 빌려주는 것은 싫고 노범재는 무서우니까 노범재가 못 찾게 섞여 다니면 된다. - 자블라니가 무서운 사촌형 거라 잃어버리면 혼난다고 거짓말을 한다. 나이 많은 형 핑계를 대면 노범재가 안 건드릴 것이다. - 자블라니 축구공 대신 다른 축구공을 준다. 노범재가 원하는 것은 축구공을 빌려달라는 것이기 때문이다. - 선생님이나 어른에게 말한다. 어른들에게 도움을 청하지 않으면 일이 너무 커진다. - 엄마에게 축구공을 뺏겼다고 핑계를 댄다. 노범재가 가장 수긍하기 쉬울 것 같다.

길이찬의 선택을 예상해 보세요.

- 빌려준다. 축구공은 차라고 있는 것이니까 괜히 아끼다가 못 쓰게 되는 것보다 낫다고 생각한다.
- 장백희가 말한 대로 졸업할 때까지 참는다.
- 친구들 무리에 섞여 다니며 노범재를 피한다
- 선생님에게 말할 것 같다.

실생활과 가깝고 아이들의 어려움을 해결하는 데 도움이 되는 공부, 문제를 헤쳐 나가는 데 힘이 되는 '실학' 과 같은 공부는 어떤 공부일까요?

- 나이 많은 사람에게 자신 있게 말할 수 있는 방법을 배우는 것
- 내가 어떤 성격을 가지고 있는지 아는 것
- 선배와 후배들이 서로 지켜야 하는 것을 배우는 것
- 따돌림에서 벗어날 수 있는 방법
- 싫은 사람에게 내 생각을 정확하게 전달하는 방법을 배우는 것
- 모든 생명이 같이 존중받는 법을 배우는 것
- 사람들의 마음을 배우는 것
- 서로 이야기를 나누며 공부하는 것
- 배워서 행동이 바뀌는 것. 예를 들면 과학시간에 산과 염기를 배우고 나서 산성비의 나쁜 점을 알게 된 후에는 비를 맞지 않으려고 하고 있다.
- 다른 사람을 설득하는 말, 글
- 문제가 일어났을 때 해결을 잘 하는 방법이나 문제가 무엇인지 찾는 것

진형민 작가의 『꼴뚜기』에 있는 다른 작품도 감상해 보세요.

제목	읽은 이야기
꼴뚜기	- 마지막에 용기를 내어 다들 하나둘씩 먹으니 기분이 좋아졌을 것 같다. 꼴뚜기 말 한 번 잘못해서 이런 상황까지 오다니… 말은 언제나 조심! - 구주호와 길이찬의 행동으로 반 아이들이 꼴뚜기에 대한 거부감이 없어졌을 거다. 정말 훌륭한 아이들이다. - '꼴뚜기'라는 말이 작은 왕따처럼 보였다. 어떻게 보면 선생님이 국수에 꼴뚜기를 넣은 건 정말 잘한 일이다. 그것 덕분에 꼴뚜기 사건이 없어졌으니까 말이다. - 내용이 딱 따돌림에 관한 것인데 그걸 꼴뚜기라는 말로 재미있게 풀어냈다. 꼴뚜기가 되었던 사람은 얼마나 싫었는지 이해가 잘 되었다. 꼴뚜기 전염병은 왕따가 되는 것과 마찬가지였다. 꼴뚜기가 되었다고 비린내 난다, 꼴뚜기 아줌마라고 놀리는 건 너무했다. 꼴뚜기 전염병이 빨리 끝나서 다행이다

인생 최대의 위기	- 정말 인생 최대의 위기라고 할 만하다. 자기 놀려고 친구를 대신 학원에 보내다니 참 희한하다. 그렇게 공부하고 싶어 하는 애가 있다는 것도 참 특이하다. - 책 때문에 엄마가 자꾸 변하는데 우리 엄마도 그럴까 걱정된다. 책의 내용에 따라 구주호의 생활이 바뀐다는 게 재미있었다. - 이 일에 대해 길이찬은 너무 무책임하다. 모든 원인이 다 길이찬에게 있는데 장백희에게 달랑 문자만 보낸 건 무책임한 행동이다.
사랑사랑 누가 말했나	- 길이찬은 여자친구를 생각하면 돈을 쏟아 붓고 싶은가 보다. 그렇지만 돈을 여자친구에게 쓰는 것보다 자기가 하고 싶고 좋아하는 것에 투자하는 게 맞는 것 같다. - 좋아하는 일을 하지 않으면서까지 사랑을 하는 것은 아닌 것 같다. 다행이도 사범님이 돈을 발견해서 진짜 다행이다. - 길이찬이 주채린과 100일이 되면 어떻게 할지 궁금하다. 길이찬이 계속 돈 때문에 걱정하는 것을 보고 '세상은 돈이 문제야.' 라고 생각을 하게 되었다. 나도 돈에 관한 문제가 생기면 어떻게 할까? 라는 생각이 들었다.
뛰어 봤자 벼룩	- 정말 열심히 일했지만 조금 밖에 못 벌었다. 그래도 벌려고 한 만큼 벌지는 못했지만 하려고 했던 것은 모두 했으니 문제가 없다. 솔직히 이 장사에서 구주호가 제일 손해를 본 것 같다. 2만 3천원이면 정말 큰 돈인데 게임팩 하나로 날린 게 진짜 아깝다. 그래도 다들 좋아하는 것 같으니 괜찮다. - 벼룩시장에서는 뭐가 제일 잘 팔릴지 궁금하다. 싼 물건이 잘 팔릴 것 같기도 하고. 사고파는 것은 정말 힘든 것 같다. 주호 맘대로 누나 옷을 팔아서 엄청 혼 날 것 같다. 그렇게 힘들게 번 돈으로 게임팩을 샀다. 돈을 '탕진'한 것이다. 물건을 살 때는 뒷일을 생각하고 사야 된다는 생각이 들었다.
오! 특별 수업	- 누가 시켜서 한 것이지만 애들이 동물과 식물을 잘 키운 것 같다. 나 같으면 내가 하고 싶어 한 것도 아닌데 왜 해야 되냐고 짜증을 냈을 텐데, 여기 애들은 그러지 않아서 대단하다. - 생명의 소중함을 배우려고 생명을 죽일 뻔한 이야기였다. 여름방학 때는 길이찬과 구주호가 텃밭에 나와서 가꾸어 줄 것 같다. 특별수업 비슷한 걸 우리도 전에 많이 해본 것 같다. 무엇을 책임지고 키운다는 것은 참 어려운 일이라는 걸 다시 한 번 알게 되어서 좋았다.

위에서 가장 마음에 드는 작품의 제목에 ○하고 까닭을 써 보세요.

제목	읽은 이야기
꼴뚜기	결말이 정말 특이했다. 꼴뚜기라는 말의 탄생이 너무 재미있었고 서로 꼴뚜기라고 하는 게 웃겼다

인생 최대의 위기	구주호가 새우를 먹고 있을 때 엄마한테 잡혀가는 장면이 정말 재미있었다. 흥미진진했다. 실제로 일어날 수 있는 일이라 긴장되었다. 우리 엄마도 똑같이 할 것 같아서 공감이 되었다.
사랑 사랑 누가 말했나	길이찬이 누군가를 좋아하는 것에 공감이 많이 되었다. 이찬이 같은 남자친구가 있으면 좋겠다. 길이찬의 희생정신이 멋져 보였다. 연애하는 이야기라 읽으며 두근거렸다
뛰어 봤자 벼룩	- 마지막에 2만 3천원이 게임팩으로 바뀌고 김소정도 만족스러웠다. - 우리 마을 주변에 벼룩시장이 열려서 내 경험과 관련이 있어서 재밌게 보였다. - 내 생활과 가장 가까운 내용이었다. 우리집에는 필요없는 물건이 있나? 하고 생각을 하게 되었다
오! 특별 수업	동물과 식물에 관해 특별 수업을 하는 게 재미있어 보였다. 나도 하고 싶다는 생각이 들었다.

진형민 작가의 다른 작품을 감상해 보세요.

작품제목	읽은 이야기
기호 3번 안석뽕	- 안석뽕이 전교회장이 되지는 않았지만 선거로 여러 가지를 알게 되고 많은 것을 얻었을 것이다. 무엇보다 친구들을 잘 사귀게 되었을 것이다. - 나는 기호 3번 안석진을 뽑았을 거다. 안석진의 말처럼 고경태는 햄버거로 아이들을 꼬드겨서 부정하다고 생각했다. 조조와 기무라는 안석진에게 정말 좋은 친구이다. 내가 선거에 나가더라도 고경태처럼 절대 부정한 짓은 하지 않을 거다. - 처음에는 고경태가 그냥 안 좋은 애라고만 생각했는데 보다보니까 고경태는 그저 전교회장을 간절히 바랬을 뿐이라고 생각했다. 그리고 석진이는 진정으로 전교회장을 바랐던 건 아니라고 생각했다.
소리 질러 운동장	- 그냥 학교에서 야구하는 이야기가 어찌 이리 재미있는지 모르겠다. 앞표지를 처음 봤을 때는 '왜 이러지?' 했는데 다 읽고 나니까 이해가 됐다. 역시 서로 양보가 답이다. - 주인공들이 서로 다른 느낌이었다. 남자와 여자에 대한 고정관념이 있었는데 책에서는 서로 바뀌어 있었다. 아이들이 놀고 싶어하는 마음이 너무 잘 전달되었다. - 그러고 보니 아빠와 오랜만에 배드민턴을 치러 갔는데 주말에 운동장을 오면 우리 운동장도 축구부가 운동장을 다 차지해서 항상 그네나 시소를 타고 있어야 했다. - 나는 막야구가 뭔가 좀 많이 다른 야구인 줄 알았는데 막 하는 야구라니 너무 웃겼다. 동해가 마지막에 아웃이라고 하지 않았다면 운동장을 계속 가질 수 있었는데 정말 아웃이라고 하다니 동해는 조금 착하다, 아니 너무 착하다!

우리는 돈 벌러 갑니다	- 초등학생이 돈을 버는 게 이렇게 힘든 일일 줄 몰랐다. '어른들도 힘들게 일하는구나.' 라고 생각을 하게 됐다. 나는 여기에 나오는 이런 일 말고 엄마를 도와서 집안일을 해서 돈을 벌어야겠다. - 초등학생이 돈을 버는 것은 힘들다고 원래부터 생각했지만 이 책을 읽고 더 어렵다는 걸 확실히 깨달았다. 날아라 밴드가 무료공연하는 것처럼 방탄도 무료로 공연을 좀 했으면 좋겠다. - 우리는 돈이 필요하다. 하지만 어른들은 '어린 것들이 어디서 돈 타령이야.' 라고 하며 우리를 낮추는 것도 모자라 돈의 가치를 쑥 낮추어 버린다. 그래서 그런지 이 책을 더 실감나게 읽을 수 있었다. - 어른들도 돈을 버는 것이 힘든데 아이들이 이런 결심을 하여 너무 놀랐다. 하지만 돌아오는 것이 오해와 차별이어서 이런 사회에 화가 났다. 아이들이라고 무시하는 것은 정말 나쁘다. 나는 여기 나오는 어른이 되지 않을 거다.
사랑이 훅	- 이성교제를 해도 되지만 대신 몇 번 더 생각해보고 결정하라는 뜻 같다. 선정이랑 종수가 헤어졌지만 기분으로는 서로 괜찮은 것 같다. 이 책을 보니 뭔가 생각이 많이 난다. - 아무래도 경험이 있다 보니 책을 읽으면서 설레는 장면이 많았다. 나라면 이렇게 했을 텐데 하며 공감이 많이 갔다. 호태와 담이의 연애에서는 호태가 의외로 괜찮았다. 그리고 종수와 선정이가 헤어지기로 한 것은 잘한 선택이라고 생각한다. - 정말 사랑이야기였다. 사랑이야기라 몸, 손, 발이 오글거렸다. 손이 오글거렸지만 피가 끓는다! 얼굴이 빨개질 정도다. 책을 읽는 내내 결말이 어떻게 될지 궁금했는데 아이들이 다시 친해져서 나름대로 결말이 마음에 들었다. - 서로 좋아하는 감정이 생기고 사귀는 것을 창피해하지 않는 선정이와 종수는 정말 용기 있는 아이들이다. 내가 이해할 수 있는 공감되는 부분이 많았다. 나도 언젠가 저런 설레는 일이 생길까?

진형민 작가에게 작품과 관련하여 궁금한 점을 써 보세요.

책가을 활동을 할 때 이현 작가님을 만나기 전처럼 진형민 작가를 직접 만나기 전에 작품과 관련하여 궁금한 점이 무엇인지 아이들에게 먼저 물어 보았고 그 가운데 몇 가지를 정리해서 작가님께 메일로 보냈습니다. 아래는 작가님에게 아이들이 궁금하다고 한 열 가지입니다.

1	어떤 계기로 글을 쓰게 되었나요? - 작가 되고 싶다는 생각은 언제 했는지요?
2	작품을 쓰는 과정과 작품 하나가 출판 되기까지의 과정이 궁금합니다. - 책 쓰는 데 필요한 것은 무엇인가요? - 책 제목은 어떻게 정하나요? 특히 『사랑이 훅』에서 '훅'은 두 가지 뜻이 있는데 그렇게 지은 까닭이 궁금합니다. - 집필에서 출판까지 걸리는 시간은 얼마인가요? - 주인공이나 등장인물의 이름은 어떻게 짓나요? - 작품을 쓰면서 중요하게 생각하는 것은 무엇인가요?
3	그림 그리는 작가와 직접 만나서 작업을 하시나요?
4	쓴 작품 가운데 가장 마음에 드는 작품과 이유를 말씀해주세요.
5	평소 자주 읽는 작품은 무엇이고 좋아하는 작가는 누구인가요?
6	새롭게 준비하고 있는 작품은 무엇인가요?
7	책 내용이 작가의 경험에서 나오는지, 아니라면 어디에서 얻는지 궁금합니다. - 학생들이 겪는 현실적인 이야기가 많은데 이유가 있나요? - 실제 있었던 일을 바탕으로 쓰신 건가요? - 학교 이야기를 잘 아시는 것 같은데 학창시절 이야기를 바탕으로 한 건가요? - 장난스러운 남자아이들에 대한 이야기가 많은데 남자아이들의 마음을 어떻게 잘 아시나요?
8	운동에 관심이 많으신지요? 축구, 야구, 농구 같은 운동이 작품에 많이 나옵니다.
9	『꼴뚜기』의 '사랑 사랑 누가 말했나'와 『우리는 돈 벌러 갑니다』, '축구공을 지켜라'와 『소리 질러 운동장』의 내용이 연결되나요?
10	'꼴뚜기'라는 작품이 따돌림 문제를 다루고 있는데 작품을 쓰게 된 계기가 궁금하고 따돌림 문제에 대해 어떤 생각을 갖고 계신지 궁금합니다.

진형민 작가 만난 이야기를 써 보세요.

  2018년 11월 22일, 5학년 아이들이 5,6교시 두 시간동안 진형민 작가를 만나 이야기를 나누었습니다. 작가님에게 미리 건넨 질문이 있었지만 진형민 작가는 아이들의 이야기를 많이 듣고 싶다며 아이들에게 직접 다가가 질문을 받기도 하고, 이야기하면서 아이들의 의견을 묻기도 하였습니다.

  진형민 작가를 만나기 전에 5학년 아이들이 진형민 작가의 책을 대부분 다 보았습니다. 그래서 아이들은 작가님의 이야기에 더 귀를 기울였다고 생각합니다. 추석 때 받은 돈을 모아서 산 진형민 작가의 책 가운데 사인 받을 책 한권을 고른다고 심각하게 고민을 하는 아이들 모습이 예뻤습니다. 강의가 끝난 뒤에도 쭈뼛쭈뼛 작가님 곁에 머무르던 아이들의 모습이 떠오릅니다.

진형민 작가 만나기

● 진형민 작가님께서 얘기하신 것 중에 나는 책 제목을 뽑는 방법과 책을 쓸 때 영감을 어디서 받는지 대답을 해주었을 때 가장 집중해서 들었다. 끝나고 진형민 작가랑 헤어지는 게 아쉬워서 주안이, 세훈이, 수환이랑 의자를 정리한 후에 진형민 작가를 찾아갔다. 특별히 나에게 악수를 건네주셔서 악수를 했다. 연예인을 만나는 것보다 더 좋았다. 책으로만 만나보던 작가님을 실제로 만나서 악수까지 했다는 것이 너무 좋았다. 손을 안 씻었어야 됐는데 후회가 된다. 내가 꼴뚜기에 나오는 주채린 역할을 하며 발표를 해서 더 좋았다. 작가님을 내 앞에서 바로 봤는 것이 너무 좋고 잊을 수 없었다. 학교에서 작가님을 만나서 너무 좋았지만 두 시간만 만나서 너무 아쉬웠다. **- 5학년 남**

● 진형민 작가가 남자인 줄 알았는데 아니었다. 진형민 작가가 이야기를 어떻게 쓰는지 책의 생성과정을 이야기해주어서 좋았다. 글을 다 써도 그림 그리고, 책을 꾸미는 등 해야할 일이 많았다. 오랜시간이 걸려서 그런 완벽한 책이 나올 수 있었던 것 같다. 진형민 작가님은 참 친절하셨다. 아이들의 말을 잘 귀담아 들으시는 것 같다. 그래서 좋은 책들을 만들 수 있는 것 같다. 주안이가 '새 책 언제 나오냐?'고 물어봤을 때 지금 쓰고 있는 책은 청소년책이라고 해서 조금 아쉬웠지만 그래도 그 책이 나오면 꼭 읽을 거다. **- 5학년 여**

● 진형민 작가가 한 말 중에서 책의 주제를 정하는 방법에 대한 말이 가장 기억에 남는다. 진형민 작가는 아주 다양한 곳에서 주제를 얻는다고 했는데 놀라서 기억에 남는다. 나는 그냥 한 곳에서 머리로 생각해 내는 줄 알았는데 그게 아니었다. 그리고 진형민 작가가 여자라는 사실을 처음 알았다. 이름을 보고 남자인 줄 알아서 처음에 인사할 때는 실감이 나지 않았다. 첫인상과는 달리 진형민 작가는 아주 친절했다. 친구들이 강의가 끝난 후에도 따로 진형민 작가를 찾아가 만났다는 사실을 듣고 나도 따로 만날 걸 하고 후회를 했다. **- 5학년 남**

● 진형민 작가를 만나 1시간 20분 동안 이야기를 들었다. 많은 사람이 궁금해 던 점, 우리가 궁금했던 점을 나누었고 『꼴뚜기』라는 책으로 이야기를 나누었다. 나는 솔직히 처음에는 별로 기대가

안 됐다. 작가를 만나는 게 처음이기도 하고 책으로 이야기를 나누는 것 자체가 별로 기대가 안 됐다. 근데 진형민 작가를 만나는 날이 다가올수록 기대가 되기 시작했다. 그리고 궁금해 했던 질문을 나눴을 때는 서로의 목소리를 들으며 질문을 나눈 게 정말 좋았다. 작가님 혼자만 얘기하고 있는 게 아니라 같이 얘기한 게 정말 좋다. 그리고 내가 작가를 만나는 것도 아마 이번이 처음이자 마지막 일 것이다. 진형민 작가의 책은 모두 재밌어서 나오는 것마다 또 사고 싶다. - 5학년 여

● 나는 처음에는 진형민 작가가 잘생긴 남자라고 생각했는데 여자라서 놀랐다. 〈꼴뚜기〉 이야기를 해주시는데 내용이 똑같은데 느낌이 전혀 달랐다. 누가 말해주는 거라서 그러는 걸지도 몰랐다. 그리고 자신의 책은 어디에서 나오는 거냐고 했을 때 나는 뻔하게 상상력만으로 썼다고 대답할 줄 알았는데 있었던 일에서 나오는 거라고 해서 놀랐다. 특히 관심과 진심에서 책이 나오는 거라고 했을 때는 글감 뒤표지에 적혀있는 문구가 떠올랐다. (좋은 글은 좋은 글감에서 좋은 글감은 관심과 진심에서) 작가가 되고 싶다는 생각도 들었다. 힘들 수도 있겠지만 한 번 꿈은 꿔보고 싶다. 작가가 되는 것도 쉬운 일만은 아니고 세상에 관심을 가져야만 쓸 수 있는 것이 책이다. 그것이 작가의 특별한 능력 같다. - 5학년 남

● 처음 진형민 작가님을 만났을 때 조금 놀랐다. 내가 상상하던 포근한 아저씨가 아니라 웃을 때 예쁘신 여작가님이 있으셨기 때문이다. 부끄럼이 많으시다고 그랬는데 전혀 그러시지 않았다. 명랑한 목소리로 얘기도 잘해주시고 호탕하게 웃으시며 무엇보다 얘기를 잘 들어주셨다. 인사를 나눈 다음 『꼴뚜기』라는 책으로 얘기를 나누었다. 『꼴뚜기』를 쓴 계기가 막내딸이 집에 와서 한 얘기였다니 놀랍다. 계속 얘기를 하시는데 정말 대단하시다고 느꼈다. 왜냐면 끊기는 부분 없이 재밌는 이야기를 말해주셔서 졸리지가 않기 때문이다. 그 외에 『기호 3번 안석뽕』, 『소리 질러 운동장』, 『우리는 돈 벌러 갑니다』 『사랑이 훅』에 대해 말씀해 주셨는데 모든 책들이 다 '이제 책 쓰자!' 가 아닌 어떤 얽힌 이야기들이 이어져 쓴 얘기들이었다. 나도 4학년 때부터 작가가 꿈이었는데 작가를 만난 후 더 작가가 되고 싶어졌다. - 5학년 여

한 작가의 작품 여러 가지를 깊게 보는 것은 어떤 점이 좋은가요?

책가을 활동을 마무리하며 책을 깊이 읽으면 좋은 점을 물었습니다. 책향기 활동의 질문도 비슷하지만, 한 작가의 여러 작품을 깊게 읽은 거라 책가을과는 다르게 이런 점에서 좋다고 대답을 하였습니다.

- 작품에 더 집중을 하게 된다
- 작가별로 작품의 특징을 알게 된다. 책을 쓸 때 특징을 발견하게 된다. 작가에 대해 잘 설명할 수 있다.
- 작가가 무슨 말을 전하고자 하는지 이해할 수 있다 작가의 생각을 잘 알 수 있다.
- 작가의 주장과 입장을 알 수 있다.
- 작가의 작품을 다른 사람에게 추천을 할 수 있게 되었다.
- 작가별로 다른 작품과 비교를 할 수 있다.
- 책을 조금 더 흥미롭게 볼 수 있다.
- 작가의 작품에 대해서 깊게 보면서 나와 맞는지 알 수 있었다.
- 작가의 다른 책을 읽을 때 예상이 잘 되고 이해도 잘 되었다.
- 작가가 어떤 생각을 하는 사람인지 짐작할 수 있다.

한 작가의 작품을 깊이 읽은 경험이 아이들에게는 참 새로웠나 봅니다. 작가에 대해 깊이 알게 되었고 작가의 다른 작품을 읽을 때도 전에 읽었던 작품과 연결이 되어 주제도 더 잘 파악된다고 대답하는 아이들이 많았습니다. 작가가 어떤 생각을 하는 사람인지 짐작을 할 수 있다고도 했습니다. 작품을 꼼꼼하게 읽기도 했지만 한 작가의 작품을 이어 보다 보니 작품의 내용이 서로 달라도 좀 더 쉽게 주제를 파악했을 것입니다. 흔히 책에 대한 배경지식은 책 밖에 있다고 말하지만, 작가에 대해 아는 것도 중요한 배경지식이 되기 때문입니다.

한 작가의 여러 작품을 깊이 읽은 후에 다른 작가의 작품을 읽으면서 작가별로 차이점이 보인다는 이야기도 했습니다. 책도 맛처럼 취향이 분명한 영역입니다. 음식의 맛이 어떠한지 정확하게 표현하기 위해서는 맛의 차이를 구분할 수 있는 능력이 선행되어야 합니다. 그래야 내가 정말 좋아하는 맛도 찾을 수 있습니다. 자극적인 인스턴트 음식이 아니라 몸에 좋은 재료 본연의 맛을 깨닫게 된다고 할까요? 책읽기도 마찬가지입니다. 차이를 발견하는 것은 책을 깊이 꼼꼼하게 읽었다는 증거입니다. 책의 차이를 느낄 수 있는 안목이 생긴 아이들은 앞으로도 꾸준히 자기 몸에 좋은, 자기 취향에 맞는 독서를 하게 될 가능성이 많겠지요.

'책향기 가득합니다!' 와 '책나들이 갑니다!' 를 견주어 보고 활동을 통해 배우고 느끼고 깨달은 점을 써 보세요.

● 책나들이과 책 읽는 몸을 만드는 것이 목표였다면 책향기는 책을 깊이 읽고 내가 읽은 것을 다른 사람에게 내어 보이고 나누기 위한 것입니다. 책나들이에 비해 책향기가 활동의 가짓수도 많고 수준도 높았습니다. 아이들은 두 활동을 어떻게 생각하는지 이야기를 들어보았습니다.

● 책나들는 책을 읽기만 했다면 책향기를 할 때는 한 작가에 대해 분석하고 작가의 특징을 알아보았다. 훨씬 더 수준이 높아진 것 같다. 그래서 책향기를 하면서 책을 더 꼼꼼하게 읽은 것 같다. 책나들이를 활동을 수월하게 할 수 있어서 좋았다. 하지만 책을 더 자세하고 꼼꼼하게 읽을 수 있게 해준 책향기가 내 독서수준을 훨씬 더 자라게 한 것 같다. 결론은 둘 다 도움이 많이 되었다. 다음에는 책향기보다 더 수준 높은 활동을 해보고 싶다. 초등학교에서 책을 이런 식으로 읽은 것 처음이었다. 더 열심히 책을 읽어야겠다.

● 책나들이를 하면서 여러 가지 책을 읽을 수 있어서 좋았다. 그래서 책이 어떤 것인지 알 수 있었다. 책향기를 하면서 한 작가의 여러 책을 읽으면서 누구보다 그 책에 대해 잘 알게 되었고 작가의 특징도 짐작할 수 있었다. 나는 두 가지 활동 중 책향기가 더 기억에 남는다. 지금까지 한 번도 한 작가의 책을 계속 읽어본 적이 없어서 처음에는 어려웠는데 하다 보니 점점 알아가는 것이 많아서 좋았다. 또 작가 모둠 친구들이 같은 작가의 책을 읽어서 그런지 서로 이야기를 나눌 때 공감도 잘 되고 이야기도 잘 나눌 수 있어서 좋았다. 가끔은 같은 작가의 책만 골라 읽어보는 것도 재밌겠다는 생각이 들었다.

● 책나들이 활동을 하면서 내가 책을 얼마나 좋아하는지에 대해 준 점수가 9점이었다. 하지만 지금은 정확하게 10점이다! 책나들이와 책향기를 하면서 나의 '최애' 책들이 많이 생겼다. 『건방진 도도군』, 『책 읽는 강아지 몽몽』, 『분홍문의 기적』, 『꼴뚜기』, 『첫사랑 쟁탈기』 역시 읽자마자 금방 빠져 들었다. 4학년 때 까지는 책을 제대로 읽지 못했던 것 같다. 내가 찾고 싶은 책이 도서관에 없을 때도 많고 찾기 힘들었다. 그런데 5학년에서는 교실에 책이 다, 가까이 있어서 좋았다. 책향기를 하면서 한 작가의 책을 오래 많이 읽었다. 그러다보니 박효미 작가에 대한 호기심도 생기고 아는 것도 많아졌다. 예를 들면 박효미 작가는 제목을 정말 잘 짓는다. 제목을 보면 내용이 궁금해지도록 짓는다.

● 책나들이는 책 읽는 몸을 만드는 것이다. 이 때 책을 읽는 능력이 자란 것 같다. 책향기를 하며 한 작가의 여러 작품을 깊게 보니까 그 책들이 재미있어졌다. 또 그 작가의 특징도 알게 되었다. 소개책을 만들 때가 재미있었다. 나는 다른 작가 소개책을 보고 책을 골랐는데 모두 책이 훌륭했다. 다음에도 학교에서 책을 풍부하게 읽을 수 있는 시간이 오면 좋겠다. 이런 수업은 다시 못 배울 것 같아서 특별했다.

● 책나들이를 하기 전에는 나는 주로 만화책만 읽었는데 활동을 하면서 책이 조금씩 재미있어 졌다. 그래도 책나들이보다는 책향기가 더 좋다. 책나들이 때는 여러

가지 책을 골라 읽었는데 책향기를 하면서 작가를 정하고 한 작가의 여러 책을 읽어서 작가의 특징도 알 수 있었고 작가 소개책도 만들 수 있었다. 책향기가 더 도움이 된 것 같다. 책나들이와 책향기를 통해 나는 책을 100권 정도 읽었다. 처음에는 책을 좋아하는 정도가 6이었는데 이제 9정도로 높아졌다. 책향기, 책나들이 둘 다 나에게 도움이 많이 되었다.

● 책나들이, 책향기 둘 다 책을 읽고 든 생각들로 여러 활동들을 하는 것이었는데 이런 활동은 1~4학년 때 한 번도 해보지 못했다. 그래서 너무 새롭고 신기하고 재밌었다. 작가의 작품에서 이런 긴 글을 쓰고, 토의·토론하기, 예상 해보기를 하는 건 쉽지 않은 일이었지만 이번 기회를 통해 해볼 수 있어서 좋았다. 무조건 쉽고 재밌는 활동보다는 좀 어렵고, 생각해야 하는 활동이 나를 더 생각하게 하고 자라게 한다는 게 맞는 말인 것 같다.

● 1학기 때 한 '책나들이 갑니다!' 보다는 2학기 때 한 책향기가 더 수준이 높았다. 그만큼 해낼 수 있는 문제도 많아졌다는 것이다. 책과 친해진다로 끝나는 게 아니라 책과 논다까지 수준이 온 것 같다. 다시는 못할 활동이었다. 여러 작가의 책을 만나며 토론도 하고 토론문도 써보니 어마어마한 것을 배운 것 같았다. 4학년 때는 책을 읽기 싫어서 많이 안 읽었는데 5학년 되고는 책을 100권 이상 읽은 것 같다. 책향기처럼 책과 관련된 수업이 계속 되면 좋겠다.

책향기는 온작품읽기 네 가지 활동 중에서 활동량이 가장 많고 수준도 높습니다. 아이들도 책나들이와 책향기의 목적의 차이를 느끼고 있었습니다. 아이들은 책나들이와 책향기의 좋은 가치를 둘 다 '온전히 책에 집중할 수 있는 시간이 주어져서'라고 대답을 하였습니다. 책나들이를 할 때보다 책향기가 수준이 높았지만 활동을 마치고 나서는 스스로 부쩍 자랐다고 말했습니다. 그래서 어려웠지만 책향기가 훨씬 더 좋았다는 대답이 대부분이었습니다. 좋은 공부는 나를 자라게 하는 공부입니다. 그래서 힘듭니다. 하지만 힘들기 만한 공부는 없습니다. 만만치 않은 책향기 활동의 가치를 발견할 수 있었던 것은 책나들이에서 책 읽는 몸을 만들었기 때문입니다. 1장에서 말했던 진입장벽이 높은 책의 맛을 제대로 알기 위해서는 책과 친해지는 책나들이 활동이 꼭 필요하다는 것을 새삼 확인할 수 있습니다.

3부

✏️ 4학년 때는 사실 책 읽는 것을 남들에게 보여주기 위해서 읽었는데 5학년이 되고서는 내가 재미있어서 읽게 되었다. 책은 정말 매력이 있다. 5학년이 돼서 책을 정말 많이 읽게 되었는데 이제 책이 왜 대단하다고 하는지 알게 되었다. 책은 산이다. 산을 올라가면 올라갈수록 희열감이 느껴지고 상쾌하고 공기가 더 좋아지듯이 책도 읽으면 읽을수록 재미있고 얻는 게 많아진다. - **5학년 남**

✏️ 5학년이 되기 전까지는 책을 읽는다고 해도 만화책만 읽었다. 그런데 5학년이 되고나서 동화책을 읽으니까 동화책이 재미있어져서 집에서도 읽게 되었다. 나는 감동적인 책을 좋아하는 거 같다. 그리고 책 읽으면서 이렇게 재미있는 걸 안 읽고 있었다는 게 너무 아쉽다. 또 책은 우리가 생각하는 것보다 더욱더 재미있다는 것을 깨달았다. . - **5학년 남**

온작품읽기

꽃과

열매

가뿐한 독후활동

📖 가뿐한 독후활동 하나, 책 추천하기

책을 읽는 것에 재미를 붙였다면 그것만으로 책으로 할 수 있는 가장 멋진 일을 해낸 것입니다. 책을 혼자서만 읽을 것이라면, 책을 한 해만 읽을 것이라면 아주 만족스럽고 충분합니다. 하지만 마음을 울리는 책을 혼자만 알고 싶고 긴장감이 넘치는 책을 다른 사람들이 절대 몰랐으면 하는 마음은 책을 읽은 사람이 책에 대해 가져야 하는 예의는 아닙니다.

한 학기동안 온작품읽기 활동을 하면 다른 사람에게 추천할 만한 책도 여러 권을 읽게 됩니다. 그러면 자기가 발견한 책의 매력을 알리고 싶어 합니다. 아이들은 혼자만 알고 간직하는 것도 좋아하지만 좋은 것은 여럿이 함께 나누고 싶어 하기 때문입니다.

책 추천하기는 가장 완벽한 독후활동이라고 생각합니다. 우선은 책을 읽어야, 감상을 해야 가능합니다. 그것도 딱 한 권이 아니라 적어도 대여섯 권은 되어야 가능하니 충분한 감상활동을 할 수 있습니다. 또, 두세 권을 추천하기 위해서는 읽은 책 가운데 나름대로 기준을 정해 골라야 합니다. 그 과정에서 아이들은 여러 가지 기준을 생각하고, 적용하게 됩니다. 생각이 깊어지는 과정입니다. 다음으로, 책의 내용을 정리해야 합니다. 줄거리를 시작으로 추천하는 까닭도 생각해야 합니다. 쓰기 활동은 깊어진 생각을 다듬어주고 다른 아이들과 소통하는 능력을 키워줍니다. 마지막으로, 친구들이 추천한 작품들 가운데 읽고 싶어지는 책이 생겨서 다시 책을 읽게 됩니다. 이 정도면 완벽하고 참 멋지다고 말할 수 있겠지요?

'책봄 이야기' 추천

책 제목	추천하는 까닭
그래도 즐겁다	새로운 방법을 찾고, 생각을 하면서 자신이 편한 일을 만들고 생각하라고 이 책을 추천한다.
그 사람을 본 적이 있나요?	이 세상을 살아가는 사람들의 성격, 마음이 다르다는 것을 알게 될 거야. 또 사람을 배려해주거나 도와주는 것이 어떤 것인지를 알게 될 거야.
나의 수호천사 나무	읽다보면 그림도 이야기도 재미가 있다. 처음에는 아주 길어 보이지만 읽다 보면 금세 시간이 흘러가 있다.
낫짱이 간다	낫짱은 용기가 많고 자신감도 있어서 낫짱의 행동을 본받고 싶었다.
내 이름은 삐삐롱 스타킹	삐삐가 특이하고 진짜 저런 애가 있다면 같이 놀자고 하고 싶고 내 스타일이다.
노잣돈 갚기 프로젝트	영화 '신과 함께'처럼 저승사자가 나와서 지루할 틈이 없고 특히 동물을 좋아하는 아이에게는 감동을 줄 수 있을 것이다. 친구들과의 관계도 잘 배울 수 있는 좋은 책이다.
도깨비 느티 서울 입성기	처음에 책 표지 보고 펴서 읽었는데 별로였다. 근데 계속 읽다 보니까 재미있었다. 나도 이유는 모르겠는데 책에 이끌려서 봤다. 워낙 판타지나 호러 같은 걸 많이 봐서 더 재미있었던 것 같다. 핸드폰 포기하고 본 책이다!
마사코의 질문	이 책은 일제강점기 시대 이야기고 일제강점기가 끝나고 일본의 입장도 있어서 읽어보면 좋겠다.
마틸다	다른 부모님들은 자신의 자식에게 관심이 많은데 마틸다의 부모님만 마틸다에게 관심이 없다. 그런데 그런 환경 속에서도 아주 똑똑하게 자라 마틸다를 본받고 싶어서.
마지막 이벤트	감동과 슬픔, 반전이 있는 책이다. 보면서 가족이나 할아버지 생각이 나는 책이다.
맞아 언니 상담소	- 속상한 마음이 있으면 다른 사람한테 복수나 화풀이를 하지 말고 친구나 가족에게 속상한 마음을 털어놓고 마음에 쌓지 말라고. - 우리가 직접 저걸 해 보면 재미있을 것 같고 꼭 해보고 싶어서. - 이 책은 사람들의 고민을 들어주고 해결방법을 말해주는 내용이다. 이 책을 읽으면 나는 어떤 고민이 있을까 생각도 해 보고 스트레스가 풀리는 기분이 든다.
머릿속의 난쟁이	안나의 머릿속에는 난쟁이가 사는데 그 난쟁이와 안나는 서로 생각을 주고받을 수 있다. 그 둘의 판타지한 이야기와 생활을 들려주고 싶다. 그리고 자신에게 자신의 고민을 들어주고 해결해주는 난쟁이가 같은 존재라는 걸 알아보길 원한다.

바람처럼 달렸다	- 우리 반에 겉만 보고 판단하는 애들이 있어서 그 친구들에게 교훈을 주고 싶고 자전거를 잘 타는 애들에게 조심히 타라고 하고 싶다. - 자전거를 타는 아이라면 공감이 갈 수 있어 재미있을 것 같다. 자전거에 대한 상식들도 나온다. 이 책을 읽을 때 자신의 자전거에 대한 경험을 떠올리며 읽으면 재미있을 것 같다. 자전거를 좋아하면 읽어보길 추천한다.
봉주르 뚜르	글이 많고 두꺼운데 긴장감이 있고 추리를 많이 해서 결과를 찾았을 때 빗나가는 내용이다. 그래서 추리소설을 좋아하는 친구에게 추천해주고 싶다.
블랙아웃	동민이와 동희가 부모님 없이 전기, 가스, 물 등이 끊긴 대한민국에서 일주일 동안 살아가는 게 흥미진진하다. 친구들도 이 책을 읽고 나처럼 많은 교훈과 감동을 얻으면 좋겠다.
셋 둘 하나	다른 친구들은 사회 시험지를 베껴서 100점 맞았다고 믿지 않지만 우리 반 친구들뿐만 아니라 다른 친구들도 친하지 않아도 그 친구의 말을 믿어줬으면 해서 이 책을 추천한다.
아저씨, 진짜 변호사 맞아요?	콱이라는 인물이 되게 웃겨서 장난을 많이 하는 아이들과 나가서 뛰어 노는 걸 좋아하는 애들은 좋아할 것이고 책이 많이 두껍지 않아서 버겁지도 않고 말싸움을 많이 해서 좀 더 재미있다. 말발을 키우고 싶으면 이 책을 읽어 봐.
악당의 무게	- 악당을 쫓아가서 잡는 내용이 너무 흥미롭고 나중에는 살짝 슬프기도 하다. 아이들이 탐정처럼 잠복하는 내용도 있고 아빠가 악당 얘기를 해주는 내용도 너무 재미있고 한편으로 중간 중간에 슬픈 내용들도 있어서 읽기 좀 쉽다. 읽으면서 이런저런 생각들도 하게 되니 좋은 책이다. 그리고 난 읽으면서 눈물이 날 뻔 했다. 좀 더 감정이입이 되는 책이다. - 악당이 어떻게 될지, 주인공이 어떻게 해결해 나갈지 흥미진진하게 읽을 수 있다. 조금씩이지만 동물에 대한 생각과 동물을 대하는 태도가 달라질 수 있다.
어서 옵쇼 분식집	평범한 것이 평범하지 않은 지적장애 누나가 있는 6학년 친구의 입장이 내 입장 같았다. 주인공이 가출을 하겠다고 마음 굳게 먹었는데 엄마가 가출을 해서 그 장면이 황당하면서도 제일 박진감이 있어서 빠져들 수 있었다. 누나의 몇몇 행동이 이상해 보일 수도 있지만 그 행동으로 감동도 있어서 난 좋았다.
여름이반짝	책의 내용이 흔하지 않고 감동이다. 내가 읽은 책 중에 가장 힐링되는 책이어서 소소한 힐링을 느끼고 싶은 사람들에게 추천한다. 도시에서 시골로 내려온 또래의 여자 아이와 그 친구의 이야기인데 새롭고 재미있고 슬프지만 감동이 있는 여러 가지 느낌을 느낄 수 있는 책이다.
유진과 유진	말도 안 되는 판타지가 얽힌 내용이 아닌, 마치 현실과 상상 두 개를 모두 마주하는 내용이다. 에피소드 중에 바다의 이카르스라는 단어가 정말 예뻤고 '나의 삶은 단 한번의 실수로도 추락하는 외줄타기 같다라는 부분에선 내 동공이 흔들렸다. 마치 누군가 내게 해주는 말인 것처럼 마음에 와 닿았다.
이모의 꿈꾸는 집	- 공부에만 열중하는 바람에 자신의 진짜 꿈을 찾지 못했거나 판타지, 만화는 유치하다고 생각하는 친구들에게 이 책을 알려주면 자신의 진짜 꿈을 찾을 수도 있고, 생각할 수도 있으니깐. - 공부가 힘든 누구에겐 이 책이 친구가 되어줄 수 있고 누군가에겐 쉼터가 돼 줄 수 있는 훌륭한 책이어서.

주식회사 6학년 2반	그동안 경제에 관심이 없었는데 조금은 관심이 생기고 돈을 직접 벌어서 돈의 소중함을 깨닫게 해준다. 펀드 같은 것은 어른들만 하는 줄 알던 것이 우리들도 할 수 있다는 것을 알게 된다.
책과 노니는 집	책은 재미있는 물건이라는 걸 알려주고 싶고 책은 인생에 도움이 되는 최고의 물건이라는 걸 알려주고 싶은 마음으로.
축구 생각	주인공이 축구를 놓지 않는 끈기가 대단하다. 주인공이 엄마와 내기를 하는 것도, 풀어가는 것도 재미있고 반전이 있다. 끈기에 대해 알 수 있다.
칠판에 딱 붙은 아이들	세 아이가 싸우다가 칠판에 붙어서 서로 오해를 풀고 속마음을 다 털어놓는다. 나도 이 친구들과 진솔하게 얘기를 나누고 싶기도 했고 친구들도 이 책을 읽으면 무언가 느끼는 게 있을 것 같다.
푸른 개 장발	- 슬픈 이야기지만 그만큼 재미있다. 집중을 잘하면 책의 이야기에 더 깊게 빠질 수 있고 생생하게 느껴질 것이다. 이 책 보고 나도 울었다. - 좀 두껍긴 한데 초반엔 살짝 지루하다가 중간쯤에 동물들 때문에 재미있고 이야기가 흥미로워서 동물을 키우는 애들은 재미있게 잘 볼 수 있을 것이다. 동물을 키우거나 좋아하는 아이들 위주로 추천해주고 싶다.

'책가을하다' 추천

책 제목	추천하는 까닭
거꾸로 세계	주인공이 우연히 구멍 속으로 들어가게 되면서 벌어지는 이야기. 그곳은 모든 게 거꾸로다. 누구나 한 번쯤 상상해 봤을 세계다.
건방진 도도군	- 모험 이야기인데 주인공 도도의 성격이 잘 드러나 있고 도도가 포기하지 않는 모습에 감동받는다. - 버림받은 고양이는 슬프지 않고 오히려 긍정적으로 생각하고 도도한 면이 뭔가 우리 반의 승준이, 혜민이 스타일인 것 같고 고양이를 키우는 주원이에게 뭔가 어울릴 것 같다. 고양이를 좋아하는 혜민이에게도 좋아할 것 같다.
걸어서 할머니집	자동차를 타고 할머니집을 갈 수 있는데 포기하지 않고 끝까지 할머니집을 걸어서 간다. 그래서 포기하면 안 된다는 것을 알려준다.
귀신 잡는 방귀 탐정	내용이 나뉘어져 이어서 계속 읽어도 지루하지 않다.
그런 편견은 버려	편견에 갇혀 사는 친구에게 추천하다. 방법을 모르고 무조건 어떠하다는 편견을 가지고 있는 친구들이 편견을 조금이라고 깨기를 바란다.

기호 3번 안석뽕	회장선거를 해서 안석뽕을 뽑아달라고 유세를 한다. 자신감이 없는 사람에게 좋을 수 있는 책이다.
나는 비단길로 간다	무역하는 과정과 반전이 있어 마음에 들었고 옛날에 귀했던 물건이나 무역 도시의 생활까지 담고 있어 마음에 들었다.
나의 달타냥	슬프고 웃기고 어이없는 이야기! 쪽수가 더 많아서 더 재미있을 것이다. 긴장감도 팽팽해 더 재미있다. 마지막엔 슬픈 장면이….
나의 비밀 일기장	이 책을 읽는 동안 감성이 풍부해진 것 같다. 대부분 슬픈 이야기다.
도깨비폰을 개통하시겠습니까?	주인공 지우가 도깨비들과 놀다가 기의 힘이 낮아져서 어떻게 될까, 하는 쫄깃함이 있다. 스마트폰과 더 좋은 도깨비폰, 보면 갖고 싶을 것 같다.
동물원 친구들이 이상해	감동이 있고 웃긴 장면도 있고 스릴도 있다. 동물을 좋아하는 사람이면 동물을 생각해서 책 내용이 찡할 수도 있어서 추천한다.
두 배로 카메라	카메라를 잘못 쓰면 진짜 엄마, 아빠의 사랑을 못 받을지도 모른다.
뒤집혀 혀집뒤!	요즘 딱지를 많이 해서 많이 공감할 것 같다.
롤러걸	이 책은 만화책이다. 책을 읽기 싫어하는 애들도 편하고 재미있게 볼 수 있을 것이다. 롤러걸의 성격이 변하는 과정도 흥미진진하여 좋았다. 읽으면 롤러걸의 질주를 응원하고 있을 것이다.
말로 때리면 안 돼!	욕의 뜻이 나오는데 그 뜻을 보면 그 욕을 줄이게 될 것 같다.
멋대로 도서관	도서관이 싫은 친구가 있을 수도 있는데 멋대로 도서관은 진짜 멋대로 해도 되니깐 상상을 하면서 볼 수 있는 책이다. 실제로 이 도서관이 있다면 나는 매일 출석하고 싶다. 책도 자신의 취향대로 고를 수 있다.
멋지다 썩은 떡	친구와 장난하다가 별명을 갖게 되어 재미있었고 실제 있었던 일이라고 해서 더 재미있다.
뭐하니? 놀기 딱 좋은 날인데	내가 학원을 다니는데 놀 수 있는 날이 1일밖에 없어서 너무 슬프다. 놀 때는 놀고 학원을 갈 때는 놀지 말라는 뜻이 담겨 있나? 나는 놀고 싶다.
변신 돼지	이 책은 판타지고 변신을 좋아하는 사람들이 좋아할 거다. 마지막에 감동을 주기도 한다.
빨강 연필	글을 쓸 때 잘 쓰는 사람이라도, 뭘 써야할지 잘 모르는 친구도 좋아할 만한 책이다.
성적표	- 천재지만 보통 아이들과 같은 척 하는 노라가 선생님한테 천재로 인정받게 되면서 노라가 벌이게 되는 성적에 대한 반란이 재미있고 감동도 되는 책이다. - 성적은 다들 무서워한다. 승리자와 패배자를 가르는 것은 엄청난 실수다. 이 책을 읽는다면 자신의 성적을 그리 두려워하지 않게 될 것 같다.

수평선 학교	흥미진진하다. 배들(범선)이 경주를 하는데 명예를 걸고 한다. 독도를 사랑하는 마음으로, 독도를 꼭 지켜야 한다는 마음으로 책을 보게 된다.
스마트폰이 사라졌어요	교림이라는 친구가 게임중독자인데 대선이라는 친구가 타임머신을 타고 과거로 돌아가 전화기를 없애서 현재 시대의 핸드폰이 사라져 교림이도 중독자에서 벗어난다. 게임을 많이 하는 친구에게 추천한다.
싸움의 달인	- 싸움에 관심이 있거나 잘하고 싶어 하는 친구에게는 도움이 될 것 같고 진짜 싸움이 뭔지 확실히 깨달을 수 있을 것 같다. - 깨달을 수 있는 것이 많다. 진정한 싸움의 달인은 힘으로 이기는 것이 아니라 포기가 없는 자다. 이 책을 읽고 자신에게 도움이 되는 교훈을 얻길 바란다.
앵무새 돌려주기 대작전	- 만약 친구의 물건을 잘못해서 갖고 왔는데 그걸 돌려주려다가 실패하면 혼날 수도 있다. 근데 그게 다른 애 엄마가 일부러 준 거면 실패해도 좋을 수 있다. - 엄마가 명언을 좋아하시다보니 나를 돌아볼 수 있는 좋은 명언들이 많이 나와서 좋았다. 마니처럼 독립적인 생각을 갖게 해주는 책이기에 남들이 시키는 대로 따라가고 뭘 하고 싶은지 잘 모르는 친구에게 추천해주고 싶다. 그리고 실수를 자주 하는 친구들에게 추천해주고 싶다. 실수가 꼭, 항상 나쁜 건 아니라고 말해주는 책이기에 읽어봤으면 한다. - 엄마에 대해 이해할 수 있다. 중간 중간 긴장되는 순간들이 나와서 긴장감이 느껴져 지루하지도 않다. 마지막 큰 반전이 있어서 심심하거나 재미를 찾고 있는 사람이 읽으면 좋을 것 같다. 처음에는 조금 유치하다고 생각할 수도 있는데 꼭 읽어보면 좋겠다.
엄마, 나를 포기하세요	달진이가 학원 때문에 놀 시간에 없어서 서운했는데 삼촌이 게을러지는 비법을 알려준다. 달진이는 정말 그 비법을 쓰지만 통하지 않았다. 달진이는 엄마에게 솔직히 말하지 못하였다.
잊지 않겠습니다	세월호에 형 누나들이 타 있었을 때 왜 내리지 말라고 했는지 궁금하다. 내리지 말라는 말이 나는 너무 슬펐다.
조막막한 조막이	키가 작은 친구들이 읽으면 좋겠다. 몸이 작아도 장점 하나씩 있다는 걸 알았으면 좋겠기 때문이다.
참 잘 뽑은 반장	잘못 뽑은 반장과 잘 뽑은 반장이 어떤 것이 안 되고 어떤 것이 좋은지 잘 나타나 있다.
친구 도서관	진정한 친구는 내 마음을 이해하는 친구다. 나와 같아야만 친구를 한다는 아이들에게 추천한다.
태풍에 대처하는 방법	마지막 이야기인 '푸른 산'이 제일 재미있다. 동생을 싫어하다가 자기 때문에 동생을 못 낳는다는 이야긴데 슬프기도 하다.
통조림 학원	성적에 대해 나오는데 성적이 좋아야 된다는 게 아니란 걸 보여준다. 선생님에 대한 추리가 나와 추리를 좋아하는 사람에게 추천하고 싶다.

플루토 비밀결사대	하나씩 단서를 찾아가며 범인을 잡는 모습이 재미있고 아이들의 장난과 생활 모습도 매우 재미있다. 아이들의 기지에서 이야기를 나누는 모습도 인상 깊었다.
하룻밤	책 제목과 안 어울리게 인어 이야기를 들려줬는데 은근 되게 재미있었다.
학교 가기 싫은 아이들이 다니는 학교	학교 가기 싫은 아이들이 다니는 학교는 신나는 일과 슬픈 일이 있고 귀찮은 일이 없다.
한 밤중 달빛식당	이 책은 많은 깨달음을 준다. 사람의 기억은 소중하다. 나쁜 기억이 있어야 성찰을 할 수 있다. 재미있게 교훈을 전달해 주어서 추천한다.
할머니가 사라졌다	미스터리하고 긴장감도 좀 있다. 할머니가 납치당한 걸까? 읽어보면 안다. 할머니는 과연?

친구들에게 추천하는 '책자랑판' 만들기

사람이라면 누구나 좋은 것, 재밌는 것을 알게 되면 다른 사람에게 알려서 자랑하고 싶은 본능이 있습니다. 독서감상문 쓰기와 독서감상문집 읽기를 하면서 아이들은 많은 것을 배우지만 품이 많이 드는 일이라 자주 하기는 힘듭니다. 만약 다른 독후활동을 하나만 하라고 한다면 저는 주저 없이 책 추천하기를 꼽을 것입니다. '책자랑판 만들기'라는 이름으로 한 활동도 책 추천하기 가운데 하나입니다.

책읽기 활동을 하면서 아이들이 읽은 책 가운데 딱 두세 작품만 고르라고 합니다. 내용은 서너 줄로 간단히 소개하라고 하면서 영화예고편을 예로 들었습니다. 예고편을 보면 어떤 내용인지는 알 수 있지만 결말이나 결정적인 사건을 알려주지는 않지요. 책 자랑판은 친구들에게 책을 추천하는 것이니 친구들의 재미를 뺏지 않는 정도만 소개하거나 결정적 사건 전까지만 소개합니다. 내용 소개에 이어서 어떤 친구들이 읽으면 좋을지를 두 가지 관점에서 생각해 봅니다. 하나는 취향이 맞아서 이 책을 재미있어 할 만한 사람이고 다른 하나는 그 책을 읽어보면 도움이 될 만한 사람을 떠올리는 것입니다. 이어서 추천하는 까닭과 재미있는 점을 쓰면 됩니다. 활동지에 정리한 내용을 바탕으로 8절 도화지에 책자랑판을 만들었습니다.

이 활동은 활동지를 따로 마련해서 해도 좋고, 책봄, 책나들이, 책가을, 책향기 활동지에 기록한 것을 보고 바로 해도 좋습니다.

책자랑판 만드는 모습

책자랑판 제목	추천하는 책	추천하는 친구
읽어보지 않을래?	맞아 언니 상담소	- 자기 할 일을 다 하면, 하지 못한 친구를 도와주지 않아서 이 책을 보고 깨닫는 것이 있으면 좋겠는 ** - 도움도 주지 않으면서 자기의 일도 하지 않아서 이 책을 봤으면 하는 ## - 시끄럽지 않게 하고 친구들에게 도움을 주면 좋겠는 @@
	그래도 즐겁다	- 안 좋은 버릇을 고치기 위해 새로운 방법을 혼자 찾아내는 것을 길렀으면 좋겠는 ○○ - 불편한 방법을 계속 사용하지 말고 자신만의 방법을 찾아내면 좋겠는 ㅁㅁ - 힘든 게 있으면 말을 하고 다른 것을 찾아내면 좋겠는 △△

책자랑판 제목	추천하는 책	추천하는 까닭
어떤 싸움을 즐겨볼까?	싸움의 달인 (몸싸움!)	마을 음식점을 지키기 위해 포크레인을 막으며 철거팀과 마을팀이 싸우는 일이 일어난다. 과연 누가 승리를 하고 진정한 싸움의 달인을 누가 될까?
	롤러걸 (자신과의 싸움)	만화책이라 지루하진 않을 거야. 그리고 롤러걸의 성격이 변하는 과정도 흥미진진해! 롤러걸은 무너지지 않고 싸울 수 있을까?
	성적표 (성적과의 싸움!)	성적은 다들 무서워하지만 성적을 무서워하지 않는 자, 노라가 있다. 성적에 대한 노라의 입장을 공감할 수 있을 것이다. 노라는 성적과 맞서 싸울 수 있을까?

책 자랑판 제목	귀신 이야기 좋아하니?
동생들에게 추천하는 글	난 귀신 이야기 좋아하는데, 너희들은 어때? 내가 뽑은 귀신 이야기 세 권을 추천할게. 먼저, 『귀신 전성시대』야. 나도 선배님께 추천받은 책인데 무지 재미있어! 심하게 무섭지도 않지만 시시하지도 않아. 봄날놀이터 593번이야. 물귀신 이야기도, 아기 귀신 이야기도, 처녀귀신 이야기도 있어. 두 번째는 『귀신새 우는 밤』이야. '귀신새'라니 안 무섭지? 이건 '귀신 전성시대' 보단 아니지만 귀신 이야기가 재미있어. 처음부터 귀신 이야기가 나오진 않아. 그러니 쭉 읽어줘. '에이, 속았네.' 하지 말고? 이건 390번이야. 마지막 세 번째는 『장수만세』야. 힘센 장수가 아니라 등장인물 이름이고 이 책은 귀신이 중심인 이야기가 아니기 때문에 조금 어려울 수도 있어. 하지만 저승사자가 나와. 흥미진진한 이야기지. 874번이야.

책자랑판 1

책자랑판 2

책자랑판 3

책자랑판 4

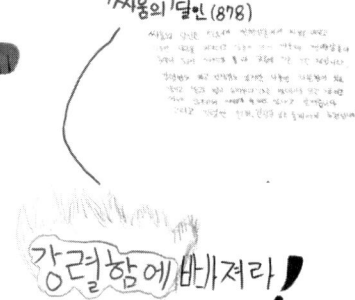

책자랑판 5

책자랑판 6

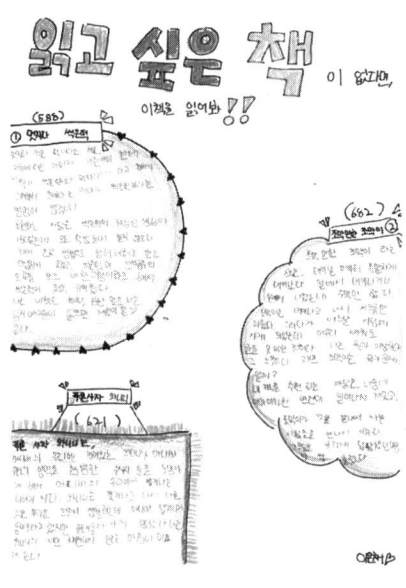

책자랑판 7

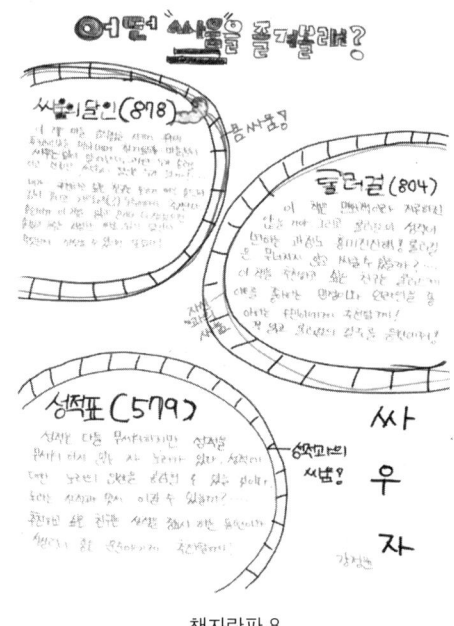

책자랑판 8

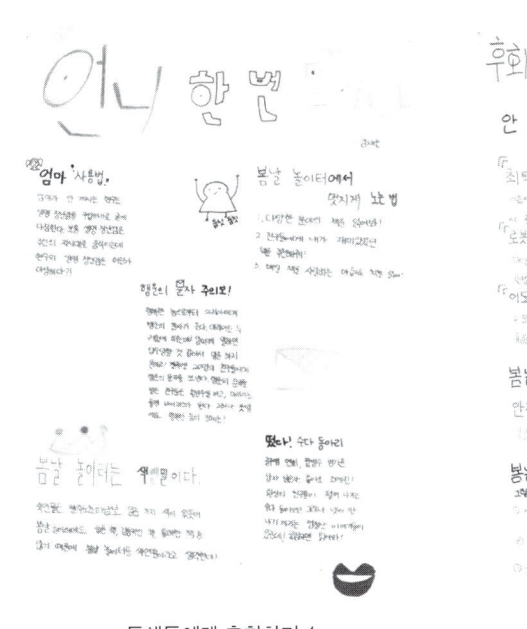

동생들에게 추천하기 1 　　　　　동생들에게 추천하기 2

친구들이 추천한 책 읽기

책자랑판을 게시한 후에 아이들에게 어떤 사람에게 추천했는지 위주로 살펴보고 읽을 책을 고르라고 했습니다. 추천하는 사람에 자기 이름이 있는 경우는 꼭 읽어 보라고 했지요. 책자랑판에서 고른 책은 붙임쪽지에 적어서 사물함 안쪽에 붙여 놓고 책을 고를 때 사용하라고 했습니다.

추천해준 책을 읽은 후에는 붙임쪽지에 간단하게 책을 읽은 소감을 써서 책자랑판에 붙이기도 했습니다.

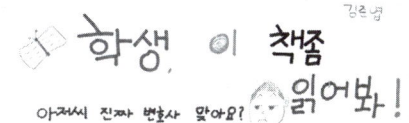

「7월 32일의 아이」
몽이가 아버지에게 폭력을 당할 때 너무 안쓰러웠다. 도깨비가 몽이에게 먹을 거를 달라고 할 때 아빠한테 걸릴까 말까 하는 장면에서 긴장이 됐다.

친구들이 만든 책자랑판을 보고 읽을 책을 고르는 아이들

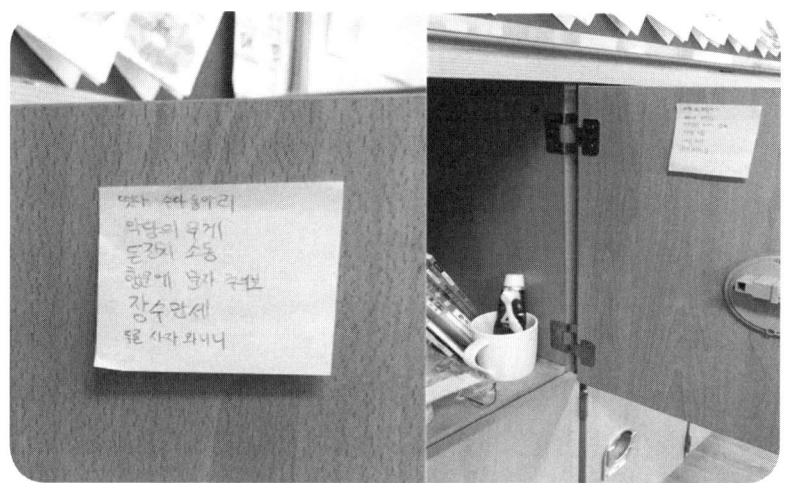
책자랑판, 독서감상문집을 보고 읽고 싶은 책을 붙임딱지에 써서 사물함에 붙여놓은 모습

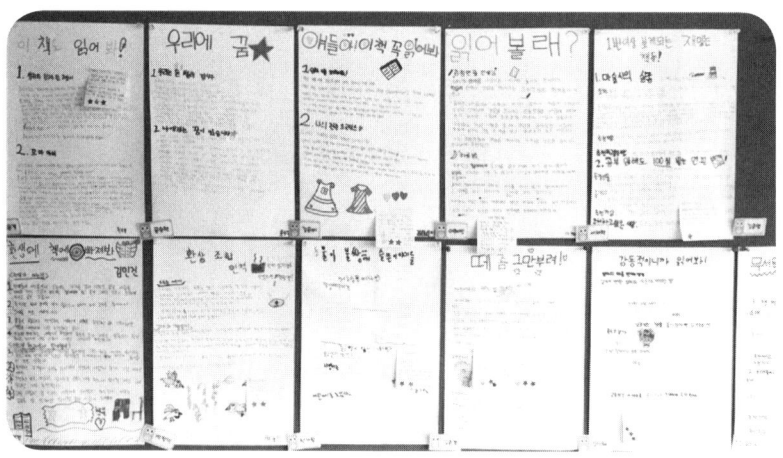
친구들이 추천한 책을 읽은 감상을 간단하게 붙임쪽지에 써서 붙인 모습

가뿐한 독후활동 둘, 책갈피 만들기

책을 읽을 때 꼭 필요한 것이 책갈피입니다. 책 읽기 활동과 관련지어 책갈피를 만들 수 있습니다. 두 가지 내용을 담아 책갈피를 만들었습니다. 하나는 책을 읽으면서 인상적인 문장이나 인물의 말을 적어놓았다가 그 중에 하나를 골라 책 제목과 그 문장이 적혀있는 쪽수를 넣어 책갈피로 만드는 것입니다. 인상 깊은 구절을 적어가면서 읽게 되면 책과 이야기를 나누며 신중하게 읽게 됩니다. 다른 하나는 '책은 밥이다.' '책은 친구다.'처럼 책읽기의 가치에 대해 스스로 정의를 내려서 문장으로 만드는 것입니다. 한 사람이 서로 다른 내용으로 4개를 만들었습니다. 학교에서도 쓰고, 집에서도 쓰고, 다음 학년에서도 꾸준히 사용할 수 있도록 넉넉하게 만들었습니다. 책읽기 활동을 꾸준히 계속하라고 말입니다.

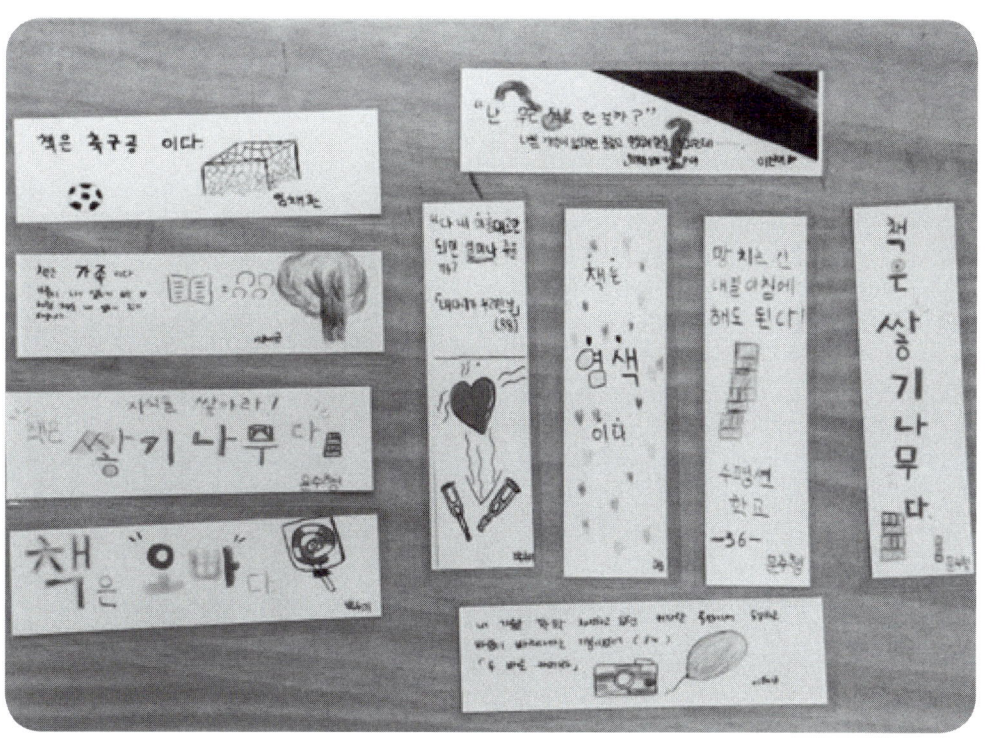

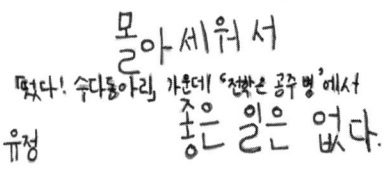
인상 깊은 구절을 넣어 만든 책갈피 3

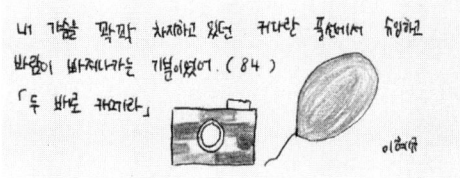
인상 깊은 구절을 넣어 만든 책갈피 1

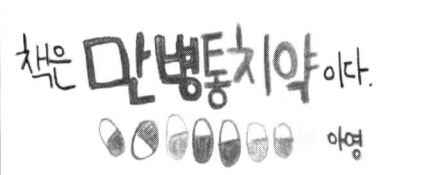
인상 깊은 구절을 넣어 만든 책갈피 4

인상 깊은 구절을 넣어 만든 책갈피 2

책의 뜻을 담은 책갈피1

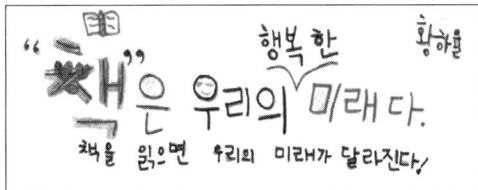
책의 뜻을 담은 책갈피2

📖 가뿐한 독후활동 셋, 독서 감상문 쓰기

아무 생각 없이 책 본다는 거짓말

　책을 그저 잘 읽기만 하는 일도 생각보다 어려운 일입니다. 책을 읽는 동안 우리는 동시에 여러 가지 일을 해야 합니다. 손으로 책을 잡고 넘기고 눈으로는 글자를 읽으면서 머릿속으로는 눈으로 읽은 글이 어떤 의미인지 파악해야 합니다. 잘 이해가 되지 않는 표현이 나오면 큰 맥락에서 이해를 합니다. 지금 일어나고 있는 일이 무엇인지, 이전에 있었던 일과 연관 지어서 이해해야 하고, 앞으로 어떤 일이 생길지, 어떻게 끝이 날지 계속 예측을 하며 책장을 넘깁니다. 그러다 나의 예측과 다른 전개가 나오면 내 생각을 다시 점검합니다. 책을 읽다가 어떤 장면에서 문득 나의 경험이 떠오르기도 하고 꼬리를 물어 다른 생각이 떠오르기도 합니다. 주인공이 중요한 결정을 할 때는 주인공의 입장에서 결정을 해 보기도 합니다. 책을 다 읽고 나면 책에 대해서 평가를 내리기도 하고, 다른 책과 비교를 하기도 합니다. '쉬는 동안 아무 생각 없이 책만 봤어.'라는 말은 거짓말입니다. 책은 생각보다 능동적인 활동이고 오히려 책을 읽으면서, 읽고 나서는 너무 많은 생각을 하게 됩니다.

　1부에서 책 읽기를 하는 이유는 생각을 제대로 하는 법, 나를 돌아보고, 세상을 대하는 법을 배우기 위해서라고 하였는데, 책 읽기가 이처럼 치열하게 생각을 하는 과정이라서 가능한 일이지요. 그런데 안타깝게도 이런 생각들은 대부분 두루뭉술한 덩어리 형태로 존재하다 금세 사라집니다. 책을 읽는 동안 뭉뚱그려진 많은 생각들을 말이나 글로 표현하면 정돈이 된 형태로 내 안에 차곡차곡 쌓입니다.

배보다 큰 배꼽, 독후활동

책을 읽은 후에 할 수 있는 독후활동은 아주 많습니다. 독후활동의 고전이라고 할 수 있는 독서감상문 쓰기는 물론이고 주인공이나 작가에게 편지 쓰기, 주인공 인터뷰 하기, 인상적인 한 장면 그림으로 그리기, 책 광고하기, 책의 한 부분을 시로 나타내기 등. 독서교육을 전문적(?)으로 한다는 곳에서는 이런 여러 가지 형식을 한데 묶어 책을 읽을 때마다 다양한 형태의 독서록을 쓰게 하기도 합니다. 다양한 형식의 독서록을 쓰는 것은 책을 읽은 기록을 남기게 하려는 것이 목적이겠지요. 그런데 문제는 책 읽기보다 독후활동에 지나치게 열중할 때 생깁니다. 아마 아이들이 책을 제대로 읽었는지 확인하고 싶어 하는 어른들의 욕심 때문이겠지요? 안타깝게도 독후활동에 힘을 쏟을수록 아이들은 책읽기를 부담스러워 합니다.

한두 권 읽는 것이라면 굳이 기록을 남길 필요는 없습니다. 하지만 책봄, 책나들이, 책가을, 책향기처럼 오랜 시간동안 책을 읽을 때는 기록이 필요합니다. 독서록의 목적이 책을 읽은 기록을 남기는 것이라면 책 제목과 생각이나 느낀 점을 간단히 몇 줄 적도록 최대한 간단한 형식이 좋습니다. 이렇게 간단한 형태로 계속 기록하면 아이에게나 선생님에게나 도움이 됩니다. 예를 들어 책봄과 책나들이에서 책 읽기에 배정된 시간은 각각 20시간과 24시간입니다. 활동을 하는 동안 아이들은 최소 20권 이상의 책을 읽습니다. 책읽기가 일상이 되면 활동시간이 아닌 쉬는 시간, 놀이시간, 점심시간, 아침시간에도 책을 깊게 읽는 아이들이 생겨나 많게는 50권의 책을 읽게 됩니다. 나중에 토의나 토론을 하거나 책 읽은 경험을 나누는 활동을 할 때도 기록이 남아있으면 아이들의 부담이 훨씬 줄어듭니다. 또 자기가 남긴 기록이 쌓인 걸 보면서 흐뭇해합니다. 책 읽기를 지속하는 동기 부여가 되지요. 책 읽기 지도를 하는 선생님들에게 누적된 기록은 아이의 책 읽기 경향은 어떠하고 읽기 능력은 어떤 수준인지, 교사로서 조언이 필요한지 판단할 수 있는 근거가 됩니다.

아래는 책봄과 책나들이 활동지의 일부분입니다. 책을 읽고 나면 아래와 같이 아주 간단한 형태의 기록만 남깁니다. 책의 내용을 기억하는 것이 목적이 아니기 때문에 책의 줄거리가 아니라 읽고 한 생각만 적습니다. 책이 두껍거나 읽는 속도가 느려 지난번과 같은 책에 대해 연달아 적는 일도 있습니다.

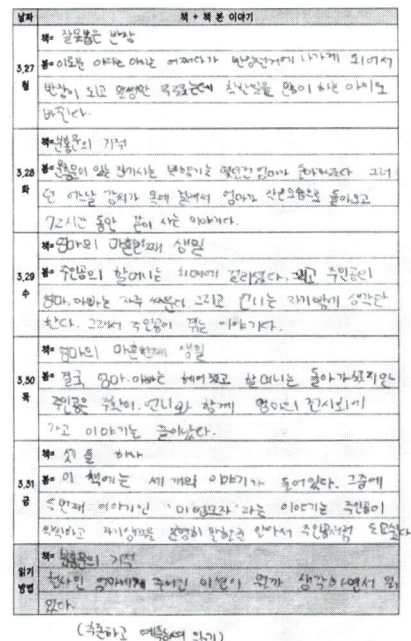

책봄이야기

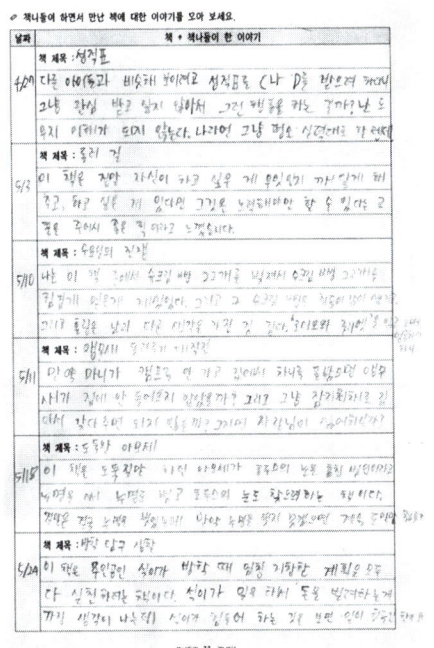

책나들이 이야기

독후활동, 제대로 된 독서감상문 한 편이면 충분하다.

책봄, 책나들이, 책가을, 책향기 네 가지 활동은 책 읽기 그 자체를 강조합니다. 그런데 네 가지활동에 모두 공통적으로 들어가는 독후 활동이 있습니다. 바로 독서감상문을 쓰는 것입니다. 2017 독서실태조사에 초·중·고 학생들이 지난 1년간 학교에서 받은 독서지도(복수응답)는 '독후감 쓰기'(72.7%)가 압도적으로 많았습니다. 조사를 할 때마다 결과는 같았습니다. 독서감상문은 아주 오래되고 대표적인 독후활동입니다.

고학년 아이라면 학교 안팎에서 독서감상문을 꽤 많이 써 왔습니다. 아이들이 책읽기보다 더 싫어하는 것이 독서감상문을 쓰는 것입니다. 그래서 아이들의 책 읽기 흥미를 유지하기 위해서 독서감상문을 쓰지 말아야 한다고 주장하는 사람들도 있고, 독서감상문 대신 다양한 형식의 독후활동을 돌아가면서 하게 하는 사람들도 있습니다. 그래서 여러 가지 형식의 독후활동을 매번 하는 것보다 읽은 책 가운데 딱 한권만 골라 독서 감상문 한 편 제대로 쓰는 것이 낫다고 생각합니다. 그런데 아이들이 독서감상문을 싫어하는 것이 아니라 어떻게 써야 하는지 잘 모르기 때문에 어려워하는 것입니다. 그래서 독서감상문을 쓰려면 내용을 파악하기는 물론이고 중요한 사건을 골라 요약을 해야 합니다. 작가가 하고 싶은 말(주제)도 찾아야 하고, 자신의 생각이나 경험과 견주어 보고 책을 평가할 수 있어야 합니다. 감동을 받지 않은 책으로는 이 과정을 이겨내기가 어렵습니다. 그래서 책을 읽을 때마다 독서 감상문을 쓸 필요는 없습니다. 독서감상문을 쓰는 활동은 그리 만만한 활동이 아니기 때문입니다. 공들여 쓴 독서감상문은 아이에게 엄청난 도움이 됩니다. 책을 풍요롭게 감상하게 될 뿐만 아니라 독서감상문을 제대로 써 본 경험은 앞으로 책을 더 잘 읽는 데 도움이 됩니다.

독서감상문, 무엇이 어려운가요?

독서감상문을 지도하기 전에 아이들이 어떤 부분을 가장 어려워하는지 알기 위해서 두 가지 질문을 먼저 했습니다. 5학년 50명의 아이들에게 독서감상문하면 떠오르는 것과 어려운 점을 물어보았습니다.

독서감상문 하면 떠오르는 것은 무엇인가요?

① 줄거리25, 이야기5, 내용2, 소개글2, 기억

② 생각24, 느낌22, 마음2, 소감 4, 감상4

③ 인물3, 그림3, 제목3

④ 도서관 11, 독서마라톤, 도서 대출증 5, 독서록4, 형식4

⑤ 어려움6, 평가3, 글쓰기, 작가의 말

아이들이 독서감상문이라는 낱말을 보고 가장 많이 떠올린 것은 줄거리, 생각, 느낌이었습니다. 줄거리와 비슷한 맥락인 이야기와 내용, 소개글, 기억까지 합치면 35이고 생각·느낌·마음·감상을 합하면 56입니다. 독서감상문을 쓸 때 줄거리를 쓰고 생각과 느낌을 쓰면 된다고 배웠기 때문일 것입니다. 독서감상문을 쓸 때 어려운 점에서도 줄거리, 생각, 느낌을 쓰는 것을 꼽기도 하였습니다. 인물, 그림, 제목은 책의 구성요소로 언급한 것입니다. 재미있는 것은 도서관, 도서대출증, 독서록, 독서마라톤을 이야기한 아이들이 꽤 많이 있었다는 것입니다. 도서관 행사로 독서감상문 쓰기 활동이 많이 이루어지고 있음을 짐작할 수 있습니다. 또 독서록과 형식을 쓴 아이들은 편지, 일기, 시, 글, 그림을 같이 언급하였는데 앞에서 언급한 여러 가지 형식의 독후 활동을 해 왔음을 알 수 있습니다. 어려움, 평가를 언급한 아이들은 독서감상문 쓰기의 부정적인 경험을 떠올린 것입니다. 독서감상문에서 줄거리만 쓰지 말고 생각을 쓰라고 하는데, 그 생각이 잘 안 될 때 아이들이 많이 참고하는 것이 작가의 말입니다.

독서 감상문을 쓸 때 어떤 점이 어려웠나요?

① 들어갈 내용, 순서, 양	무엇을 써야 하는지 모르겠다 25, 어떻게 써야 하는지 모르겠다 3, 어떤 순서로 쓰는지 모르겠다, 자세하게, 구체적으로 쓰기 어렵다 8, 어느 정도 양으로 써야 하는지 모르겠다 7, 부담이 된다 4, 그냥 싫다, 쓰기 귀찮다, 지루하다 7
② 줄거리 쓰기 (요약하기)	줄거리 10, 줄거리를 쓸 때 어디서부터 쓸지 모르겠다 7, 줄거리 요약을 잘 못하겠다 24 간추려서 쓰기 5, 책 내용이 기억이 나지 않는다 2, 중요한 부분을 못 찾겠다 2
③ 생각과 느낌	생각과 느낌 30, 생각과 느낌을 어떻게 표현할지 모르겠다, 생각을 많이 해야 한다 2, 생각과 느낌이 잘 안 떠오른다 3,
④ 제목	제목 24, 제목이 다 똑같다 3, 제목 고르기 어렵다

첫 번째 항목을 보면 아이들이 독서감상문에 무엇을 어떻게 어떤 순서로 써야 하는지 막막해 하고 있다는 것을 알 수 있습니다. 구체적으로, 자세히 쓰라고는 하는데 무엇을 어떻게 써야 하는지 모르니 어려울 수밖에요. 거기다 주어진 양을 가득 채우라고 하니 감상문은 쓰기 싫은 것, 지루하고 부담되는 것이 되어버렸습니다. 아이들에게 독서감상문을 어떻게 쓰는지 물어보았더니, 줄거리를 쓰고 자기 생각이나 느낌을 쓰는 것이라고 대답을 하였습니다. 그런데 줄거리, 생각과 느낌을 쓰는 것이 가장 어렵다고 대답했습니다.

50명의 아이들이 독서 감상문을 쓸 때 어려운 점으로 줄거리를 빠짐없이 꼽았습니다. 구체적으로 살펴보면 줄거리 요약을 잘 못하겠다는 아이들이 가장 많았습니다. 간추리기는 3, 4학년 에서 배웠지만 여전히 어려워하고 있습니다. 요약을 위해서는 중요한 사건들을 꼽아서 인과관계에 맞게 연결해야 하는데 많은 아이들이 줄거리를 쓸 때, 처음에는 앞부분의 사소한 부분까지 세세히 씁니다. 중간에 잘못 썼다는 것을 깨닫게 되더라도 지금껏 쓴 게 아깝기도 하고 중요한 사건만 골라서 연결할 힘이 없기에 어느 정도 주어진 양을 채우다 뒷부분은 흐지부지 쓰고 마무리를 짓습니다.

모든 독서감상문에서 줄거리를 자세히 써야 하는 것은 아닙니다. 나의 감상을 위해 쓰는 것이라면 줄거리보다는 책을 읽고 한 생각이 위주여야 하고, 책을 소개하기 위한 목적이라면 오히려 줄거리를 간략하게 쓰는 것이 낫습니다. 책을 이미 읽은 사람이야 상관이 없지만 읽을 책을 고르기 위해 독서감상문을 읽는 사람은 너무 자세히 줄거리를 알아비리면 책을 읽을 흥미를 잃게 됩니다. 영화를 본 후 내용과 결말을 이야기하고 다니는 사람을 스포일러라고 하지요? 그래서 인터넷에서는 감상을 올릴 때 글의 서두에 스포 유무를 먼저 밝힙니다.

다음으로 어렵다고 꼽은 것이 생각과 느낌을 쓰는 것입니다. 생각과 느낌을 많이 쓰라고 하는데 생각과 느낌이 떠오르지 않고 어떻게 표현할지 모르겠다고 하였습니다. 사실 아이들이 생각과 느낌이 없어서 쓰지 못하는 것은 아닙니다. 앞에서 말했듯 책을 읽고 나면 여러 가지 생각들이 두루뭉술한 형태로 생깁니다.

제목을 정하는 것이 어렵다는 것도 같은 맥락에서 이해를 할 수 있습니다. 감상문에서 가장 힘주어 이야기한 부분을 제목으로 정해야 하는데, 생각이 명료하지 못하니 제목붙이는 것도 어려울 수밖에 없습니다. 그래서 결국 'OO(책제목)을 읽고'처럼 심심한 제목이 가장 많은 것이지요.

아이들이 독서감상문을 쓸 때 느끼는 구체적인 어려움을 바탕으로 감상문쓰기 활동지를 만들었습니다. 바로 감상문을 쓰는 것이 아니라 활동지에 감상문에 들어갈 내용을 순서대로 정리하게 했습니다. 활동은 책에 대한 간단한 소개, 줄거리, 이야깃거리를 찾고 자기 생각 쓰기, 책에 대한 평가, 책 추천하기, 제목 정하기 순서로 이루어져 있습니다. 활동에 사용한 책 두 권입니다. 한 권은 『만복이네 떡집』이고 다른 한 권은 『책 읽는 강아지 몽몽』입니다. 모두 책나들이에서 활동을 하며 선생님이 읽어주기로 한 책입니다. 감상문 쓰기 활동지를 할 때 『만복이네 떡집』은 이미 읽어주었고 책나들이에서 인물의 성격 파악하기 활동도 마친 뒤였습니다. 『만복이네 떡집』은 선생님과 아이들이 같이 의논을 하면서 감상문의 얼개를 짜는 데에만 사용하였습니다. 그래서 활동지 빈칸에 아이들의 생각을 도와줄 예시를 군데군데 넣어 놓았습니다.

아이들이 가장 어렵게 느낀 줄거리 요약하기를 위해 책의 내용을 한두 줄로 간단히 소개하기와 3~5단계로 나누어 책 내용 요약하기 연습을 하였습니다. 이야기의 구성이 단순하다면 처음 중간 끝의 3단계로 요약을 하거나 기승전결의 4단계로 요약을 할 수 있습니다. 보통 고학년책이라고 분류되는 책들은 내용이 다소 복잡하지요. 그럴 때는 5단계 요약을 합니다. 5단계 요약은 중요한 사건 다섯 가지를 골라 각각 한 문장씩으로 나타낸 후 인과관계에 맞게 배열을 하는 것입니다. 이 때 제일 마지막에 올 결론(스포일러를 생각하면 결론 직전에 일어난 사건) 즉 사건⑤를 먼저 쓰게 합니다. 그 다음은 첫 번째 사건을 씁니다. 나머지 ②, ③, ④ 사건으로 처음과 끝이 이어지게 쓰면 됩니다. 처음에 아이들이 잘 알고 있는 옛이야기나 '토끼와 거북이'처럼 서사가 단순한 이야기로 다 같이 5단계 요약 하기 연습을 몇 번 해보면 금세 잘 합니다.

두루뭉술한 생각과 느낌은 구체적인 이야깃거리 몇 가지를 먼저 정한 후 항목별로 자기 생각이나 떠오르는 경험을 이야기하면 훨씬 더 자세하게 정돈됩니다. 뒤죽박죽 얽혀 있는 막힌 도로를 교통정리 하는 셈이지요. 등장 인물의 성격이나 행동, 중요한 사건, 인물의 중요한 선택, 결말 등의 이야깃거리를 먼저 쓰고 항목별로 자기 생각을 정리합니다. 그 가운데 내 생각이나 관련된 경험이 가장 잘 떠오르는 것 몇 가지를 골라서 씁니다.

제목은 글의 얼굴입니다. 글에서 가장 중요하게 다룬 내용이 들어가 있어야 합니다. 다른 사람의 흥미를 끌 수 있으면 더욱 좋겠지요. 아이들도 책을 고를 때, 인터넷에서 읽을 글이나 영상을 고를 때 제목을 고르기 때문에 쉽게 이해합니다. 줄거리보다는 생각과 느낌 중에 가장 힘을 주어 자세하게 쓴 것을 한 문장, 한 마디로 줄여 보라고 합니다. 다른 사람의 관심을 끌 만한 형태로 말을 다듬는 것은 어느 정도 감각이 필요한 것이라 금방 되지는 않습니다. 제목을 붙이는 방법은 감상문뿐만 아니라 모든 글에 다 적용할 수 있는 것이므로 자주 연습을 하면 좋습니다.

독서 감상문에 넣을 내용을 동화 『만복이네 떡집』으로 살펴보세요.

간단한 소개	만복이가 자기 이름으로 된 '만복이네 떡집'에서 여러 가지 떡을 먹게 되면서 성격이 바뀌는 이야기다.	
줄거리	4단계	① 만복이가 친구와 싸우고 집으로 돌아가는 길에 '만복이네 떡집'을 발견했다. ② 떡집 안으로 들어가 떡을 사려했던 만복이가 가격을 보고 놀랐다. 가격이 착한 일 한 개, 아이들 웃음 몇 개처럼 보통 가게와는 달랐다. ③ 찹쌀떡, 바람떡 꿀떡, 무지개 떡, 쑥떡을 먹고 만복이의 성격이 좋게 바뀐다. ④ '만복이네 떡집'이 '장군이네 떡집'으로 바뀐다.
	5단계	① 성격이 나빠서 친구랑 싸우기만 하던 만복이가 집으로 가던 길에 '만복이네 떡집'을 발견한다. ② 떡집에 여러 가지 떡이 있었는데 다른 떡집과 다르게 가격이 아이들 웃음 O개 또는 착한 일 O개였다. ③ 만복이는 새로운 떡을 먹기 위해 친구들에게 착한 일을 하거나 친구가 웃을 만한 말을 한다. ④ 만복이가 새로운 떡을 먹을 때마다 착해지고 친구들과 사이가 좋아진다. ⑤ 만복이네 떡집이 장군이네 떡집으로 바뀐다.
이야깃거리 + 자기 생각	① 인물 / 성격 : 만복이는 성난 야수처럼 친구들과 자주 싸우고 나쁜 말을 많이 하고 이기적이었다. 만복이네 떡집에서 떡을 먹은 후에는 다른 사람을 배려하고 고운 말을 쓰면서 잘 어울리게 되었다. 사람의 성격은 잘 바뀌지 않는데 만복이 성격이 완전히 바뀌어서 놀랍다. 나도 누가 시비를 걸면 바로 싸웠는데 이젠 말로 푼다. 나도 만복이와 비슷하다.	
	② 중요한 사건 : 만복이가 떡을 먹으려고 착한 일을 하는 것 ❶ 내가 만복이였다면 그냥 반짝 착한 일을 했다가 원래대로 돌아왔을 것 같은데 만복이는 다르다. 원래 착한 아이가 되고 싶었나 보다. ❷ 실제로 저런 떡집이 있으면 여러 아이들 성격이 바뀔 것 같다. 하지만 떡을 먹으려고 착한 일을 하는 건 별로 좋지 않은 것 같다. 자신이 스스로 착한 일을 하는 게 의미 있다. ❸ 만복이 성격은 떡 때문에 바뀐 것이 아니다. 친구들이 웃고 친절하게 대해 주니 착하게 바뀐 것이다.	
	③ 결말 : 만복이의 나쁜 성격이 바뀌고 떡집 이름도 바뀐다. ❶ 장군이도 만복이와 같이 성격이 바뀌고 잘 지낼 수 있을지 기대된다. ❷ 만복이처럼 성격이 좋게 바뀔 수 있다면 좋겠다는 생각을 하는 아이들에게 딱 맞는, 위로가 될 만한 결론이라서 마음에 든다.	

평가 + 추천	① 평가 (좋은 점 / 아쉬운 점) ❶ 아무리 심술궂은 사람이라도 만복이처럼 노력하면 바뀐다는 것을 알려주고 있다./ 친구의 마음을 얻는 방법, 친구를 사귀는 방법이 나와서 도움이 된다. / 떡의 이름과 효과들이 재미있었다. 떡을 먹고 어떤 일이 생길지 궁금하게 만든다. / 책을 읽을 때 추론을 하게 되고 스릴도 있다. ❷ 책에서 소개되었던 떡(가래떡)이 다 나오지 않아서 아쉽다. /만복이가 일이 너무 잘 풀리기만 한다. 만복이를 싫어했던 아이들의 감정이 너무 갑자기 바뀐다. / 마지막에 장군이네로 바뀌고 나서 장군이 이야기도 나오면 좋겠다. 이런 친구들에게 추천한다! 감정이 자꾸 변하는 ○○이, 하고 싶은 말을 정확히 못하는 친구들, 자주 욱하는 친구들, 말보다 행동이 먼저 앞서는 친구들, 만복이처럼 감정표현을 못하는 친구나 자기 성격을 바꾸고 싶은 아이들.
제목	우리 같이 성격을 바꾸어 볼까? 만복이가 달라졌어요. 성격 바꾸고 싶은 친구는 떡집으로 모여라!

이어서 『책 읽는 강아지 몽몽』을 읽어주었습니다. 두 책 모두 선생님이 수업시간으로 한 시간 남짓이면 모두 읽어 줄 수 있습니다. 다만 『책 읽는 강아지 몽몽』은 책나들이에서 추론활동을 위해 읽기도 하여서 두 번에 걸쳐 나누어 읽어주었습니다. 책을 읽고 난 후에는 『만복이네 떡집』처럼 감상문에 들어갈 내용을 각자 활동지에 먼저 항목별로 정리를 한 후에 감상문을 썼습니다.

엄마들이 좋아할 강아지, 몽몽

이 책은 책을 읽을 수 있는 강아지 몽몽이 「번개의 시간 여행」이란 책을 읽기 위해 주인인 영웅이를 꼬시는 내용이다.

몽몽이가 책을 읽을 수 있게 된 이유는 주인인 영웅이의 엄마가 영웅이에게 책을 읽어주면서 몽몽이가 옆에서 같이 보았기 때문이다. 영웅이의 생일잔치 때 영웅이의 친구 수지가 생일 선물로 「번개의 시간 여행 1」이라는 책을 주었다. 영웅이는 그 책을 읽지 않았지만 몽몽이는 책을 읽고 그 다음편도 보고 싶어 하게 된다. 몽몽이는 그 책을 읽기 위해 여러 가지 방법을 실천하지만 모두 실패한다. 그러던 어느 날, 영웅이의 친구인 채린이의 강아지 체리가 게임만 하는 영웅이가 책을 좋아하게 만들어 보라고 대가를 받고 말해준다. 몽몽이는 결국 다음 편을 볼 수 있게 된다.

몽몽이가 책을 보기 위해 도서관에 몰래 들어간 장면이 가장 인상 깊었다. 내가 옛날에 들어가면 안 되는 곳에 들어간 기억이 떠올라서 그 느낌을 충분히 이해할 수 있었다. 그리고 몽몽이가 연웅이가 책을 읽게 하기 위해 게임기를 숨기고, 컴퓨터 전선을 다 뽑아버리는 장면에서 책을 읽게 하려고 참 애쓴다는 생각과 함께 몽몽이는 엄마들이 좋아할 개라는 생각이 들었다. 마지막에 몽몽이가 책을 읽게 된 뒤에 체리에게 대가로 '책 100권 읽어주기'를 치루는 것을 보니 체리는 말과 다르게 책을 무척 읽고 싶어 했던 것 같다.

이 책에서 나는 몽몽이를 사람답게 표현한 점이 좋았다. 공감이 더 잘 되기 때문이다. 이 책은 몽몽이를 본받아야 될, 책을 죽어라 싫어하는 사람들이 반드시 읽으면 좋겠다. 그 아이들이 영웅이처럼 책을 좋아할 수 있게 도움을 줄 책이다. 작가는 몽몽이를 본받아서 책을 읽자는 그런 생각으로 글을 쓴 것 같다. 나도 그 생각에는 찬성하다. 책에는 많은 것들이 있는데 그것을 알 수 있기 때문이다. - **최예준(5학년 남)**

끝까지 노력해!

책 읽는 강아지 몽몽이가 「번개의 시간여행 1」을 읽고 2권을 읽고 싶어서 일어나는 이야기다.

몽몽이는 책을 읽지 않는 영웅이 때문에 번개의 시간여행 2권을 읽지 못하게 되자 도서관에 갔다가 쫓겨나게 된다. 실망하고 있는 몽몽이에게 강아지 체리가 영웅이가 책을 좋아하도록 꼬시라고 이야기 한다. 몽몽이는 게임기를 숨기고 컴퓨터 코드를 다 뽑고 영웅이가 화장실에 갔을 때 발아래 책을 두고 가서 영웅이가 책을 읽게 되고 그 덕분에 몽몽이도 책을 읽을 수 있게 된다. 체리에게는 책 100권을 읽어준다.

몽몽이는 자기 일에 정말 끝까지 최선을 다한다. 나는 끝까지 하기도 하지만 못하는 것도 정말 많다. 지금은 수영을 꾸준히 하고 있지만 옛날에 피아노는 잘 못해서 끝까지 하지 못했다. 항상 노력하는 모습을 닮아야겠다. 영웅이는 어렸을 때 엄마가 책을 읽어줘서 책을 좋아했다고 하고, 지금은 게임을 좋아한다고 하니 재미만 있으면 그 세계 속으로 푹 빠져드는 성격인 것 같다. 「번개의 시간여행」을 읽고 책에 빠져들었으니 아마 다시 책을 좋아하게 될 것이다. 나도 한 번 재미있는 게 있으면 영웅이처럼 푹 빠져드는 성격이다. 체리가 몽몽이에게 영웅이를 꼬셔 보라고 말 한 것은 체리가 몽몽이를 좋아하기 때문인 것 같다.

나는 한 번도 책을 읽으려고 노력한 적이 없다. 몽몽이가 '번개의 시간 여행2, 2, 3, 4, 5'권을 읽으려고 노력하는 모습을 보고 나도 이제 포기하지 않고 끝까지 가야겠다는 생각을 했다. 4학년 때 태권도에서 기계체조를 할 때 공중에서 뒤로 도는 것을 너무 하기 싫어서 포기했는데 마음은 편하지 않았다. 몽몽이는 나보단 끈기가 있는 것 같다.

빨리 포기하고 노력하지 않고 책을 싫어하는 친구, 책을 오랫동안 안 읽어 본 사람들에게 이 책을 추천하고 싶다. 내가 어릴 적에는 책을 싫어해서 책을 던지고는 했다. 나는 몽몽이을 닮고 싶다. 몽몽이의 끈기, 인내심, 집중력을 닮고 싶다. 몽몽이가 영웅이가 책을 보게 하려고 할 때 체리의 의견 그대로 하는 게 아니라 자기 생각대로 한 걸 보면 창의성도 대단하다. 난 이 창의성을 가장 닮고 싶다. 몽몽이는 책을 읽으려고 노력하는데 나는 안 되면 짜증내고 포기하는 사람이어서 이 책을 나에게 추천한다. 나도 이제 책을 읽을 거다.

- 기민재(5학년 남)

독서감상문, 제대로 써 보자

다섯 반 아이들이 쓴 『책 읽는 강아지 몽몽』 130여 편 중에서 잘 쓴 감상문 8편을 골라서 정리를 하였습니다. 그리고 감상문을 복사해서 아이들에게 모두 나누어주고 자기가 쓴 감상문과 비교해서 어떤 점을 잘 썼는지 찾아내게 하였습니다.

5학년 친구들이 쓴 『책 읽는 강아지 몽몽』의 감상문 여덟 편을 읽고 어떤 점을 잘 썼는지 살펴보세요.

- 제목과 글이 잘 어울린다. 제목이 심심하지 않다.
- 제목이 '끝까지 노력해'인데 몽몽이도 노력하고 감상문을 쓴 사람도 노력을 한다. 책 내용과 자기 생각이 다 포함되는 제목이다.

- 줄거리가 이해가 잘 된다
- 내용을 잘 간추려서 무슨 내용인지 잘 알 수 있다. 궁금한 게 없다.
- 줄거리를 길게 쓰지 않았는데도 내용은 다 썼다.

- 이야깃거리가 많고 자기 생각을 밝혔다.
- 다른 사람이 누구나 쓸 만한 내용은 없고 자신만의 이야기를 썼다.
- 자기 생각을 글에 잘 드러났다. 3
- 자기 이야기가 많다2
- 자기 경험과 비교해서 썼다.
- 자기랑 비슷한 점, 자기도 겪은 일을 썼다.
- 자기 경험을 덧붙여서 이해가 더 잘 된다.
- 시를 쓰는 것처럼 솔직하게 썼다.

- 인물의 마음을 잘 읽었다. 입장을 바꿔서 표현한 부분이 좋았다.
- 책에는 나오지 않는 체리의 마음도 이해해서 썼다.
- 원래 줄거리 뿐만 아니라 몽몽이 다른 선택을 했을 때 예상되는 결과를 썼다

- 책에 대한 평가가 잘 되어 있다. 아쉬운 점도 썼다.
- 누구에게 추천하면 좋을지 잘 말했다.
- 책을 읽을 만한 사람을 추천했다. 책을 추천하는 이유를 자세히 썼다

책나들이에서 읽었던 책을 기록한 목록을 살펴보며 감상문으로 남길 만큼 감흥이 있고 이야깃거리가 많은 책을 고르라고 했습니다. 예전에 읽어서 잘 생각이 나지 않으면 책을 다시 읽어보라고 했습니다. 『책 읽는 강아지 몽몽』으로 감상문을 썼을 때처럼 감상문에 넣을 내용을 먼저 정리를 하였습니다. 두 차례 같은 형식으로 내용 정리도 해 보고, 친구들의 감상문을 읽고 잘 쓴 점을 찾아보아서 그런지 어느 때보다 신중하게 내용을 정리하였습니다.

정리한 내용을 바탕으로 독서감상문을 쓰기 전에 이번에 쓴 감상문은 5학년 친구와 학부모님이 볼 수 있도록 책으로 만들 것이라고 이야기를 했습니다. '출판'을 한다는 소리가 부담이자 동기부여가 되었는지 감상문을 잘 쓰고 싶어 하였습니다. 맞춤법이나 띄어쓰기, 문장이 어색하지 않은지, 적당한 말이 생각이 나지 않는다며 여기저기 질문을 했습니다. 아래는 5학년 독서감상문집 가운데 몇 편을 고른 것입니다.

운이 좋은 암탉, 잎싹

『마당을 나온 암탉』

황선미 글, 김환영 그림,
사계절

마당을 나온 암탉은 알만 낳던 암탉 잎싹이다. 그 잎싹이 닭장을 탈출해서 누군가 낳은 오리알을 키우는 이야기다.

잎싹이라는 난종용 닭이 알을 낳지 않아서 죽음의 구덩이에 들어간다. 운이 좋은 암탉 잎싹은 청둥오리를 만나 마당에서 하룻밤만 묵고 나간다. 청둥오리의 짝이었던 뽀얀 오리가 알을 낳고 죽자 그 알을 발견한 잎싹이 알을 품는다. 알을 품던 잎싹을 지키던 청둥오리의 희생으로 무사히 잎싹이 품었던 알에서 오리가 나오는데 머리가 초록색이라서 잎싹이 초록머리라는 이름을 지었는데…

 잎싹이 죽음의 구덩이에서 청둥오리를 만난 게 내가 생각하기엔 중요한 사건이다. 잎싹이 청둥오리를 만났기에 살아서 모든 이야기가 탄생한 것이기 때문이다. 그렇게 누군가를 만나서 삶이 달라지면 좋을 수도 있고 나쁠 수도 있지만 나쁜 것이 더 많이 생각난다. 아마도 우리 사회가 나쁜 사람이 많아서 그런 것 같고 잎싹처럼 청둥오리를 만나서 좋게 바뀌는 사회가 오면 좋겠다. 청둥오리도 잎싹을 살릴 마음이 있었던 거 같고 내가 만약 청둥오리였어도 그랬을 것 같다. 살아 있는 생명이고 그런 생명을 구해야 하니까. 선생님과 엄마 아빠가 내가 만난 의미 있는 사람이다. 선생님은 내가 글도 늘게 해주셨고 전체적으로 좋게 많이 변하게 해주셨기 때문이고 엄마랑 아빠는 태어나서 처음 만난 사람이다.

 81쪽에 나오는 '우리는 다르게 생겨서 서로를 속속들이 이해할 수 없지만 사랑은 할 수 있어.'라는 문장이 되게 좋았다. 그리고 잎싹이 자기 삶의 주인이 되어서 살게 되는 것이어서 자기가 삶을 어떻게 살게 되는지 되돌아보게 된다. 족제비와 사냥꾼이 맞서는 장면이 용기를 돋아준다. 이 책은 긴장감이 있어서 남자친구들에게 추천한다.

- 김동수(5학년 남)

거창함보다 소소함

『방학탐구생활』

김선정 글, 김민준 그림.
문학동네

아주 거창한 방학계획을 세운 다음부터 벌어지는 석이, 호, 경성이의 방학이야기다.

1학년부터 5학년까지 여행을 안 가 보고 심심한 방학을 보냈던 석이는 왜 이렇게 심심한 방학 계획을 세우냐는 선생님의 꾸지람을 듣고 거창한 방학 계획을 세운다. 그 방학 계획 가운데 무인도에 가 보고 싶다고 한 것을 지키려고 아르바이트를 해서 돈을 번다. 그 돈으로 무인도에 가려 한 석이! 그렇지만 돈이 모자라다는 걸 알고 좌절한다. 그걸 본 친한 한수형이 자신의 고향집인 칠금도에 가보라 한다. 그 말을 들은 석이는 동생 호를 칠금도에 데리고 가는 길에 친구 경성이를 만나고 결국 경성이도 같이 칠금도에 기게 되는데 과연 그곳에서 어떤 방학이 펼쳐질까?

석이가 거창한 방학 계획을 세우지 않았더라면 원래의 방학처럼 심심한 방학을 보냈을 것이다. 그런데 나는 모험을 좋아하긴 해도 석이처럼 거창한 계획을 세우고 싶지는 않다. 거창한 방학 계획은 실천하기도 힘들고 그렇게 되면 방학 내내 그 계획을 실천하느라 힘들게 보낼 것 같기 때문이다. 그래서 나는 그냥 소소하지만 잘 실천할 수 있는 그런 계획을 세우고 싶다. 하루에 10분 달리기, 하루에 줄넘기 100개, 하루에 자전거 30분 타기 등등. 그래도 심심하게 보내는 것보다는 석이처럼 거창하게 계획을 세워 보내는 것이 더 좋다. 계획을 세우면 조금은 실천할 수 있는데 심심하게 보내면 실천할 것 자체가 없기 때문이다.

석이가 거창한 방학 계획을 세워서 '어떻게 하면 이 계획을 실천할 수 있을까?'하고 흥미를 가지고 몰입할 수 있는 점이 좋다. 그런데 여름방학만 쓰고 끝이 아니라 겨울에 방학을 한 것으로 끝나면 더 좋았을 것 같고 시리즈로 만들면 더 좋을 것 같다. 이 책은 쪽수도 많지 않기 때문에 5학년이지만 읽기 능력이 조금 떨어지는 사람들이 읽기에도 좋다. - 이성우(5학년 남)

저승 잘못 간 혜수

『장수만세!』

이현 글, 오승민 그림.
창비

오빠 대신 저승에 간 혜수가 오빠를 구하려고 노력하는 이야기다.

주인공 혜수는 영어 연수를 위해 필리핀으로 떠나야 하는데 아파트 베란다에서 실수로 뛰어내려서 죽는다. 혜수는 죽어서 염라국 입국 심사과에 가게 되지만 거기서 일하는 지밀과장이 혜수의 오빠 장수를 데려와야 하는데 실수로 혜수를 데려온 걸 알게 된다. 결국 지밀과장은 혜수를 돌려보내고 장수를 데려오려 하지만 혜수는 장수를 데려가지 말라고 한다. 그때 54년 동안 도망친 혼령 연화가 잡혀온다. 혜수는 염라대왕을 부르려 하지만 혼령이 살릴 방법이 있다고 하여서 그 방법을 이용하여 장수를 살리려고 하는데…

혜수라는 아이는 목적을 끈기 있게 이루려한다. 염라국 입국 심사국에서 지밀과장이 계속 안 된다고 해도 오빠를 살려 달라고 하고 오빠를 구하려고 이승에 왔을 때도 포기하지 않고 오빠를 살리려 한다. 혜수는 겉으로는 오빠를 싫어하지만 속으로는 오빠를 좋아하는 웃기는 애다. 나도 속으로는 큰누나는 좋아한다. 혜수 오빠 장수가 공부와 성적 때문에 자살을 하려고 했다. 그런데 학교를 그만두고 어두운 성격에서 좀 밝은 성격으로 바뀌었다. 성적 때문에 자살하는 사회가 없어지면 좋겠다. 부모님을 위해 좋은 성적을 얻으려 하지만 그리 좋지 않은 성적을 받아서 자살을 하려는 게 너무 슬프다.

나도 누나가 3명이나 있고 다 싫어하지만 가끔, 정말 가끔 좋을 때가 있다. 혜수는 속으로 오빠를 좋아하고 나도 속으로 누나를 좋아하기 때문에 나랑 좀 많이 닮아서 마음에 드는 인물이다.

이 책을 읽는 내내 긴장감이 넘쳤다. 저승, 죽음이라는 흔한 걸 흔하지 않게 매우 잘 표현했다. 저승, 자살하면 슬픔이 느껴지는데 이 책은 슬픔을 긴장감으로 바꿔서 재미있게 읽었다. 저승과 죽음에 대해 관심 있는 사람이 보면 좋을 거 같다. - 편도영(5학년 남)

조금만 버텨, 괜찮아 질 거야

『수요일의 전쟁』

게리 D. 슈미트 지음,
주니어RHK

이 책은 홀링이 수요일마다 베이커 선생님과 같이 지내며 벌어지는 이야기를 쓴 책이다. 홀링은 성당도, 유대교 교회도 다니지 않기 때문에 수요일마다 베이커 선생님과 단둘이 시간을 보내게 되는데 이즈음 홀링은 베이커 선생님이 자신을 미워한다는 느낌이 들기 시작한다. 홀링은 수요일마다 베이커 선생님과 여러 일을 하게 되고 그러면서 조금씩 친해지게 된다. 그러다가 베이커 선생님과 홀링의 반이 같이 야영을 가게 되고 베이커 선생님과 홀링은 아주 잘 지내게 되는 내용이다.

홀링은 특별한 점이 없는 아이라고 생각한다. 공부도 잘하지 않고, 딱히 좋아하지도 않는다. 하지만 모든 일들이 자신한테 좋지 않게 일어난다는 점에서 약간 남다른 면은 있는 것 같다. 베이커 선생님과 상급생 형들, 같은 반 아이들이 한 번에 적이 되고, 그때 베트남이 미국과 전쟁을 치루고 있었다는 점에서 불운을 타고 났다고 생각한다. 홀링은 베이커 선생님의 말을 잘 따르면서 불운을 해결하지만, 해결하지 못하는 경우도 있는데 이것을 보고 예전에 내 동생이 길을 가다 똥을 밟고 바로 그날 밥을 먹다가 체한 경험이 떠올랐다. 그런데 홀링은 그럴 때 자신에게 고통을 준 것을 이용하여 역으로 복수를 하기도 한다. 또는 고통이 자신에게 도움이 될 때도 있다고 생각한다. 선생님이 읽으라고 한 어려운 셰익스피어 책에서 나온 욕을 자신이 쓰는 장면이 그런 것이다.

 나는 홀링이 육상 대회에 나가는 부분이 가장 중요하다고 생각한다. 육상 대회를 연습할 때 육상 선수였던 베이커 선생님이 연습을 도와주면서 홀링과 친해졌기 때문이다. 나는 이 장면에서 베이커 선생님이 육상을 그리워해서 잘 뛸 수 있도록 방법을 알려 주었을 것이라고 생각한다. 결국 이 책은 베이커 선생님과 홀링이 잘 지내게 되고 그 때 베트남 전쟁도 끝이 난다. 이것을 보고 좋은 일들이 한 번에 일어난다는 것을 보여주기 위해 작가가 시기를 베트남 전쟁으로 맞췄다고 생각했다. 결말이 약간 궁금하게 만들었기 때문에 마지막까지 생각을 잘 할 수 있게 만든 것이 아주 좋다고 생각한다. 이 책에서 나쁜 일을 버텨서 좋은 일이 벌어지기 때문에 생활이 힘든 아이들, 예를 들어 요즘 이유 없이 힘든 나 같은 아이들에게 추천한다. - 최예준(5학년 남)

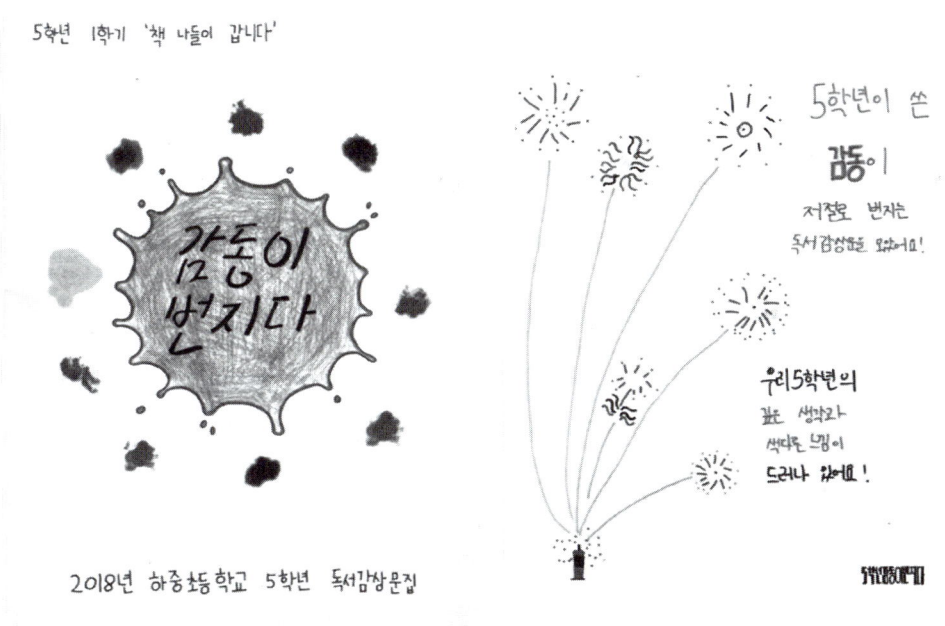

5학년 독서감상문집 '감동이 번지다' 앞표지와 뒤표지

아이들에게 예고를 한 것처럼 아이들이 쓴 독서감상문은 한 데 묶어 5학년 독서감상문집을 만들었습니다. 독서감상문은 아이들 손글씨 그대로 싣지 않고 책표지 그림과 서지정보를 더 넣어 한글프로그램으로 정리를 하였습니다. 독서감상문집을 읽고 활동을 하기 위해서는 가독성이 중요하기 때문입니다.

아이들의 활동결과를 묶어 책으로 만들 때는 보통 다음과 같은 과정을 거칩니다. 먼저 아이들이 활동한 내용을 정리하여 파일로 만듭니다. 활동의 성격과 양에 따라 판형이 달라지지만 보통 B5판형(공책크기)을 가장 많이 사용합니다. 그 다음은 책 제목을 정합니다. 독서감상문집의 경우 활동지 제일 뒤에 독서감상문집으로 어울리는 제목을 아이들에게 적어보라고 하였습니다. 좋은 제목이 단번에 나오기도 하지만 대부분 썩 마음에 드는 제목을 바로 정하기는 어렵습니다. 그럴 때는 아이들이 활동지에 적은 제목을 공개하고 아이들과 괜찮은 제목 몇 개를 추린 뒤에 제목을 서로 조합하여 만듭니다. 학년 전체의 결과를 담은 책이라면 각 반에서 정한 제목 가운데 가장 나은 제목으로 정합니다. 그 다음은 제목을 아이들에게 알려주고 책 표지와 뒷표지를 공모합니다. 모든 아이들이 다 만든 후에 제목을 뽑듯 다시 뽑아도 좋지만 번거롭다면 각 반에 감각이 있는 아이들 중에 희망하는 아이들에게 따로 부탁하는 것도 좋은 방법입니다. 각 반에서 표지를 골라오면 가장 나은 것을 책표지로 정하고, 나머지 후보작은 각 반을 구별하는 종이(보통 마당표지나 간지라고 부르는 것으로 노란색이나 연두색 같은 색이 있는 종이로 되어 있습니다.)에 넣어 반표지로 사용합니다. 표지, 제목, 반표지로 뽑힌 아이들은 책의 뒤에 서지정보에 이름을 넣어줍니다. 학급문집 만드는 인쇄소에 파일을 넘기고 책으로 만듭니다.

독서감상문집으로 감동을 나누다!

독서감상문집을 받고 아이들은 먼저 자기가 애를 써서 쓴 글을 다시 읽어봅니다. 다른 친구들의 글도 뒤적여 봅니다. 어떤 책을 골랐고 감상문을 어떻게 썼는지 살펴봅니다. 그런데 이런 마음은 금세 없어집니다. 독서감상문집 역시 책장 어딘가에 꽂히고 잊히고 말겠지요. 그저 공들여 쓴 독서감상문이 아까워서, 아이들 뿌듯하라고 책으로 만든 것은 아닙니다. 책에 대한 이야기를 나누기 위해서입니다. 또래 친구들이 쓴 독서감상문이야 말로 책에 대해 이야기를 하며 독서를 습관화하고 독서 체험을 확장하는 중요한 열쇠가 됩니다. 책을 읽으며 자신이 느끼고 얻은 것과 다른 관점을 만나게 되기도 하고, 평소라면 읽지 않을 책들에 대한 이야기를 들으면서 독서 체험이 확장됩니다. 아이들끼리 직접 이야기를 나누는 것도 물론 좋지만 다른 사람이 공들여 쓴 독서감상문을 읽으면서 평소에는 이야기를 나누기 어려운 아이들의 생각과 새로운 책에 대한 정보를 확인할 수 있습니다. 뿐만 아니라 책에 대해 부모님과 이야기를 나눌 수 있는 기회도 됩니다. 독서감상문 그 자체는 재미있는 글은 아니지만 내가 먼저 읽어 보았거나 우리 교실에 꽂혀 있는 책으로 쓴 글이라 더 관심을 갖고 읽습니다. 아이들이 독서감상문집을 집으로 가져가서 부모님과 같이 독서감상문을 꼼꼼히 읽고 서로 이야기를 나누도록 활동지를 만들었습니다.

5학년 독서감상문집에 있는 우리 아이의 글, 어떠신가요?(부모님)

학기 초보다 글 쓰는 능력이 많이 좋아진 것 같아요. 책의 줄거리와 핵심 문장, 느낀 점들이 잘 표현되었고, 누구보다 자신의 부족한 점을 잘 알고 고치고 싶어 하는 부분도 감동입니다. 여러 가지 책을 통해 하율이의 생각과 행동에 더 큰 성장이 있으리라 기대해 봅니다.

다른 삶 속의 인물들이 만나서 새로운 인연을 만드는 이야기를 읽고 관계에 대한 성찰을 한 것 같아 생각이 많이 커졌구나, 하고 생각했습니다. 다독을 통해 관계에 대한 통찰력이 더욱 자라길 바랍니다.

집에 '카이'라는 푸들을 키운다. 대연이가 무척 이뻐하며 좋아한다. 「악당의 무게」에서 개가 학대당해 난폭하게 된 점을 들며 생명을 가진 것들은 소중히 다루어야 하고 학대하면 안 된다고 글에 써서 대견스러웠다.

평상시 민재의 생각, 생활, 경험들이 글에 잘 묻어납니다. 「푸른 사자 와니니」라는 책의 영향으로 민재가 자신감이 많이 생겼나 궁금하기도 합니다. 책을 통해 좋은 영향을 받고 책이 좋아진다는 이야기를 하는 민재입니다.

『수요일의 전쟁』이라는 제목만 봤을 때는 이 책의 내용을 가늠할 수 없었는데 감상문을 보고 잘 파악이 되었습니다. 내용과 생각을 적절히 잘 표현한 것 같고 생각이 많이 자란 예준이를 볼 수 있었습니다.

책을 통해 타인의 경험에 공감하고 느낀 감정을 하나 하나 적은 흔적을 볼 수 있네요. 글에서 서현이의 생각을 읽을 수 있었습니다. 독서를 통해 책을 읽는 재미와 생각의 폭이 넓어지는 것 같아 좋습니다.

읽으면서 얼마나 웃었는지 모릅니다. 어른들의 네모 상자 안에 갇힌 생각에 경종을 울리는 느낌이었습니다. 틀에 박힌 생각을 뛰어넘어서 시원하고 후련합니다. 민건이의 마음이 잘 담겨 있네요.

아무리 좋은 책이라도 글로 풀 수 없으면 머리에 맴돌다 잊어버리기 쉬운데 이렇게 본인이 읽은 책을 줄거리 찾아내고, 그 줄거리에 본인의 느낌까지 전달하니 책 읽는 수준이 높아진 것 같습니다.

아이가 자랄수록 부모는 자기 아이가 쓴 글을 읽어 볼 일이 생각보다 많지 않습니다. 아마 부모님들이 그나마 가장 많이 접한 아이의 글은 학교에서 집으로 나가는 평가통지서에 쓴 글 또는 평가지와 활동지에 답으로 적은 글이 아닐까요? 그런 글로는 아이와 이야기를 나눌 수 없습니다. 오히려 내용, 글씨, 맞춤법 따위로 아이가 타박을 받기 십상이지요. 활동지가 없었다면 아이들 역시 부모님에게 감상문집을 함께 읽자고 말하기가 쉽지 않았을 것입니다.

처음에는 숙제라고 하니 억지로 읽은 분도 많았겠지만, 부모님이 활동지에 적은 이야기를 보면 아이가 쓴 글에 놀랐다, 많이 컸구나 하고 뿌듯하다는 반응이 많았습니다. 서사문에 비해 독서감상문은 글의 구조가 논리적이고 생각이 차분히 정돈되어 있기 때문에 더욱 그렇게 느끼는 것 같습니다. 또 부모님들도 어릴 때 독후감을 쓰려고 끙끙대던 경험이 한 번쯤은 있을 테니 아이가 감상문에 들인 노력에 공감하고 예상보다 좋은 결과에 만족하는 것은 아닐까, 하는 생각이 들었습니다.

5학년 독서감상문집을 읽은 이야기를 써 보세요. (부모)

아이들이 책을 읽고 감상문을 쓰면서 스스로를 뒤돌아보고 나와 다른 사람과의 관계를 생각하는 시간을 갖는 계기가 된 것 같습니다.

많은 아이들이 책을 통해 느끼고 생각하고 깨닫고 고쳐가면서 많은 배움이 있었던 것 같아요. 자신이 미처 경험하지 못한 부분에 대해 직접적, 간접적으로 경험해보는 시간이 된 것 같습니다.

아이들의 글이 대체로 수준이 높아요. 자신의 생각을 글로 잘 표현할 줄 알아 읽는 내내 입가에 미소가 끊이지 않았습니다. 책의 내용을 나열하는 것에 그치는 것이 아니라 어떻게 느꼈는지 표현하는 것을 보니 어휘력도 많이 늘고 생각도 많이 자랐다는 것을 느낄 수 있었습니다.

같은 책이어도 읽는 사람에 따라 감상문이 다르다는 게 재미있었어요. 5학년 친구들에게 어울리는 다양한 책을 읽고 있는 것 같아서 좋아요.

책을 읽는 것에서 끝나지 않고 책이 말하고 있는 부분을 정확하게 이해하고 자신에게 도움이 되는 부분을 글로 표현함으로써 다른 친구들에게 소개해주는 모습에 마음이 뿌듯했다.

5학년 친구들의 글 솜씨가 놀라울 정도로 잘 썼네요. 책에 대한 줄거리, 감상까지 너무나도 연결이 자연스러워서 읽는 내내 재미있었고 한권의 책을 읽는 느낌이었습니다

5학년 독서감상문집을 읽은 이야기를 써 보세요. (아이)

같은 책을 읽은 사람도 나와는 전혀 다른 생각을 가지고 책을 읽었구나 하고 알 수 있었다. 책에 대해 간단히 소개가 잘 되어서 안 읽어 본 책을 읽고 싶어졌다.

내 독서감상문과 친구들의 독서감상문을 비교하면서 읽었다. 이런 책도 재미있겠다는 생각도 들었고 내가 이미 읽은 책을 볼 때는 나랑 생각이 살짝 다르구나 생각도 했다.

감상문집을 읽으면서 읽고 싶은 책이 생겼다. 아이들이 쓴 것을 보니 책에 대해서 어떻게 생각했는지 알 수 있었다. 나중에 또 감상문을 쓰면 지금보다 더 잘 쓸 수 있겠다.

친구들이 이렇게 글을 잘 쓰는지 몰랐다. 다들 다양한 종류의 책이어서 읽어보면 좋겠다 생각이 든다. 추천하는 글이 잘 나와 있어서 나에게 맞는 책을 잘 찾을 수 있겠다.

아이들의 독서감상문을 보니까 책을 꼭 읽어보고 싶다. 읽어본 책도 있는데 설명을 들으니까 다시 읽고 싶은 마음이 생겼다.

감상문집을 보면서 우리 교실에서 봤던 익숙한 책들도 있고 처음 보는 책들도 있었다. 감상문 중에 『우리 집에 온 마고할미』라는 책은 얼마 전에 하늘이가 재미있다고 추천해주었는데 그 책도 있었다. 감상문을 보니 『플레이볼』처럼 많이 겹치는 책들이 있었다. 겹치는 책들은 그만큼 여러 친구들이 책을 읽고 한 생각이 많고 좋다고 꼽은 책이니 꼭 읽어봐야겠다.

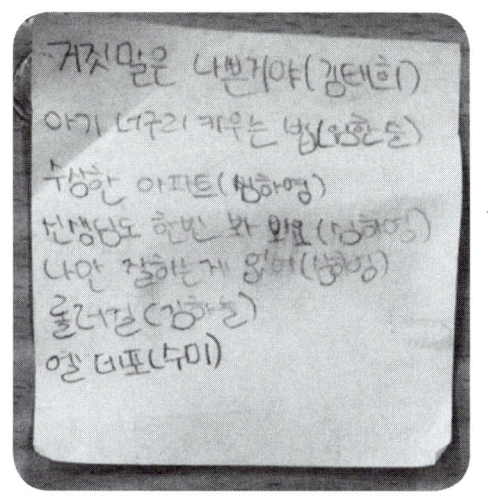

아이들이 감상문집을 읽고 쓴 이야기는 크게 두 가지로 나눌 수 있었습니다. 하나는 감상문에 대한 눈이 달라졌다는 이야기입니다. 사람마다 생각이 다르다는 것을 느꼈다는 아이도 많고, 자기가 쓴 감상문과 비교해서 읽으니 감상문을 보는 눈이 높아졌다고 했습니다. 다른 하나는 읽고 싶은 책이 생겼다는 것입니다. 그래서 읽고 싶은 책을 적어가며 감상문집을 읽게 하였고, 이렇게 고른 책들은 붙임쪽지로 책상 위에 붙여 놓고 찾아 읽게 하였습니다. 앞에서 고학년 부모님들은 자기 아이 글을 읽을 기회가 많이 없다고 했지요? 또래 아이들이 쓴 글을 이렇게 많이 읽을 일은 더욱 드뭅니다. 부모님들은 다른 아이들이 쓴 글을 읽으면서 우리 아이의 수준을 조금 더 정확히 알 수 있기도 하고, 또래 아이들이 지금 어떤 생각을 하고 살고 있는지도 발견합니다. 특히 감상문집을 읽으면 우리 아이가 읽을 만한 책정보를 잔뜩 얻을 수 있지요.

"책 좀 읽어!" 대신 "이현이 쓴 「악당의 무게」 한 번 읽어 봐!" 라고 말 할 수 있는 부모가 될 수 있다는 뜻입니다. 그래서 부모님에게는 우리 아이가 읽어 봤으면 좋을 책을 세 권 정도 고르게 하고 그 책이 왜 우리 아이에게 필요한지 이유도 함께 적어달라고 했습니다.

우리 반 아이들이 쓴 글 가운데 우리 아이가 꼭 읽었으면 하는 책을 세 권만 골라주세요. 고르신 까닭도 간단하게 말씀해주세요. (부모님)

『별난 반점 헬멧뚱과 X사건』
- 은채가 이 책을 보고 사람을 보고 평가할 때 외모로만 판단하지 않았으면 좋겠다.
- 사람을 외모로만 판단하지 않고, 남을 함부로 의심하지 않길 바란다.

『수평선 학교』
- 자신의 성공만을 위해 달려가는 요즘 사람들에게 필요한 책이라고 생각한다
- 명예보다는 사람 자체를 중요하게 생각하는 마음을 가졌으면 좋겠다.

『어서 옵쇼 분식점』
- 가족의 소중함을 깨달을 수 있다. 서로를 이해해주는 내용인 것 같다.
- 장애가 있는 누나를 잘 돌보는 쇼처럼 장애가 있는 친구와 사람들에 대해 바른 시각을 가졌으면 좋겠다.

『백만장자가 된 백설공주』
- 엄마인 내가 자라면서 본 세상과 다른 관점의 이야기를 들려주는 것 같다.
- 가려운 곳을 잘 긁어주는 듯한 책 같다.

『모모』
- 어린이는 늘 도움을 받는 존재라고만 생각하지만 이 책에서는 어른들의 문제를 해결해 주는 현명한 아이가 나오기 때문이다.
- 남의 얘기를 듣는 것, 잘 듣는 것은 어렵다. 하지만 정말 중요한 부분이다.
- 친구의 이야기를 잘 들어줄 수 있는 마음을 배울 것 같다.

『한밤중 달빛 식당』
- 슬프고 나쁜 기억도 사람이 성장하는 데 도움이 될 것이다. 행복이 무엇인지 생각해 볼 수 있겠다.
- 나쁜 기억 또한 소중한 기억이라는 것을 느낄 수 있는 책이다. 모든 기억은 소중한 추억이다.
- 슬픈 일 나쁜 일이 있다고 해서 행복하지 않은 것은 아니다. 좋지 않은 생각도 행복한 기억으로 전환시킬 수 있다는 것을 알려주고 싶다.

『축구생각』
- 정말 좋아하는 걸 하기 위해서는 노력을 해야 한다.
- 정당하고 떳떳하게 노력하는 것이 올바른 것이라는 것을 느끼게 해주는 책 같다.

『롤러걸』
- 끝까지 포기하지 않고 최선을 다해 자신의 목표를 이루는 과정을 보면서 아이들이 느끼고 생각하는 부분이 있을 것 같다.
- 포기하지 않고 끝까지 노력하는 모습이 중요하다는 것을 알게 되면 좋겠다. 노력하면 무엇이든 할 수 있다는 끈기를 가졌으면 좋겠다.
- 애스트리드가 끝까지 최선을 다하는 이야기가 우리 아이에게 긍정적인 효과를 줄 것 같다.

활동지 덕분에 아이와 부모는 독서감상문을 꼼꼼히 읽을 수 있었다고 했습니다. 독서 감상문집 읽기 활동은 세 가지 효과가 있었습니다. 친구들이 쓴 독서감상문이 감상문이라는 형식의 글쓰기를 잘 할 수 있는 자극을 주었고, 아이와 부모에게 서로 소통의 기회가 되었습니다. 가장 중요한 것은 아이들이 앞으로 어떤 책을 읽을지, 어떻게 읽을지 고민하며 책 읽기를 꾸준히 지속할 수 있는 힘과 흥미를 얻었다는 것입니다.

5학년 독서감상문집을 부모님과 함께 읽으며 배우고 느끼고 깨달은 점을 써 보세요. (아이)

엄마하고 독서감상문을 읽으면서 여러 가지 이야기를 해서 좋았다. 나, 우리 반이 독서감상문 쓰는 솜씨가 모두 는 것 같다. 색다르고 재미있는 글을 읽어서 좋았다.

혼자서 독서감상문을 읽는 것보다 부모님과 함께 읽으니 "어, 이것도 재밌겠다." 라고 서로 대화하며 읽었다. 그래서 더 재밌게 읽었다.

활동지를 하면서 독서감상문을 읽어서 참 좋았다. 독서감상문집만 받고 이걸 안 했으면 더 자세히 안 읽어 봤을 것 같은데 더 자세히 읽을 수 있었다.

나는 지금까지 독서감상문을 어떻게 쓰는지 잘 몰랐다. 5학년이 돼서 독서감상문을 쓴다고 했을 때 처음에는 당황했다. 그런데 차근차근 하다 보니 근사한 독서감상문을 쓰게 되어서 뿌듯했다.

책을 고를 때 무슨 책이 좋을지 고민을 많이 했었는데 독서감상문집을 읽으니 나한테 무슨 책이 좋은지 알게 되었다. 친구들이 추천해준 책은 꼭 읽어 보아야겠다.

가뿐한 독후활동 넷, 독서 토의·토론문 쓰기

독후활동이 대부분 책을 잘 읽었는지 확인하는 형태로 존재하는 까닭은 아이들이 책을 제대로 읽지 않을 거라는 어른들의 걱정 때문입니다. 그런데 2년간 책봄, 책가을, 책나들이, 책향기를 아이들과 함께 해보며 알게 된 것은 책을 잘 읽을 수 있는 환경, 바로 책을 읽을 수 있는 충분한 시간과 좋은 책 울타리만 마련해주면 아이들은 능동적인 독자가 된다는 것이었습니다. 그래서 책을 제대로 읽을 뿐만 아니라 책과 다양하게 소통하고 책으로 아이들과 소통합니다. 이 소통이 가장 자연스러운 독후활동이고 또 다른 독후활동의 시작입니다. 교실에서 여럿이 책을 읽을 때만 가능한 독후활동이 하나 더 있습니다. 바로 이야깃거리를 찾아 친구들과 토의·토론을 하는 것입니다. 이 과정은 좋은 독후활동이라기보다는 거의 완벽한 독서 경험 과정입니다.

『침묵으로 가르치기』를 쓴 핀넬 교수는 책읽기라는 행위를 경험과 관련지어 흥미로운 설명을 합니다. 핀넬 교수는 경험을 직접경험과 성찰경험으로 나누는데 직접경험은 구체적인 장면, 문제, 글, 예술품을 직접 만난다는 뜻입니다. 단, 체험이 아니라 경험이 되려면 이 만남이 뭔가 모호하고 불안정한 상태여야 합니다. 그래야 생각을 불러일으키는 학습 경험이 될 수 있다는 것입니다. 성찰 경험은 문제의 여러 측면을 연결해보고 파악하고 질문을 만들면서 자기가 주도적으로 경험을 이해한다는 뜻입니다. 사실 두 경험은 분리되지 않습니다. 경험을 하고 나서 성찰경험으로 연결되지 못하면 배움이 되지 못하고 그저 '체험'으로 끝나 버립니다.

핀넬 교수의 관점에서 살펴보면 독서는 대단히 의미 있는 '직접 경험'이자 '성찰 경험'이 됩니다. 책을 공들여 읽는 과정은 그 자체로 훌륭한 직접 경험이 됩니다. 같은 책을 읽고 진지하게 고민하는 다른 사람을 만나서 이야기를 나누고 그 과정을 다시 글로 쓴다면 책을 읽으면서 떠오른 수많은 생각과 질문에 답을 찾고 스스로 의미를 이해하는 성찰경험까지 이어집니다.

좋은 이야기는 좋은 이야깃거리에서

책을 읽고 함께 이야기를 나누기 위해서는 이야깃거리를 정해야 합니다. 그런데 책을 읽는 과정에서 아주 많은 생각을 하기 때문에 좋은 이야깃거리가 무엇인지 기준에 대해서 먼저 이야기를 나누어 보는 게 좋습니다.

책향기 활동을 하면서 아이들이 찾은 이야깃거리 가운데 적절하지 않은 것들을 묶어서 아이들에게 보여주고 문제가 무엇인지 생각해 보게 하였습니다. 아래는 아이들과 이야기를 나눈 내용입니다.

(토론) 대희는 알을 부화시킬 수 있을까? 「노란상자」 박효미

(토의) 지명이는 어떻게 해야 건강해질 수 있을까? 「길고양이 방석」 박효미

두 가지 이야깃거리는 '이야깃거리'를 찾으라고 하면 가장 많이 나오는 형태입니다. 바로 책의 내용과 직접적으로 관련된 질문의 형태입니다. 첫 번째 질문의 답은 책을 읽다보면 알 수 있고, 두 번째 질문은 책의 주제를 생각해 보았을 때 별로 중요하지 않은 질문입니다. 이런 종류의 이야깃거리로 토의나 토론을 진행하면 금방 이야기가 끝납니다. 그리고 같은 책을 읽지 않은 다른 아이들과는 이야기를 나눌 수 없다는 단점이 있습니다.

(토론)활명수를 많이 먹어도 되는가? / 수의를 꼭 입어야 하는가? **「마지막 이벤트」 유은실**

『마지막 이벤트』를 읽고 아이들이 쉽게 떠오를 법한 이야깃거리입니다. 책 내용을 잘 모르는 아이들과도 나눌 수 있는 이야기이기도 합니다. 하지만 아이들에게 이 이야깃거리를 보여주면 제일 먼저 '활명수과 뭐에요?' '수의가 뭐에요?' 라는 질문이 나옵니다. 아이들의 일상과는 너무 먼 이야깃거리이기 때문입니다. 활명수가 무엇인지 수의가 무엇인지 답을 알려주어도 금방 이야기가 끝이 날 것입니다.

(토론)사람을 때리고 싶다고 때리면 될까? **「고래가 뛰는 이유」 최나미**

앞의 두 가지 종류의 기준에서 보면 썩 괜찮은 이야깃거리입니다. 아이들도 처음 이 이야깃거리를 보았을 때는 '괜찮다.'고 대답을 했습니다. 그래서 "그럼 찬성을 하는 사람 손 들어볼까?" 했더니 그제서야 아이들이 문제를 찾았습니다. 다들 입장이 같기 때문이지요. 토론이라면 찬성과 반대로 나뉘어야 하고, 토의라면 여러 가지 의견이 나올 수 있어야 좋은 이야깃거리이겠지요.

위의 세 기준으로 아이들과 이야깃거리를 함께 고쳐보았습니다.

(토론) 머니맨 활동을 계속하는 것이 옳은가? **「건방이의 건방진 수련기」 천효정**
→ 돈을 받고 친구의 부탁을 들어주는 일은 옳은가?

성우가 꼭 거짓말을 하며 보고서를 써야 했나?『걱정쟁이 열세 살』 최나미
별에다가 이순신 장군이나 인명구조 대원을 적어야 하나? **「고맙습니다 별」 박효미**
→ 거짓말이라도 숙제를 해오는 게 나을까?

이야깃거리의 기준이 분명해지면 아이들이 좋은 이야깃거리를 잘 찾습니다. 책향기 활동에서는 작가 모둠 책을 읽으며 한 사람당 이야깃거리를 10개에서 15개 정도 찾았습니다. 그 가운데 한 사람당 하나의 이야깃거리만 정하라고 하고 같은 작가모둠친구들이 서로 이야깃거리를 점검해주었습니다. 아이들이 모둠에서 이야기를 나눈 것 가운데 모둠에서만 이야기하기 아까운 이야깃거리를 골라 모둠 대 모둠으로, 또는 반 전체에서 토의·토론을 했습니다.

읽고 이야기하고 쓰고!

각자 정한 이야깃거리로 이야기를 모두 마치는 데는 제법 시간이 걸립니다. 그리고 활동지에는 다른 친구들의 생각을 핵심만 요약하여 적기 때문에 그것만으로는 토의·토론문을 쓰기 어렵고 아이들이 한 말을 되짚어 보는 과정이 필요합니다. 아이들이 자주 쓰는 형태의 글이 아니어서 글의 흐름을 알려주면 도움이 됩니다.

❶ 글 제목 + 책 제목

❷ 이야깃거리 + 이야깃거리를 뽑은 과정

❸ 내 의견과 근거 + 친구들 의견과 근거

❹ 토의·토론 결과

❺ 책 읽고 토론하고 글 쓰면서 배우고 느끼고 깨달은 점

먼저 어떤 책에서 어떤 이야깃거리를 골랐는지, 그 이야깃거리를 뽑은 과정을 책과 관련지어 정리합니다. 그 다음에는 내가 의견을 말했을 때 아이들이 내 의견에 대해 어떻게 생각했는지, 다른 아이들은 어떻게 말했고 나는 친구들의 의견에 대해 어떻게 생각하는지 적습니다. 작가모둠별로 모여서 다른 친구들의 활동지도 살펴보고 잘 생각이 나지 않는 것은 물어보기도 하면 쉽게 적을 수 있습니다. 마지막으로 토의·토론의 결과는 무엇이고 처음과 비교해서 내 생각이 어떻게 변화되었는지, 이 과정을 통해 느낀 점은 무엇인지 쓰고 마무리합니다.

책나들이를 한 후 독서감상문집을 냈고 책향기 활동을 하고 아이들이 쓴 토의·토론문을 모아서 독서토의·토론문집을 만들었습니다.

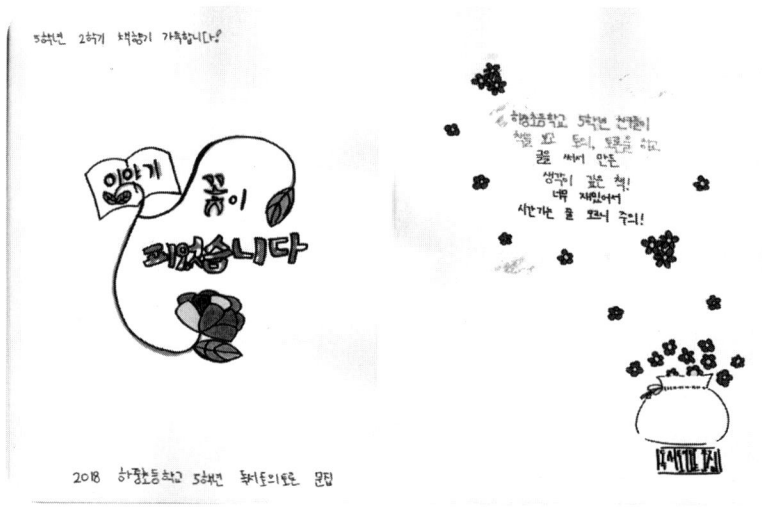

5학년 독서 토의토론문집 '이야기꽃이 피었습니다' 앞표지와 뒤표지

선의의 거짓말, 해도 되나요?

『내 가슴에 해마가 산다』

김려령 글, 노석미 그림.
문학동네

김려령 작가의 「내 가슴에 해마가 산다」에서 주인공인 하늘이가 동생을 도와주러 가기 위해 엄마에게 친구의 생일 파티에 간다고 하고 동생을 만나러 가는 선의의 거짓말을 한 장면이 나온다. 그 장면을 보고 '선의의 거짓말은 해도 되는 것일까?'라는 생각을 했다.

나는 선의의 거짓말은 하면 안 된다고 생각한다. 잘못하면 상황이 더 안 좋아질 수 있기 때문이다. 두 번째 근거는 선의의 거짓말도 거짓말이니 하면 안 된다. 마지막으로 선의의 거짓말을 하면 계속 거짓말로 상황을 모면하려고 하기 때문이다.

선의의 거짓말은 해도 된다는 친구들은 선의의 거짓말을 해서 사람들을 안심시킬 수 있고, 상대방의 기분을 풀어줄 수 있고 상처를 안 줄 수 있다고 했다. 사람들을 안심시킬 수 있다는 근거는 별로 좋지 않다고 생각한다. 왜냐면 거짓말로 상황을 모면하는 것보다는 진실을 말해 대비하는 게 더 낫기 때문이다. 그리고 상황을 모면하려고 하는 것은 잘못하면 상황이 더 안 좋아질 수도 있다. 어떤 상황을 피하기 위해 거짓말을 했는데 그 거짓말이 들통 나면 상황이 더 안 좋아진다. 또, 상대방에게 상처를 안 줄 수 있는 방법은 선의의 거짓말 외에도 다른 여러 방법이 있기 때문에 별로 좋은 근거는 아니라고 생각한다.

선의의 거짓말은 하면 안 된다고 생각한 친구들은 다른 사람이 피해 볼 수 있다고 했다. 이 말은 맞는 말이다. 어떤 상황을 모면하기 위해서 선의의 거짓말을 하면 그 선의의 거짓말을 믿은 사람이 피해를 볼 수 있기 때문에 이 근거는 괜찮지 않다고 생각한다.

나는 반대에서 찬성으로 의견이 바뀌었다. 사람들의 기분을 풀어줄 때는 가끔씩 선의의 거짓말을 사용해도 좋은 것 같다. 하지만 너무 자주 쓰는 건 좋지 않겠다.

작가의 책에서 이렇게 다양한 토의·토론 주제를 뽑을 수 있는 것에 정말 놀랐다. 그리고 그 주제에 대해 근거를 대고 이렇게 긴 글까지 쓴다는 게 가장 놀랐던 점이다. 그리고 토론에 대해 다시 생각해 볼 수 있었다. 예전에는 토론을 하지 않으니 토론에 대해 생각을 할 수 없었는데 이 활동을 통해 토론의 진정한 재미와 방법을 알게 되었다.

- 조아영(5학년 여)

사람마다 생각이 다 다르다

『움직이는 섬』

최나미 글, 최정인 그림.
한겨레아이들

나는 『움직이는 섬』을 읽으며 '부모님과 싸웠다고 집을 나가도 될까?' 라는 이야깃거리를 찾았다 진규와 진규 아빠가 싸우게 돼서 진규가 집을 나가 움직이는 섬에 간 내용이어서 '싸웠다고 집을 나가도 될까?'라는 생각이 들어서 이 이야깃거리를 뽑았다.

나는 아무리 부모님과 싸웠다고 해도 집을 나가면 안 된다고 생각한다. 왜냐하면 싸웠다고 집을 나가면 부모님이 걱정을 하실 것이고, 나간 애도 포근한 집이 그립고, 부모님이 보고 싶어서 후회가 될 것이기 때문이다. 또, 집을 나간다고 그 일이 해결되는 것도 아니기 때문이다. 모둠 친구들 중 박서은은 부모님과 싸웠다고 집을 나가면 안 된다고 말했다. 부모님이 이유 없이는 화를 내지 않을 것 같기 때문이라고 말을 했다. 나도 서은이와 같은 의견이지만 이 근거는 생각을 못했다. 나는 서은이 말에 공감한다.

김우영은 엄청 크게 싸운 것이면 나갈 가능성이 높은 것인데 그래도 안 나가는 게 좋다고 했다. 후회가 될 수도 있기 때문에 안 나가는 게 맞다고 생각한다고 했다. 나는 김우영의 말에 조금 공감이 간다. 부모님이 엄청 보기 싫고, 진짜 엄청 크게 싸웠다면 나가는 게 맞을 것 같다고 생각이 들어 조금 공감이 된다.

이주안은 무조건 나가야 된다고 했다. 부모님이 우리의 소중함을 알 수 있게 하기 위해서라도 나가야 된다고 말했다. 아무리 그래도 우리의 소중함을 알리기 위해서 나가는 것은 아니라고 생각한다. 집을 나가면 나간 애만 떠돌아 다녀야 돼서 나간 애만 손해라고 생각하기 때문에 나가는 것은 안 좋다고 생각한다.

처음의 내 입장은 집을 나가는 것에 완전 반대였는데 토론을 하고 나니 중립에 가까운 반대로 바뀌었다. 엄청 크게 싸우면 나가도 된다는 생각이 들었기 때문이다.

책을 읽고 이야깃거리를 찾아서 토의 토론을 해본 적이 없었는데 이 활동을 통해서 해봐서 새로운 경험이었다. 이야깃거리를 찾을 때 애들이랑 생각이 거의 달라서 사람마다 생각이 다 다르다는 것을 또 한 번 더 깨닫게 되었다. 이 활동을 통해서 토의 토론에 대해서 알게 되었다. - 이혜규(5학년 여)

책으로 소통하자!

『건방이의 건방진 수련기』

천효정 글, 강경수 그림.
비룡소

나는 이야깃거리는 '아무도 모르는 나만의 비밀장소는 필요한가?'로 정했다. 『건방이의 건방진 수련기』의 책 내용 중에 건방이는 비밀장소가 있었다. 건방이의 할머니가 돌아가셔서 보육원으로 가기 전에 마지막으로 비밀장소를 들렀는데 그 곳에서 사부님을 만나 사부님과 비밀장소에서 동거를 하게 된다.

그래서 나는 건방이가 어떻게 보면 사부님이랑 사는 게 보육원 가는 것보다 더 나았을 수도 있다고 생각이 들어 이 이야깃거리를 뽑았다. 나는 이 이야깃거리에서 비밀장소가 필요 없다고 생각했다. 왜냐하면 어차피 가족이랑 같이 사는데 굳이 가족이 모르는 비밀장소가 필요하냐고 이야기를 했다. 그런데 찬성 측에서는 비밀장소가 필요하다고 했다. 그 중에 수미는 가족이랑 사니까 혼자 살 때보다 더 부딪치는 면이 있어서 그것을 비밀 장소에서 나만의 무엇을 해서 한을 풀어야 된다고 했다. 또 서현이는 동일하게 내 맘대로 못하니까 스트레스를 받고 속상한 일이 있을 때 비밀 장소가 있으면 그곳에서 조금이나마 속상함을 털어 낼 수 있다고 했다. 나는 가족이랑 살면 속상한 일도 있고 그러면서 같이 살아가는 것이라고 생각한다. 뭐 그렇게 스트레스를 많이 받는 사람에게는 비밀 장소가 있는 것도 나쁘지는 않을 것 같다. 나랑 생각이 같은 반대 측 세훈이는 가족이랑 사는데 왜 비밀장소를 숨기냐고 했다. 비밀장소는 있되, 가족에게만 알려주는 게 나을 것 같다고 했다. 이야기를 나누고 나서 나는 생각이 바뀌지는 않았다. 그런데 비밀 장소에서 속상한 것을 푸는 것은 좋은 방법 같다. 이런 토론을 하면서 책으로 소통하는 것이 좋았다. 책을 같이 읽고 얘기 하는 것이 나는 좋다. 토론을 하면서 친구들의 의견을 듣는 것도 좋았다. - 문주형(5학년 남)

계속 해도 괜찮고 가끔 하는 것도 괜찮은데

『축구 생각』

김옥 글, 윤정주 그림.
창비

김옥 작가의 『축구 생각』이라는 책은 자신이 좋아하는 일을 하는 것도 좋지만 때로는 다른 일을 해보는 것도 좋다는 것을 알려준다. '대용'이가 축구를 하고 싶어 했지만 주변에서 축구를 하지 말라고 한다. 90점을 받아야만 축구를 할 수 있어서 승완이의 수학 시험지를 커닝하여 축구를 할 수 있게 된다.

내 토론 주제는 '내가 하고 싶은 일만 계속 해도 될까?'이다. 대용이는 승완이에게 수학 시험지를 커닝한 게 들키게 된다. 그 일로 커닝한 것을 말하지 않는 대신 축구 경기를 내주게 된다. 자신이 좋아하는 일을 할 수 없게 됐을 때 '떼어내기 놀이'를 했는데 다른 것도 재미있다고 느낄 때의 모습에서 여러 가지를 해보는 게 좋다는 생각이 들어서 친구들과 이야기를 나누고 공감해 보고 싶었다.

나는 내가 좋아하는 일만 계속 하면 안 된다는 생각이 들었다. 왜냐면 첫째, 내가 좋아하는 일만 계속 해 보는 것보다는 다른 일도 경험해 보는 게 나 자신에게 더 도움이 되기 때문이다. 둘째, 다른 경험을 해 보면 다른 것도 좋아질 수 있다고 생각한다.

내 토론 주제로 중안이는 좋아하는 일을 계속 해도 된다고 했다. 내가 좋아하는 일을 위해 노력을 했는데 다른 일을 하면 그 일에 대한 노력을 무시하는 거라고 한다. 또 내가 좋아하는 일을 하는 게 얼마나 기쁜데 그 일을 못 한다면 기쁘지 않다고 했다.

현기도 좋아하는 일을 계속 해도 된다고 했다. 좋아하는 일을 안 한다면 장래희망을 못 이루기 때문이다.

범준이는 좋아하는 일만 계속 하면 안 된다고 했다. 다른 일 중에도 나와 더 어울리는 일이 있을 수 있고 좋아하는 일만 하면 다른 것을 경험해 볼 수 없다고 했다.

나는 친구들과 내 토론 주제로 토론을 했을 때 의견이 바꾸지 않고 그대로였다. 친구들의 말이 설득력이 부족해서인지 내가 고집이 세서인지 모르겠지만 바뀌지 않았다. 게다가 좋아하는 일만 계속 하다가는 미래가 너무 걱정이 되어 의견이 바뀌지 않았다.

친구들과 토론하면서 반박할 때마다 내 말이 랩처럼 줄줄 나오는 게 신기했다. 난 평소에 말이 꼬여서 랩 같은 것은 잘 못하는데 말이다. 내 토론 주제여서 그런가 자신감이 생겼다. 친구들 토론 주제로 이야기할 때는 친구들에게 설득되기도 하고 생각이 그대로 이기도 했는데 내 주제로 한 명이 설득되어서 기분이 좋았다. - 이수정(5학년 여)

부모다운 부모가 되기 위해서

『노란상자』

박효미 글, 이광익 그림.
웅진주니어

나는 박효미 작가의 「노란상자」라는 책을 읽다 대희의 엄마께서 대희가 아끼는 곤충들을 집이 좁다고 버리려 하면서 대희한테 화를 쏟아내고 왜 여기 있는지 물어보지도 않고 소리만 지르는 장면을 보고 엄마의 훈육 방법에 대해 이야기를 해 보고 싶었다. 그래서 이야깃거리를 '자식의 잘못을 바로 잡는 방법은?'으로 정하고 토의를 해 보았다.

나는 자식이 자기가 무엇을 잘못한 것 같은지 물어 보고 차분하게 말하면서 타이르는 방법이 좋다고 생각한다. 소리를 지르면서 말하면 아이도 놀라고 더 화가 쌓이기 때문에 차분하게 말해야 한다. 또, 잘못을 물어 보면 아이를 믿고 있다는 증거가 된다. 세 번째 근거는 '너가 이 잘못을 해서 이런 일이 일어났다'라고 차분하게 말해줘야 하기 때문이다. 이런 내 의견에 대해 친구들은 방법이 통할 수도 있겠지만 거짓말을 할 수도 있으니 내 방법대로 너무 화내지 말고 차분히 말해야 한다고 하였다.

토의를 했을 때, 차분하게 말해야 한다고 한 아이가 두 명이었다. 차분하게 말하면 아이도 덜 놀라고 화도 가라앉을 것 같다. 크게 혼내라는 아이는 한 명이었다. 난 이 생각은 반대한다. 너무 크게 혼을 내면 아이도 놀라고 엄마도 화가 더 날 것 같기 때문이다. 자식이 스스로 깨우치게 하라는 애가 두 명이었는데 왠지 스스로 깨우치기는 힘들 것 같다. 거짓말을 할 수도 있으니 너무 화를 내지 말고 타이르며 푼다고 하는 애도 두 명이었다. 거짓말을 하지 않게 화를 강압적으로 내지 않는 게 중요하다.

친구들이 내 의견, 토의거리에 정말 각자 다른, 하지만 모두 색다른 방법을 이야기해 주었다. 의견을 모아서 이런 결과를 냈다. 자식을 혼낼 땐 차분하게, 자식이 어떤 잘못을 했는지 깨우치게 하며 해결한다.

  여러 가지 책을 읽으며 토의·토론거리들을 배우며 내 이야깃거리를 뽑아내는 것이 재미있었고 새로웠다. 4학년 때까지는 의견만 말했는데 이젠 근거까지 해 보았고 이야깃거리에서 근거를 뽑아낸 것이 새로웠다. 친구들의 말을 정리하는 것도 쉽지 않았다. 간추려서 쓴다는 게 어느 것을 중심으로 잡는지가 중요한 것이었다. '책향기 가득합니다!'를 하며 나의 생각하는 힘을 조금 더 기른 것 같다. 책을 문학 종류에만 꽂혔는데 이제는 다른 장르도 도전할 수 있게 되었고 읽고 이야기를 나누면서 내 생각을 더 깊게 파고 들어갔던 것 같다. 좋은 토의·토론거리는 좋은 이야기에서 나온다는 것을 알았다. - 강정윤(5학년 여)

좀 더 가뿐한 온작품읽기, 시

시는 왜 배우나요?

처음에 시를 읽을 때는 이런 생각을 많이 했다. '시 따위가 뭐가 재미있어? 어떻게 재미있어? 시를 잘 읽는 애들은 이해가 안 가.' 그런데 지금은 내가 시 따위를 읽는 아이가 되어버렸다. 시의 재미를 조금씩 알게 되어서 이젠 시가 재미있을 정도이다. '시로 통하다!'는 2학기에도 하였으면 하는 마음에 드는 활동이다.

(5학년 여)

지금까지 온 작품으로 책을 이야기했고 이곳에서는 아이들이 만나는 가장 짧은 온작품인 시에 대해서 이야기를 하려고 합니다. 보통 국어 교과서의 처음과 끝은 문학단원이고 단원마다 적어도 시가 한두 편씩은 실려 있습니다. 그러니 고학년 아이라면 꽤 많은 시를 만나 왔습니다.

우리는 왜 아이들에게 시를 읽게 하는 것일까요? 교육과정에서 아이들에게 시를 포함한 문학을 감상하게 하는 이유(성취기준)를 찾아보면 아래와 같습니다.

1. 작품 속 세계와 현실 세계를 비교하며 작품을 감상한다.
2. 작품에 대한 이해와 감상을 바탕으로 하여 다른 사람과 적극적으로 소통한다.
3. 문학은 가치 있는 내용을 언어로 표현하여 아름다움을 느끼게 하는 활동임을 이해하고 문학 활동을 한다.
4. 작품에서 얻은 깨달음을 바탕으로 하여 바람직한 삶의 가치를 내면화하는 태도를 지닌다.

그렇다면 고학년 아이들은 시를 어떻게 생각할까요? 3월 5일에 시가 무엇이라 생각하는지 5학년 아이들에게 물어보니 다음과 같이 이야기를 했습니다.

> 공부. 시를 읽으면 몰랐던 것을 알게 된다.
> 짧은 실. 짧은 글이기 때문이다.
> 짧은 일기. 일기에 있는 글을 짧게 쓰는 것이라고 생각한다.
> 문장을 간추린 것. 시들은 다 짧고 문장을 간추린 것이기 때문이다.
> 책. 시에서는 많은 내용과 지식이 나오기 때문이다.
> 감정. 시를 보면 감정들이 많이 나온다.

아이들은 시를 별로 좋아하지도 않고 딱히 시를 의미 있게 생각하지도 않습니다. 시는 그저 있었던 일이나 생각을 짧게 쓰는 것이라는 반응이 대부분이었습니다. 심지어 지식을 얻기 위해 읽는다는 말도 있습니다. 대부분의 아이들이 시는 지루하다, 왜 읽는지 모르겠다는 반응이니 성취기준은 영 도달하지 못한 것 같습니다.

시를 가까이 하는 것이 아이들에게 무슨 도움이 될까요? 모든 사람이 시인이 될 필요는 없는데 말입니다. 꾸준히 맛있는 음식을 먹다 보면 예전에는 잘 못 먹던 음식을 먹을 수 있게 되고, 느끼지 못했던 맛도 구별할 수 있는 예민한 감각이 생깁니다. 마찬가지로 시를 꾸준히 접하면 시를 좋아하고 쉽게 받아들이는 몸이 만들어지고, 세상과 사람을 보는 시인의 감각이 생겨납니다. 즉, 시인의 몸을 가진 사람이 됩니다. 앞장에서 이야기한 책을 읽을 수 있는 근육과 같은 맥락입니다. 시인의 몸을 가지면 얻게 되는 것들이 있습니다.

첫째, 나, 주변 사람, 세상에 대해 섬세한 감각을 가진 사람으로 자랄 수 있습니다. 좋은 시는 그냥 써지지 않습니다. 세상을 나의 눈으로 바라보고, 작은 소리에도 귀를 기울여야 합니다. 나를 스치는 순간들을 그냥 흘러 보내지 않고 다시 붙잡아서 곰곰이 생각해 보아야 합니다.

둘째, 내 마음을 정확하게 표현할 수 있는 말을 가지게 됩니다. 좋은 시는 낱말 하나, 줄 하나를 바꾸는 것으로도 의미가 달라집니다. 주절주절 설명하지 않았지만, 하고 싶은 말을 이해할 수 있고 공감할 수 있습니다. 그래서 시를 많이 접하면 자연스레 정확하고 품격 있는 말을 사용할 수 있는 사람으로 자랍니다.

시를 가까이 하려면 좋은 시를 찾아서 읽는 일부터 시작해야 합니다. 2017년 1학기에는 '책봄이야기'에서 동시 세권을 읽었고 2018년 1학기에는 월요일 아침마다 시를 읽고 이야기를 나누었습니다. 이 활동이 바로 '시로 통하다!'입니다.

시로 통하다

'시로 통하다'는 동시 18편이 담겨 있는 시선집입니다. 줄여서 '시통'이라고 부릅니다. 월요일 아침마다 시통에 있는 시를 한편 읽고 떠오르는 생각이나 경험을 이야기했습니다. 활동은 형태가 정해진 것은 아니지만 일반적으로는 다음 방법으로 진행했습니다.

❶ 함께 또는 각자 시 읽기

❷ 모둠 친구들과 이야기 나누기

❸ 시를 다시 읽고 생각을 정리하여 적기

주로 1교시 수업을 하기 전 아침시간 15분 정도를 써서 활동을 하였습니다. 더러 국어시간을 1교시에 배치해서 이어서 이야기를 나누기도 했는데 그럴 때는 반 전체 친구들과 모둠에서 나눈 이야기를 나누기도 하고, 비슷한 글감으로 시를 쓰기도 하였습니다.

활동의 목적은 공부가 아니라 시를 꾸준히 접하면서 제목 그대로 '통'하는 것입니다. 나와도 통하고 친구들, 선생님과 서로 통하고 시와도 통하는 것이지요. 그래서 '시로 통하다!'에 들어있는 18편의 동시들은 아이들이 쉽게 공감할 수 있는 내용, 함께 나눌 이야깃거리가 많은 시들로 골라 놓았습니다. 고른 동시와 아이들이 나눈 이야기들은 다음과 같습니다.

1	나도 할 말 있다 / 오인태	잘 못 먹는 음식, 급식, 내가 하고 싶은 말
2	기침 소리 / 권영상	식구들과 나와 닮은 점
3	사람이라면 / 김은영	학생의 업무, 중요한 일
4	씨감자 심으면서 / 서정홍	감자(농사) 심으면서 있었던 일 『실과- 감자 농사』
5	봄비 / 김석진	봄하면 떠오르는 것
6	스마트폰 / 최종득	스마트폰, 아이 돌보기
7	여울이가 없는 월요일 / 김개미	세월호 이야기
8	학원에 가는 이유 / 한두이,	학원이 좋을 때, 싫을 때, 학원에 가는 이유
9	흔들리는 마음 / 임길택	부모님에게 혼 났을 때, 부모님에 대한 마음
10	내가 어른이 되면 지을 집 / 김개미	내가 바라는 집, 학교의 모습
11	나비 한 마리 잡았을 뿐이라고? / 위기철	『사회+실과+과학 통합교과 활동 - 모든 생명들과 손잡고(환경과 공존)』
12	헛방귀 / 조성국	사람들에게 남몰래 배려를 하거나 받아본 경험
13	자전거 찾기 / 남호섭	물건을 잃어버린 일
14	방귀와 자전거 / 김은영	자전거 타면서 있었던 일, 방귀 때문에 생긴 일
15	그믐 / 김성민	내가 잘 하는 것, 아직은 잘 못하지만 잘 하고 싶은 것, 남들이 몰라주는 나의 장점 『진로교육』
16	짝의 일기 / 김개미	내가 요즘 바라는 것
17	불 끈다 / 남호섭	여름하면 떠오르는 것
18	노근이 엄마 / 정호승	나를 자라게 해 준 사람, 주변의 고마운 사람

*시가 담긴 시집 제목은 부록에 있습니다.

아이들의 반응은 폭발적이었습니다. 1학기를 끝나고 1학기를 돌아보았을 때 반 아이들 대부분이 1학기 활동 중에서 의미 있었던 것이나 다시 하고 싶은 일로 '시로 통하다!'를 꼽았습니다. 선생님이나 아이들 모두 힘들어하는 월요일 아침을 의미있게 보내게 되었지요. 그런데 시를 읽고 서로 이야기를 나누는 것은 교과서에서도 흔히 제시되어 있는 활동인데 아이들의 반응이 이렇게 달라진 것은 무엇 때문일까요?

나는 원래 시가 재미없고 시시해서 잘 보지도 않았는데 '시로 통하다!'를 하고나서는 시도 재밌어지고 더 이상 시시하지도 않다. 이해도 잘 된다. 시 중에는 나와 비슷한 것도 있었다. 시는 좋은 것 같다. 이제 시를 좀 읽어야겠다. 다른 사람한테도 시를 추천하고 싶다. 시에 대한 생각이 많이 바뀌었다. **(5학년 여)**

시는 문학작품으로 지루해도 그냥 보는 거라고 생각했다. '시로 통하다'를 하고 나서 그런 편견이 깨졌다. 지루하고 거짓을 담은 줄 알았지만 18개의 작품을 보고 나니 신나고 진짜 이야기, 생각과 느낌을 담았다는 것을 알았다. 그동안 시를 과소평가 한 것 같다. **(5학년 여)**

아이들의 소감을 읽어보고 나서 몇 가지 이유를 생각할 수 있었습니다. 하나는 교과서의 시가 아이들의 일상과 멀었다는 것입니다. 시를 봐도 떠오르는 것이나 할 말이 별로 없는데 시를 읽은 감상을 자꾸 이야기하라고 하니 아이들은 부담스러워할 수밖에요. 특히 고학년의 아이들은 냉정하고 까다로운 독자들입니다. 그래서 어떤 시를 골라서 아이들에게 펼쳐보이느냐가 대단히 중요합니다. 작품성만 훌륭해서는 안 됩니다. 두 아이의 말처럼 시를 읽고 '나도 그랬어!'라고 공감할 수 있는 시, 진짜 이야기를 담은 시들이어야 아이들이 자기 이야기를 꺼낼 수 있습니다. 그래서 시통의 시들 대부분은 특히 고학년 아이들이라면 누구나 겪어 봤을 법한 이야기로 골랐습니다. 예를 들어 '방귀와 자전거'를 읽고는 시처럼 방귀 때문에 생긴 일에 대해 이야기를 나누었습니다. 방귀에 얽힌 일이 없는 아이들은 없겠지요. 할 말이 많은지 한참 동안 이야기가 끊이지 않았습니다. 그래서 그 날은 친구들과 나눈 이야기를 바탕으로 시를 써 보기도 했습니다.

뿍뿡뿍 / 김민준

내가 방귀를 뀌면
아빠도 방귀를 뀐다
엉덩이로 말을 한다
"아빠!" 뿍!
"왜?" 뿡
"아니야" 뿍!

방귀 피아노 / 문지원

친구가 방귀를 참고 있다
얼굴이 터질 것 같다
내가 피아노를 친다
비행기를 친다

떴다 떴다 비행기
풍뿡 뿡뿡 뿡뿡뿡
방귀가
장단 맞춘다

모든 아이들의 경험이 같을 수는 없지요. 아이들마다 생각과 경험이 다르니 모든 시가 아이들에게 이야깃거리가 있는 것은 아닙니다. 그래서 몇 편은 교육과정이나 계절을 고려해서 배치를 하였습니다. '씨 감자 심으면서'는 실과시간에 텃밭에 감자를 심는 활동을 하는 3월 마지막 주에 읽었습니다. '여울이가 없는 월요일'은 4월 17일에 세월호 이야기를 나누고 나서 보았습니다. '나비 한 마리 잡았을 뿐이라고'는 환경과 공존을 주제로 한 '이 세상 모든 생명들과 손잡고' 활동을 하는 시기에 읽었고, '그믐'은 진로교육과 연관 지어 자기가 잘 하는 것 또는 잘 하고 싶은 것에 대해 이야기를 나누었습니다. 시의 주제에 대해서 수업시간에 이야기를 나누고 여러 활동을 하였으니 이야깃거리가 풍성해집니다. 관련 수업도 풍성해집니다. 수업시간에는 이성으로 아이들에게 다가갔다면 시를 읽을 때는 다른 면에서 생각을 하게 되니까요.

'봄비'와 '불 끈다.'는 각각 봄과 여름에 읽을 수 있게 순서를 정했습니다. 항상, 모든 시가 아이들이 이야깃거리를 찾기 쉬운 시일 수는 없습니다. 하지만 시를 읽고 이야기를 나누는 것이 익숙해 질 때까지는 시를 고를 때 신경을 써야 합니다.

5학년이 되기 전에는 교과서에 있는 시 한 개씩 읽었는데 5학년이 되어서 한 학기 내내 읽으니 시가 재밌어졌다. 시통을 처음 시작할 때는 시가 이렇게 재미있는 것인지 몰랐다. **(5학년 남)**

시를 읽고, 이야기 하는 것에 재미를 붙여서 더 신나게 했다. 사람들이 시를 왜 읽는지 알 것 같다. 그 전에는 왜 시를 읽고 책을 읽는지 몰랐다. 이제는 알게 되었으니 괜찮은 일인 것 같다. 시를 읽고 느낌이 풍부해지고 있는 것 같다. **(5학년 여)**

1학기 동안 '시로 통하다!'를 읽으면서 친구들과 많이 친해졌다. 시로 친해지다니... 신기하다. 시를 쓰는 것과 읽는 것이 다 재미있게 느껴졌다. 3월에는 잘 쓰지도, 읽지도 못했는데 4개월 정도 쓰고 읽다보니 시가 편하다. 방학 때 시집을 한번 읽어봐야겠다. **(5학년 남)**

동시를 읽고 이야기를 나누는 아이들

아이들이 '시를 통하다!'를 열렬히 좋아한 또 다른 이유가 있습니다. 바로 한 학기 내내 활동이 이어졌다는 것과 시를 읽고 '이야기'를 나누는 것에 집중을 했다는 점입니다. 시를 18편으로 정한 까닭은 1학기에 학교에 나오는 월요일이 19번이었기 때문입니다. 3월 5일에 시작해서 7월 16일에 마지막 시를 읽었고 7월 23일 19번째 월요일에는 '시로 통하다!' 활동한 소감에 대해 이야기를 나누었습니다. 한 학기 내내 아이들은 시를 가까이 두고 지낸 셈이지요. 수업시작 전 15분 내외의 길지 않은 시간에 그저 이야기를 나누기만 했기 때문에 아이들이나 선생님 모두 활동에 부담이 없었습니다. 오히려 교과서에서처럼 시를 읽고 무언가를 자꾸 해내야 했다면 아이들은 시를 부담스러워 했을것입니다. 처음에 모둠 친구들이랑 이야기를 나누라고 하면 아이들이 무엇을 말해야 할지 머뭇거리는 경우가 있습니다. 그래서 처음에는 몇 몇 아이들이 시에 대해 이야기를 나누며 '이렇게 하면 된다.'고 이야기를 해주기도 하고, 이야기가 잘 피어나지 못하는 모둠에 끼어서 같이 이야기를 나누기도 했습니다. 또 영 생각이 나지 않으면 친구들과 나눈 이야기를 적어 보라고 하기도 했습니다. 처음 몇 번만 이렇게 신경을 써주면 그 다음에는 아이들 스스로 이야기를 나눕니다. 책을 읽는 것처럼 시를 읽고 이야기를 나누는 것이 일상이 되면 활동도 자연스러워집니다.

> 월요일마다 시를 봤다. 볼 때마다 시가 다르니 다음에는 어떤 시일지, 무슨 내용일지 궁금했다. 처음에는 시 아래에 내 생각을 쓰는 것이 어려웠지만 이제는 조금 쉽다. 내 생각을 써 두었던 것 때문에 지금 다시 살펴 봐도 '아, 맞다. 이런 시였지. 이런 이야기를 했었지.' 하고 떠오른다. 시 읽을 때마다 생각을 쓰고 이야기를 나눈 것은 이번이 처음이었기 때문에 '시로 통하다'에 있는 시 18편을 읽고 들었던 생각이나 나누었던 이야기가 다 떠오른다. **(5학년 여)**

시를 읽으며 나의 생각과 경험을 떠올리고 이야기를 나눈 경험이 쌓일수록 아이들은 시를 좋아했습니다. 18편의 시를 모두 읽고 활동을 마무리하며 아이들에게 18편의 시 가운데 어떤 시가 가장 좋았는지 물어보았습니다. 꼭 한 편만 골라야 하냐는 아이들의 원성(?)이 대단했습니다. 반별로 아이들의 반응은 많이 달랐습니다. 가장 많은 아이들이 뽑은 '내가 어른이 되면 지을 집'은 세 반에서 각각 9명, 2명, 4명이 꼽았습니다. 반별로 큰 차이가 나는 것은 아이들의 성향이 다른 것도 있지만 선생님이 아이들과 시를 읽으며 어떤 이야기를 보냈는지, 평소 선생님이 아이들에게 해온 말들이 다르기 때문일 것입니다. 성래운 선생님의 말씀처럼 아이들은 선생님이라는 사람 그 자체를 배우기 때문입니다. 세 반의 아이들이 가장 많이 뽑은 시 다섯 편과 시를 읽고 아이들이 쓴 이야기는 아래와 같습니다.

내가 어른이 되면 지을 집

김개미

집 안에도 집이 있어
틀어박히기 좋은 집

2층에도 지하실이 있어
장난감을 하나도 안 버려도 되는 집

커다란 눈 저장 창고가 있어
여름에도 눈을 갖고 노는 집

문이 스케치북만 해서
어른들이 못 들어오는 방이 있는 집

다락방에도 다락방이 있어
밖을 내다보기 좋은 집

꼭대기 층에서 마당까지 미끄럼틀이 있어
뛰쳐나가기 좋은 집

출처 : 내가 어른이 되면 지을 집 (『커다란 빵 생각』, 김개미, 문학동네)

- 꼭대기 층에서 마당까지 미끄럼틀이 있어 뛰쳐나오기 좋은 집에서 살고 싶다. 엄마가 화서서 나를 쫓아올 때 미끄럼틀을 타고 내려가고 싶다.

- 나는 집 안에도 집이 있어서 틀어박히기 좋은 집을 짓고 싶다. 혼자 있고 싶을 때가 하루에도 두 번 정도 있다. 그 집 문은 스케치북만해서 어른들이 못 들어오면 좋겠다. 비밀의 방을 만들고 싶다.

스마트폰

최종득

호랑이보다 무섭다
곶감보다 달콤하다

우는 아기 달랠 때는
스마트폰이 최고

짜증 낼 필요 없다
화낼 필요도 없다.

스마트폰한테 맡기면
애키우기 장난이다.

출처 : 스마트폰 (『내 맘처럼』, 최종득, 열린어린이)

● 공감이 된다. 아직 한 살도 되지 않은 우리 고모 아기를 돌본 적이 있다. 우는 아기를 달래기 진짜 힘든데 스마트 폰에서 동요를 틀어서 보여주니까 뚝 눈물 그치는 것을 보고 깜짝 놀란 적이 있다. 그럼 나도 하루 동안 애 키울 수 있을 것 같다.

● 콩나물국밥 집에서 동생이 밥 먹다가 장난을 쳐서 아빠가 혼을 냈다. 울음을 안 그쳐서 핸드폰에 또봇을 쳐서 주었더니 뚝 그쳤다. 시에서 우는 아기 달랠 때는 스마트폰이 최고 라는 게 공감이 되었다.

● 친구들은 보물 1번이 부모님인 줄 알았는데 다 핸드폰이다. 아무리 핸드폰이 좋아도 좀 심하다고 생각한다. 부모님이 없었으면 스마트폰도 못하는 건데...

흔들리는 마음

임길택

공부를 않고
놀기만 한다고
아버지한테 매를 맞았다.

잠을 자려는데
아버지가 슬그머니
문을 열고 들어왔다.

자는 척
눈을 감고 있으니
아버지가
내 눈물을 닦아 주었다.

미워서
말도 안하려고 했는데
맘이 자꾸만 흔들렸다.

출처 : 흔들리는 마음 (『할아버지 요강』, 임길택, 보리)

● 아이 마음이 왜 흔들렸는지 쓰지 않았지만 잘 이해할 수 있다. 옛날에 나도 엄마랑 싸웠는데 그 때 나도 엄마한테 사과를 할까 말까 고민했던 거랑 이 시의 상황이랑 비슷한 것 같다.

● 요즘에 엄마 아빠가 내가 상을 받거나 뭘 잘 해와도 칭찬 한 번 못 들어서 슬프다. 그래도 이 시의 주인공은 아빠가 혼내지만 그 애를 사랑하는 게 느껴져서 부럽다.

● 내가 피멍이 생길때 까지 날 때리셨다. 방에서 나오지 말라고 하고 약도 안 발라줬다. 그래서 내가 방에서 연고, 밴드, 진정크림 다 꺼내놓고 연고를 발랐던 기억이 난다. 그날 밤엔 방바닥에서 잤다. 나는 마음이 흔들린 적이 거의 없다.

그믐

김성민

밤하늘에
달 없다

아니,
있는데
안 보이는 거다, 못 보는 거다

사람들은 날더러
잘하는 게 없다고 한다

아니,
분명 있는데
안 보이는 거다, 못보는 거다

어딘가
반드시 숨어 있는 걸 거다

출처 : 그믐 (『브이를 찾습니다』, 김성민, 창비)

● 내가 잘하는 것은 없는 것 같다. 그런데 애들 말로는 글씨를 잘 쓴단다. 내가 좋아하는 것이 무엇이냐고 물으면 쓸 수 있겠지만 내가 잘 하는 것은 잘 모르겠다. 잘 하는 것이 있으면 내 꿈이 딱 정해질 텐데.

● 나도 잘 하는 게 없지만 어딘가 있을 것 같은데 안 보이는 것 같다. 달이 안 보이는 모습을 보고 자기가 잘하는 게 숨어 있다고 생각하는 것이 좋았다.

● 그믐은 달이 없는 게 아니라 못 보는 것처럼 잘하는 게 없는 게 아니라 못 보는 거라고 비유를 한 것이 참 좋다. 나는 잘하는 것을 안다. 바로 동물의 마음을 잘 안다는 것이다.

학원에 가는 이유

한두이

학원에 가면
든든해.
같이 놀 친구들이 있거든.

학원에 가면
뿌듯해.
놀아도 공부한 것 같거든

학원에 가면
자유로워.
엄마가 전화를 안 하거든

출처 : 학원에 가는 이유 (『제발 그렇게 말하지 마세요』, 한두이, 열린어린이)

- 내가 학원에 가는 이유는 쉴 수 있기 때문이다. 집에 가면 잘 못 쉰다. 시에서 '놀아도 공부한 것 같거든' 이 부분이 공감이 되었다. 수다를 떨 친구들도 있고 공부하다 놀아도 공부한 것 같다.

- 모둠 친구들은 학원이 워낙 오래 하고 같이 다니는 친구들도 없어서 든든하지 않다고 했다. 나도 마찬가지이다. 학원에 친구가 없다. 그래서 뿌듯하지도 않다. 그래도 딱 한 가지 자유로운 것은 공감이 간다. 학원에 있으면 엄마가 진짜 전화를 안 하시기 때문이다.

- 학원에 가는 이유는 별로 많이 못 대겠지만 학원을 안 가고 싶은 이유는 백 가지도 댈 수 있다. 나는 노는 학원에 가고 싶다.

시선집 만들기

'시로 통하다!'가 마무리될 즈음에 교실에 아이들 숫자만큼 동시집을 갖다 놓았습니다. 18편의 시를 읽었지만 조금 더 시를 많이 읽히고 싶어서 국어 문학감상 단원과 관련지어 수업을 했습니다. 이 때 교실에 들여놓은 동시집들은 여러 작가들의 작품을 모아놓은 시선집이 아니라 동시인 한 명의 작품을 한 권에 담아놓은 것으로만 골랐습니다. 동시집 한 권에 보통 60여 편의 시가 담겨 있습니다. 시 한편만으로 충분히 훌륭한 온작품이 됩니다. 검증된 좋은 시들만 모아놓은 시선집이 아이들에게 더 영양가가 있을 수도 있겠지만 한 작가의 시집 한권을 통째로 읽어 보면 서로 다른 작가의 시 60편을 읽는 것과는 다른 경험을 할 수 있습니다. 각자 관련이 없어 보이는 개별 작품들이 실로 꿰어지는 경험이라고 해야 할까요? 베스트앨범과 정규앨범의 차이쯤이라고 생각합니다. '서시'만 읽고도 윤동주를 이야기할 수는 있지만 윤동주 시집을 모두 읽은 사람과는 차이가 있겠지요?

시집을 재밌게 읽었다. 시가 내게로 잔잔히 온 것 같다. 아빠한테 시집을 사달라고 말해야겠다.

동시집은 재미없다고 생각했다. 읽는 사람들은 왜 읽는지, 왜 재밌다고 하는지 도저히 이해가 되지 않았는데 이 활동을 하고 많이 달라졌다. 동시집을 사고 싶은 마음이 든다. 동시집은 정말 재미있는 책이다.

동시는 짧다고만 생각했는데 동시 안에는 긴 생각이 담겨 있다. 동시는 거짓으로 지어서 재미없다고 생각했는데 동시집을 읽어보니 생각이 바뀌었다. 내가 동시에 대해 고정관념을 가졌던 것 같다. 해보기 전에 고정관념을 갖지 말아야겠다. 동시가 의외로 재미있다.

아이들은 책을 고를 때처럼 직접 시집을 골라 읽었습니다. '동시가 내게로 왔다!' 활동지를 나누어주고 마음에 드는 동시의 제목과 쪽수를 적으면서 동시집을 읽었습니다. 책을 꾸준히 읽어 온 아이들에게도 동시집을 읽는 것은 새로운 경험입니다. 대부분 시집을 처음 읽어보았다고 이야기하였습니다. 그래도 한 학기 내내 시를 읽었던 근육이 있어서인지 아이들 모두 시집을 아주 잘 읽었습니다. 오히려 책보다 읽는 맛이 더 있다고 말하는 아이들도 있었습니다. 활동지에 적어 놓았던 시들 가운데 조금 더 마음에 드는 시를 다섯 편을 고르고 마음에 드는 까닭을 썼습니다. 그 중에 꼭 남기고 싶은 시 한 편만 다시 고르라고 하니 아이들이 시집을 다시 뒤적이며 한참 고민을 하였습니다. 손글씨로 시를 옮겨 적어야 하니 쓰기에 부담이 없는 시를 고르라고 하였습니다. 보통 시집의 크기는 동화책보다 작고 특히 가로보다 세로가 긴 판형입니다. 도화지를 시집 판형에 맞게 잘라서 주고 아이들이 손글씨로 시를 옮겨 적고 간단한 그림과 감상을 더했습니다. 이렇게 5학년 130명 아이들이 한 편씩 골라 옮겨 적은 시들을 모아 시선집을 펴냈습니다. 독서감상문집을 만들 때처럼 각 반에서 정한 제목 후보 가운데 동학년 선생님들이 제목을 정한 후에 아이들에게 시선집 표지를 공모했습니다. 이렇게 만들어진 시선집이 '시가 쏟아진다!'입니다.

5학년 다섯 반의 아이들이 같은 시집을 읽어도, 마지막으로 고른 한 편의 시가 겹치지 않도록 하였습니다. 아이들이 읽은 동시집은 부록에 정리해두었습니다. 아이들은 시선집을 받아보자마자 친구들이 어떤 시를 골랐는지 살펴보았습니다. 우리 반과 다른 반 친구들이 고른 시와 감상을 읽어보고 마음에 드는 시는 표시를 해두라고 했습니다. 이 활동으로 아이들은 한 학기동안에만 2백편이 넘는 시를 읽게 된 셈이지요.

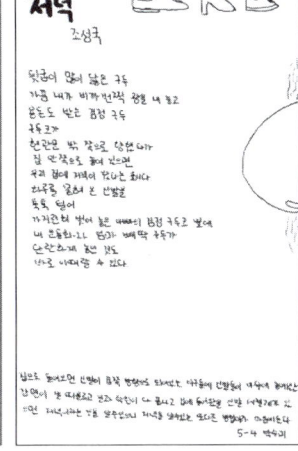

'시가 쏟아진다' 앞표지와 뒤표지, 내용

시 낭송하기

시를 꼭 눈으로만 읽어야 하는 법은 없습니다. 어떤 시는 입으로 소리를 내어 읽을 때 더 맛이 있습니다. 동시집을 읽고 고른 시 가운데 한 편을 골라 친구들에게 소리 내어 읽어주었습니다. 칠판에 제목과 시인의 이름을 쓰고 시를 낭송했습니다. 그리고 이 시를 왜 골랐는지, 어떤 점이 마음에 드는지 이야기했습니다. 아이들이 시를 낭송할 때 녹음을 했습니다. 그러면 시를 낭송하는 아이들도 조금 더 신경을 쓰게 되고, 시를 듣는 아이들도 조용히 친구가 들려주는 시에 집중하는 분위기를 만들 수 있습니다.

시 낭송하는 아이들

유치원 때 이후로 시 낭송은 오랜만이다. 5학년이 되고 나서 정말 수준이 높아졌다. 시의 대단함을 느꼈다. '짜장면집을 나오며' 라는 시는 정말 잘 쓴 시 같다. 낭송할 때 사투리 시여서 더 재밌었다. 〈**짜장면 집을 나오며, 한두이**〉

내가 낭송한 시가 으뜸시로 뽑혀서 좋았다. 시집이란 것이 이렇게 재밌고 신나는 건지 몰랐다. 선생님이 읽으라고 하지 않았으면 읽지 않았을 텐데, 이제는 왜 읽으라고 하시는지 알게 됐다. 〈**옷장위 배낭을 꺼낼만큼 키가 크면, 송선미**〉

내가 읽은 것보다 친구들이 낭송해 주는 것이 귀에 쏙쏙 들어온다 이 시집은 어떤 느낌이고 친구들이 무슨 생각을 했는지 알 수 있어서 좋았다.

속으로 시를 읽었을 때와 실제로 낭송하는게 느낌이 완전 달랐다. 친구들이 시를 낭송했을 때 내가 읽어보지 못한 시라서 꽤 괜찮은 시간이었다고 생각한다. 좋은 시집에서 좋은 시 한 개만 뽑는 게 너무 어렵다.

하루에 서너 명씩 일주일 정도 시낭송을 하였는데 그날 들었던 시 중에 제일 마음에 든 시를 뽑고 마음에 드는 까닭을 썼습니다. 시 낭송을 하는 아이나 듣는 아이들이나 모두 기다리는 시간이었습니다. 시, 시인, 시집 제목을 적어두었는데 시 낭송이 끝나고 마음에 들었던 시집을 찾아 읽을 때 필요하기 때문입니다.

책봄 활동의 마지막에도 동시집을 여러 권 읽고 시를 한편 골라서 적고 고른 시를 낭송하는 활동을 했습니다. 시선집으로 책을 펴낸 것을 제외하고는 '동시가 내게로 왔다.' 활동과 대부분 같습니다.

아이들에게 시는?

시로 통하다! 동시집 읽기, 시선집 만들기, 시 낭송하기 활동을 마친 아이들은 시에 대해 어떻게 생각하게 되었을까요? 3월 5일에 시는 그저 있었던 일이나 생각을 짧게 쓰는 것, 지루하고 왜 읽는지 모르겠다고 했던 아이들에게 여름 방학 전날 시는 무엇인지 다시 물어보았습니다.

- 시는 별이다 좋은 시는 반짝이는 것 같다. 아직 이해 못한 시가 저 멀리 있는 것처럼 느껴지기도 한다.

- 시는 그림이다. 그림을 보고 사람마다 다른 생각을 하듯 시를 보고 사람마다 다른 생각을 하기 때문이다.

- 시는 낭만이다. 낭만을 느끼며 시를 읽으면 때론 슬프기도, 웃기기도, 정적이 찾아오기도 하면서이다.

- 한 땀 한 땀 정성들여 만든 옷. 옷은 한 땀 한 땀 정성들여 만든 것처럼 시도 정성들여 만든 것이다.

- 다리. 읽는 사람과 시인의 마음을 이어줄 수 있다.

- 돋보기. 시를 통해서 내 삶을 돌아본다. 돋보기처럼 삶을 더 자세하게 들여다볼 수 있기 때문이다.

3월 5일의 대답과는 다른 점이 있습니다. 한 학기동안 아이들은 시를 읽으면서 나의 삶을 돌아보고, 친구들과 또 시인과 소통하는 법을 배웠습니다. 시는 그저 짧게 쓴 글이 아니라 한 땀 한 땀 말을 골라 정성 들여 쓴 것이며 그래서 사람의 마음을 움직이는 반짝이는 별이며 낭만이라는 이야기를 하였습니다.

예전에는 시를 싫어했다. '시로 통하다'를 배우고 나서는 시가 좋아졌다. 많은 시를 읽고, 쓰니까 예전보다 조금이라도 나아진 것 같다. 시집에서 한 편을 골라 시선집을 만들 때 '내가 시에 대해서 많이 배우게 알게 되었구나.'라고 생각했다. 1~4학년 때는 시를 대충 봤는데 지금은 차근차근 읽어본다. 시를 한 편만 읽어도 지루해하던 나를 발전시켜준 것은 '시로 통하다!'이다. 선생님이 이 활동을 만든 것은 정말 좋은 선택이었던 것 같다.

솔직히 4학년 때는 시를 읽은 적이 없었던 것 같다. 12년 사는 동안 5학년이 없었으면 평~생 시 한 번 제대로 못 볼 수도 있었겠다. 시를 읽으면 여러 가지 생각이 든다. 상상력도 시가 키워주었다. 시한테 고맙다. 시를 많이 읽었다는 생각이 들어 뿌듯하기도 했다.

5학년이 되어서 한 학기동안 아주 많은 시를 읽고 생각을 나누었다. 시를 보는 눈이 높아진 것 같다. 시 가지고 이렇게 오랫동안 생각을 나눈 것도 처음이기도 하다. 시 18편을 위해 선생님이 아주 많은 시집을 읽어서 시를 찾아낸 게 대단하시다. 그동안 시와 관련된 시샘, 시로 통하다, 시선집, 시집 읽기를 한 학기동안 해서 뿌듯하다.

이렇게 많이 써본 적도 없고, 많이 본 적도 없다. 5학년이 되어 정말 제대로 학교를 다닌 것 같다. 시에 대한 생각도 바뀌었다. 시가 멋있는 것이라고 느꼈다. 시를 많이 보니 수준이 높아졌다. 항상 평범했던 나를 넘었다. 나를 넘겨주는 게 시다.

친구들과 시를 읽고 이야기를 나누어서 어색했던 것이 빨리 풀렸다. 새로운 시를 많이 읽어보아서 좋았다. 처음엔 별로 내키진 않았지만 읽어보니 재미도 들고 시도 더 잘 쓰게 되었다. 시가 더 좋아졌다. 2학기에도 시를 보는 시간이 생겼으면 좋겠다. 나중에 시도 많이 쓰면 좋겠다.

시로 살포시 마실가요!

시로 통하다 활동을 통해 무엇을 배우고 느끼고 깨달았는지 물었더니 아이들이 시 때문에 자랐다고 이야기를 하였습니다. 원래 1학기에 한 '시로 통하다!'로 시 온작품읽기 활동을 마무리하려고 하였지만 2학기에도 또 하고 싶다는 아이들의 반응에 힘을 내기로 하였습니다. 대신 2학기에는 동시가 아니라 '어린이시'를 보기로 하였습니다. 2학기 시 온작품읽기 활동책의 제목은 '시로 살포시 마실가요!'라고 정했습니다. '마실가다'라는 말은 이웃을 만나기 위해 놀러가다, 이웃마을에 놀러가다라는 뜻을 가진 사투리입니다. 내가 쓴 시, 친구들이 쓴 시에 빠져 이야기를 나누어보라는 뜻을 담았습니다. 어린이시는 전국초등국어교과모임에서 펴낸 어린이시모음집인 『쉬는 시간 언제 오냐?(휴먼어린이)』『벌서다가(휴먼어린이)』, 『우연히 만난 그 길(삶말)』에서 골랐습니다. 2학기에 함께 본 어린이시 목록은 다음과 같습니다.

	어린시 제목과 시인	시집
1	우리집 영웅 / 김민기(5학년)	『벌서다가』
2	타이밍 / 최지유(6학년)	『우연히 만난 그 길』
3	내 동생 / 김동환(4학년)	『쉬는 시간 언제 오나』
4	아가야는 엄마, 병석이는 아빠 / 소예지(4학년)	『벌서다가』
5	내 돈 / 이민지(5학년)	『쉬는 시간 언제 오나』
6	뒷말 붙이기/강인영(5학년)	『우연히 만난 그 길』
7	쉽게 지는 법/임지원(5학년)	『우연히 만난 그 길』
8	불이 반짝!/구나무(5학년)	『우연히 만난 그 길』
9	엄마의 용기/심민종(5학년)	『우연히 만난 그 길』
10	걱정/김민지(3학년)	『우연히 만난 그 길』
11	짝 바꾸는 날만 되면 / 고제희(4학년)	『우연히 만난 그 길』
12	뭐, 다 컸으니까 /이은로(6학년)	『벌서다가』

13	창피해 /이관호(5학년)	『벌서다가』
14	길거리 런닝머신/박원진(6학년)	『벌서다가』
15	우연히 만난 그 길/김은우(6학년)	『우연히 만난 그 길』
16	뭐라고 해야 되나?/김혜선(5학년)	『쉬는 시간 언제 오나』
17	까치발/한지혜(5학년)	『우연히 만난 그 길』
18	첫 눈에 대한 예의/민들레(5학년)	『우연히 만난 그 길』

시마실에는 시통을 할 때처럼 또래 친구들이 쓴 시를 읽으면서 이야기를 나누는 것에 더하여, 시를 읽고 떠오르는 글감을 정하여 시를 써보고 친구들과 자기가 쓴 시도 함께 나누어 보았습니다. 일반적으로는 다음 방법으로 진행했습니다.

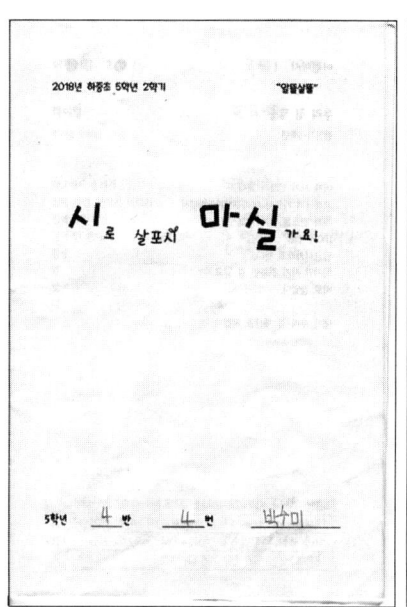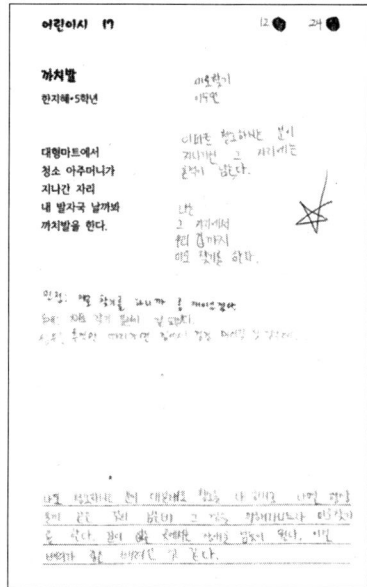

시마실 활동지 표지와 내용

❶ 함께 또는 각자 시 읽기

❷ 시를 읽고 떠오르는 글감을 잡아 활동지 옆에 시 쓰기

❸ 모둠친구들과 쓴 시를 나누기, 시 아래에 댓글 달아주기

❹ 어린이시, 내가 쓴 시, 친구들의 댓글을 읽고 생각을 정리하여 적기

아래는 시마실에 실려 있는 걱정이라는 시입니다.

어린이 시 10

걱정

김민지 (3학년 여)

학부모 상담 신청서 내는 날은
궁금한 날이다.
선생님이 우리 엄마에게
뭐라고 말해주실까?
민지가 잘 안 한다는
말을 하면 안 되는데…

이 시를 읽고 아이들은 자기 걱정거리에 대해서 시를 쓰기도 했고, 시 내용처럼 학부모상담에 대해서 시를 쓰기도 했습니다. 시를 활동지의 빈 공간에 쓰고 나서 모둠친구들과 시를 나누었습니다. 아래는 아이들이 쓴 시와 모둠친구들이 시를 읽고 써준 글입니다.

상담하는 날

심하영 (5학년 여)

학부모 상담하는 날

원래보다

수업에 집중하고

수업시간에 딴 짓 안하고

선생님께 잘 보이고 싶은 날

_____

- 나는 상담하는 날이 이제 아무렇지 않은 것 같다.
- 상담을 해도 혼나고, 안 해도 혼나.
- 예전에는 상담하면 두근거렸는데 요즘에 우리 엄마는 상담하고 오셔도 아무런 반응이 없어.

시험 당일

문주형 (5학년 남)

선생님께서 이번 주에

수학시험 본다고 얘기하신다

많이 틀리면 안 될 텐데

괜히 걱정된다

선생님은 왜 시험보기 한 3일 전에 얘기하실

까?

시험 당일에 얘기하시면

되는데...

괜히 더 걱정되게.

_____

- 수학 시험이니까 공부 미리하라고 선생님이 사흘 전에 말해주는게 아닐까? 난 미리 말해주어서 좋던데.
- 수학 시험은 좀 걱정이 되긴 하지, 근데 당일에 말해주면 더 걱정되는데.
- 공감된다. 나는 시험이 그닥 걱정되지는 않는데...

걱정이 산더미

이혜규 (5학년 여)

엄마가 액괴를 만지지 말라고 했는데 몰래 만졌다

혹시 엄마가 눈치 채지는 않을까

걱정이 된다

엄마가 눈치가 빨라서

들키는 건 아닐까?

걱정은 점점 쌓여만 간다

- 난 걱정이 쌓이는 게 너무 싫어. 빨리 해결하려고 해
- 나도 엄마 몰래 했다가 걸릴까봐 진짜 잠도 못 잤어.
- 나도 엄마 몰래 게임을 한 적이 있는데 엄마가 있을 때는 빨리 핸드폰을 숨기고 책을 읽는 척 해. 그럼 안전해.

문 앞에서

박은아 (5학년 여)

주아랑 싸우고

밖에 나가서 친구랑 자전거를 타며 놀았다

다 놀고

문 앞에서

'들어가면 혼날까?' 하며

걱정한다

- 공감이 되네. 앞으로 밀려올 것 같은 부모님의 잔소리?
- 그냥 열면 되는데. 꼭 철벽 같은 것 같아.
- 문 앞에서 떨리고 걱정되는 시간이 많지.

아이들과 시를 나누고 나서는 다시 한번 시를 읽습니다. 내가 쓴 시도 읽고 친구들이 써준 글도 읽고 나서 아래에 생각을 정리해서 쓰고 마무리를 합니다.

- 나는 우리 엄마가 상담하는 날이 언제인지도 몰랐다. 평소와 같이 운동장에서 놀고 있었는데 엄마가 갑자기 와서 놀랐을 때가 있다. 그래서 그 일 이후로 학교 일에 더 관심을 가져야겠다고 생각했다.

- 이런 생각은 다 해보아서 공감이 간다. 학교생활을 잘 했으면 이런 걱정을 하지는 않겠지만 학교 생활에 조금 찔리는 것이 있는 가보다. 니는 4학년 때끼지만 해도 상담을 한다고 해도 크게 걱정되지는 않았는데 5학년이 돼서부턴 솔직한 우리 선생님 덕에 걱정이 늘어났다.

- 나는 평가결과표가 나올 때 집에 가지고 가기 싫다. 꺼내기도 힘들다. 엄마한테 꺼내주면 두근두근 거린다. 왠지 모르게 기대도 된다. 그러다 갑자기 싸늘해져서 혼잣말로 "이건... 아니야." 라고도 말했다. 엄마가 보고 나서 어떤 얘기를 할까 생각도 해 본다.

- 학교 상담하는 날은 조마조마하다. 아마 거의 모든 애들이 그럴 것 같다. 그래서 상담신청서 내는 것도 막고 싶고 엄마한테 "하지 마." 라고도 하고 싶다. 옛날에는 엄마가 상담날이면 잔소리할까봐 방에 숨어서 엄마랑 눈을 마주치지도 않았다.

- 서은이 말처럼 비밀번호만 누르고 들어가면 되는데.. 들어가질 못하는 것이 문이다. 잘못을 하고 나왔으면 다시 들어갈 때 오만 가지 생각이 든다. '들어가지 말까?' 하다가 어쩔 수 없이 들어간다. 들어갈 때 가장 걱정이 많다.

동시와 어린이시

동시와 어린이시의 차이에 대해 아이들에게 자세히 말해주지는 않았습니다. 아이들이 느낀 동시와 어린이시의 차이는 무엇일까요? 시마실 활동을 마무리하면서 1학기에 만난 동시와 2학기에 만난 어린이 시를 견주어 보았습니다.

- 동시보다 어린이 시가 더 좋은 것 같다. 어린이들이 어린들의 마음을 알 수 있기에 더 좋은 시를 썼다. 동시도 그런 동심이 있지만 그래도 어린이시가 더 좋다.
- 1학기의 동시와 2학기의 어린이 시는 확연히 달랐다. 나는 시통보다 시마실의 시가 더 쉬워서 좋았다. 어린이의 관점으로 본 것을 시로 표현해서 그렇다. 어린이 시인데도 꼭 어른이 쓴 시 같았다. 아니, 어른의 시보다 생각이 깊은 것도 있었다. 생각이 어떻게 이렇게 깊게 나오는지 궁금하다.

- 시통에서 만난 동시에는 '이렇구나' 하고 생각으로 깨달은 게 많았다면 어린이 시는 우리 일상과 관련된 얘기가 많이 나오고 내가 겪어봤던 내용이 많아서 더 공감이 잘 되어서 좋다.

- 1학기 때 만난 동시는 어린이시보다는 좀 더 깊은 생각이 있었다면 2학기에 만난 어린이시는 어린이가 바라보는 관점에서 그대로 쓴 것 같아서 좋았다

- 동시는 어른이 쓴 시지만 공감되는 부분이 많았다. 어린이시는 동시보다는 더 흔하게 겪을 수 있는 일이 많아서 '이 때 이런 기분이 들겠구나.' 하고 짐작하기가 쉬웠다.

- 1학기에 만난 동시는 읽으면서 많은 걸 깨달았다면 어린이시는 우리가 겪고 공감하는 게 많아서 좋았다. 우리 나이랑 비슷한 사람이 쓴 시여서 더 좋다.

- 동시는 어른이 어린이를 위해 쓴 것이라 약간 충고를 하는 느낌이거나 어릴 적 기억을 썼다는 느낌이 있었다. 왜 그렇게 느꼈는지 잘 이해가 안 되는 것도 있었다. 어린이 시는 바로 우리 또래가 쓴 거라 와 닿는 게 많았다. 어떤 느낌이었을 지가 잘 이해가 됐다 하지만 동시도 '이런 생각을 하다니!' 라는 느낌을 받기도 했다.

- 동시와 어린이시는 다르다. 어른들이 생각한 어린이와 진짜 우리의 모습이 다르니 다를 수밖에 없는 일이다. 진짜 어린이가 쓴 시가 훨씬 더 공감된다.

시로 마실 다녀와서

- 5학년이 되기 전에 시를 쓴 건 2학년 때, 4학년 때 베껴쓰기 밖에 없었다. 이제 시에 대해 조금 더 잘 알게 되었다. 시마실을 하면서 내가 쓴 시와 친구들이 쓴 시 모두 즐거운 마음으로 읽을 수 있어서 좋았다.

● 시마실을 하면서 시를 보는 힘, 시를 쓰는 힘, 시를 느끼는 힘이 길러졌다. 예전에는 시를 쓰라고 하면 꼭 설명하는 것처럼 썼다. 시마실이 내 느낌을 살려줘서 이제 제대로 된 시를 쓰게 됐다. 아주 효과적이다. 내가 제대로 시로 마실 다녀온 것 같아 기쁘다.

● 2학기에는 어린이 시를 만나면서 공감을 많이 했다. 시 안에 나와 똑같은 고민도 있고, 깨달음을 품고 있는 시도 있어서 많은 것을 배웠다. 시마실만 5개월 정도 했다. 시마실에 있는 시를 쓴 사람이 모두 어린이라고 했는데, 어린이라고는 믿기지 않을 정도로 잘 쓴 시가 있었다. 그 시 덕분에 시공부도 하게 되었다.

● 계속 시를 읽다 보니 시는 참 대단하다. 짧은 글에도 시를 쓴 사람의 감정을 느낄 수 있기 때문이다. 나도 모든 사람이 한 번에 이해할 수 있는 시 한편 내고 싶다.

● 어른들이 쓴 시는 동시와 다르게 어린이들의 생각과 마음이 들어가 있어서 마음에 와 닿았다. 그만큼 인상 깊은 시가 많았다. 이렇게 시가 재미있는 줄 몰랐다. 직접 시도 써 보니까 시를 읽기만 할 때와는 달랐다. 보는 것도 좋고 쓰는 것도 좋고, 시는 다 좋다.

● 2학기 동안 시마실을 해 보았는데 내가 공감하는 내용이 엄청 많았다. 또 시마실을 통해 시를 어떻게 쓰고, 잘 쓰기 위해서는 어떻게 해야 하는지 좀 더 알게 되었다. 시는 생각을 한 번 더 하게 하는 활동 같다. 힘들고 귀찮을 때도 있지만 재밌기도 하다.

● 시를 쓰기 전에 옆에 있는 어린이 시를 보니까 어떻게 써야 할지, 어떻게 느낌을 담아야 좋을지 알려준 것 같다. 시가 글보다 쓰기 어려울 줄 알았는데 의외로 쉬워서 놀랐다. 시는 생각을 담아야 하고 최대한 줄이고 또 줄여야 한다는 것을 알았다. 시마실에 쓴 시를 보니 지금껏 있었던 일이 떠올라서 좋다. 6학년이 되어서도 시를 계속 쓰고 싶다.

온작품읽기 활동이 남긴 것

📖 부모님 이야기

다음은 '책, 독서와 관련해서 5학년 되어 아이가 달라진 점, 아이에게 바라는 점을 말씀해주세요'라고 5학년 부모님들께 말씀드렸을 때 들려주신 이야기입니다.

- 책을 자연스럽게 받아들이는 모습, 책을 읽고 생각하는 것이 많이 성숙해진 느낌이 듭니다. 앞으로도 책을 통해서 생각을 많이 하고, 책을 좋아하면 좋겠습니다. 책을 읽으면서 사춘기를 겪을 때 힘들지 않고 편안히 지내기를 바랍니다.

- 책에 대한 거부감이 없어졌고 집중해서 보는 시간이 길어졌습니다. 학년 초에는 책 읽는 시간이 힘들어서 엎드려 있기도 한다고 했는데 요즘은 즐겁다고 합니다. 같은 상황에서 궁금해 할 줄 알게 되었고 질문도 많아졌습니다. 그래서 집에서도 대화를 많이 하려고 합니다. 가족 모두가 성장하는 시간이 됩니다.

- 아침에 독서하는 시간이 참 좋은 것 같습니다. 좀 더 일찍 등교해서 책을 보고 마음을 정돈할 수 있어서 하루의 시작이 뿌듯할 것 같아요. 하윤이도 책 읽는 양이나 태도가 조금씩 변화되고 있고 가정에서도 책을 재미있게 볼 때마다 독서력이 향상되었음을 느낍니다. 그런데 학교에서 본다는 이유로 가끔씩 안 보려는 핑계를 댑니다. 책을 더 많이 사랑했으면 좋겠습니다.

- 만화책만 보던 순재가 이야기책을 접하는 시간이 많아졌다. 글쓰기도 많이 힘들고 혼자서는 거의 하지 못했는데 같이 이야기 하다 보니 스스로 포기하지 않고 끝까지 마무리하려는 모습이 보였다. 아직 부족한 부분이 많지만 지속적인 독서와 대화를 통해 더욱 성숙해지리라 생각한다.

- 책과 많이 안 친했던 지석이었는데 5학년이 되어 독서를 좋아하게 되었다. 기억에 남는 책은 엄마에게 이야기도 전해준다. 뿌듯하다.

- 재연이가 스스로 책을 골라 읽고, 읽어보고 나서 재미있던 책은 집에 와서 이야기를 해주고 사달라고 합니다. 많이 달라졌습니다.

● 5학년 초에는 책읽기가 조금 힘든 느낌이 있었는데 요즈음은 책 읽기를 즐겨하고 책에 대한 거부감이 없어졌습니다. 사고가 확장되어 가고 있고 궁금증이 많으며 왜 라는 질문을 자주 합니다. 때로는 답변 못해 줄 때도 많네요. 성재랑 대화할 수 있는 기회가 많아져서 책으로 행복한 요즘입니다.

● 책 읽는 것을 즐겨하지 않아 글을 잘 쓸 수 있을지 걱정했습니다. 이렇게 책도 읽고 감상문을 쓰는 시간이 많아지니 아이의 글 실력이 점점 좋아지는 것 같아요.

● 생각이 깊어지고 이야기를 많이 해서 좋았습니다. 읽은 책에 대해 집에 와서 이야기하기도 합니다. 책에서 알게 된 내용을 이야기하면 저도 재미있고 서로 소통하는 것 같아시 좋았습니다.

● 요즘 들어 책 이야기를 많이 하고 유튜브에서 책을 찾아보는 모습이 너무 기특했습니다. 4학년 때는 책을 읽기 싫어했는데 이제는 긴 책을 사달라며 떼도 쓰고 온갖 수를 다 쓰고 있어요. 점점 더 책을 많이 보고 게임을 안 했으면 좋겠어요.

● 예전에는 책을 읽고 단순히 '재미있었다' 정도만 얘기했습니다. 요즘은 책의 내용과 자신의 생각을 많이 이야기 해줍니다. 앞으로 더 다양한 종류의 책을 읽고 넓고 다양한 생각을 키울 수 있었으면 좋겠습니다.

● "엄마, 요즘 책 읽는 재미를 알게 되었어요!" 라며 선생님께서 추천해주신 책을 읽고 관심을 보이더라구요. 집에서는 휴대폰 영상을 많이 보는데 학교에서라도 독서를 많이 하니 다행이라는 생각이 듭니다. 가정에서도 독서지도를 해 봐야겠어요.

📖 아이들 이야기 하나, 활동 이야기

배운다는 것은 누군가가 가르쳐주었다는 뜻이고 깨닫기는 누군가의 도움을 받고, 여러 것들에 기댈 수는 있지만 온전히 혼자서 해내는 것입니다. 많이 배운다고 많이 깨닫는 것은 아니지만 배움이 깊어질수록 가르치는 것만으로는 알아낼 수 없는 것을 스스로 깨달을 가능성은 높아집니다. 온작품읽기 활동도 마찬가지입니다. 한두 시간 책을 읽는 것도 아니고, 책만 읽는 것도 아니기에 아이들이 배우고 깨닫기에 충분합니다.

누군가는 토의·토론을 통해 깨닫기도 하고 또 누군가는 책을 읽어내는 자신의 자세가 바뀌는 것에서 많은 깨달음을 얻기도 합니다. 온작품읽기 네가지 활동마다 아이들이 배우고 느끼고 깨달은 이야기를 모았습니다.

'책봄 이야기'에서 배우고 느끼고 깨달은 이야기

● 책이 더 좋아졌고 좀 더 두꺼운 책들도 읽을 수 있게 되었다. 책봄 활동을 하기 전에는 얇은 책을 많이 읽었는데 책봄 활동을 통해 두꺼운 책도 견뎌내고 읽을 수 있게 되었다. 의견도 당당하게 말할 수 있었다. 또 감상문도 이 활동을 하기 전에는 어떻게 쓰는지, 어떤 형식으로 쓰는지 잘 몰랐는데 더 확실하게 배우고 경험했다. 또 친구들이 낭송한 시를 들어봐서 좋은 경험을 해 보았다. 책봄 활동을 통해 책 읽는 속도도 빨라졌지만 인내심도 좋아지고 책에 대한 마음도 더 좋아졌다. **(5학년 여)**

● 이 활동을 하기 전에도 난 책이 좋았다. 그래서 책 읽을 시간이 많아져서 좋았는데 내 생각만큼 간단한 활동이 아니었다. 책을 다 읽은 뒤 토론활동을 했는데 친구들의 생각과 내 생각을 나누어 얘기하다보니 토론이 매우 흥미진진했다. 하지만 가장 인상 깊었던 활동은 동시집 읽기였다. 짧은 동시 안에 작가의 의도가 숨어 있어 보는 재미가 있었다. 그동 시집을 본 적이 거의 없고 관심이 없어서 몰랐는데 이젠 시집을 즐겨 읽어야겠다. 32시간의 활동이 32시간보다 훨씬 값지고 긴 시간이었던 것 같고 책과 더 친해진 시간이었다. **(5학년 남)**

● 책 읽는 속도가 빨라지고 감상문 쓰는 방법을 더 잘 알게 되었다. 책에 대한 경계심이 없어졌고 책이 지루하다는 고정관념을 한 번에 깨버리는 시간이었고 이 활동이 끝난 뒤에도 책 읽는 습관을 더 기를 테고 책과 더 가까이 지낼 거다. 가족과 어떻게 이야기를 할지도 떠오르고 친구들과도 말을 잘할 수 있게 됐다. 어휘력도 많이 좋아졌고 글쓰기 실력도 많이 좋아졌다. 이 활동이 이렇게 끝나서 아쉽다. 이 활동을 하며 골고루 읽어 봐서 좋았다. **(5학년 여)**

● 이 활동을 하고나서 책과의 관계가 더 좋아졌다. 책이 좋아졌고 시도 알게 되고 이야깃거리를 뽑는 방법, 의견을 당당하게 말할 수도 있게 됐다. 책봄은 선생님과 지금까지 했던 활동 가운데 나에겐 가장 유익하고 도움이 되는 활동이었다. 책과 친해져서 집중력도 발전했고 감상문을 쓰면서 글쓰기 능력도 발전했다. 감상문은 글이니 글씨도 더 나아졌다. 책봄 활동을 시작하고 나서부턴 집에서도 책을 보기 시작했다. 책봄은 여러모로 나에게 많은 지식, 깨달음, 방법 등을 선사해준 정말 고마운 친구이다. 나중에 내가 대통령이 되면 책봄 활동을 초등교육 필수 과제로 만들어야겠다. 책봄, 고마워. **(5학년 남)**

● 책봄 활동으로 책을 끊임없이 읽어서 좋았다. 평소에 책을 읽을 시간이 거의 없어서 중요한 내용을 파악하기 힘들었는데 책봄 활동에서 책을 계속 읽을 수 있어서 중요한 내용을 파악하고 모르는 부분을 다시 읽을 수 있는 시간이 있어서 도움이 되었다. 그리고 내가 읽은 책을 친구한테 추천해주고 친구가 추천한 책을 읽을 수도 있어서 새로운 책을 읽어 보았다. 또 4명의 친구들과 책을 읽고 이야기를 나누어서 도움이 되었다. 처음으로 동시집을 읽었는데 교훈을 주는 시가 있어서 더 많이 배웠다. **(6학년 남)**

● 책봄 활동을 하면서 수업시간에 책을 읽어 본 게 처음이어서 재미있었다. 지루한 국어교과서 펼쳐서 멍때리고 있는 것보다 1억 배는 더 나았다. 책봄 활동을 하면서 좋은 책도 많이 읽어 봤고 시도 읽어봐서 국어 시간이 점점 기다려진다. 한 활동이 끝나면 그 다음 활동은 뭘 할지 기대가 된다. 체육보다 더 기대가 된다. 책봄 활동을 2학기 때 다시 하면 좋겠다. 책봄 활동으로 원래는 책에 관심이 없던 요리책에도 관심이 생겼다. 『할머니의 레시피』를 읽고 나서부터. 책봄 활동을 하고나서 내 자신도 내가 변했다는 걸 느끼게 됐다. 책을 좋아하게 된 것. **(6학년 여)**

● 많은 게 마음에 들었지만 가장 마음에 들었던 건 바로 말할 수 있다. 시집이든, 책이든 온전히 그 책에 집중할 수 있는 시간이 생긴 것이었다. 아무리 책을 좋아해도 학원에 치여 책 읽는 시간이 부족한 건 사실이다. 그래서 책에 온전히 집중할 수 있는 시간이 있음에 감사했다. 책봄은 얼핏 보면 간단한 활동이지만 책봄은 혼자서는 못할 활동이다. 서로 얘기를 나누고 생각을 나누는 활동기기에. 또 지금밖에 못할 활동이기에 더 소중했다. 책을 좀 더 다루고 읽을 수 있는 활동이었다. 가치관이 다른 아이들과 얘기를 나눠 좀 더 넓은 눈 또한 갖게 되었다. **(6학년 여)**

● 책봄을 처음 할 땐 수업시간에 책을 읽는 것 자체가 새로웠고 책에 대해 토의하는 것도 새로웠다. 시도 자주 안 보던 나에겐 감회가 새로웠다. 책에 대해 더 생각할 수 있었고 이 활동으로 책을 볼 때 대충 보던 습관과 지루한 부분이 조금이라도 나오면 다른 책으로 바꾸는 걸 고칠 수 있었다. 이제는 책에는 인터넷과 다른 오묘하고 생각해 볼 만한 가치가 있는 것을 많이 찾을 수 있다. 두꺼운 책을 한 번에 읽기보단 여러 번 읽는 것이 더욱 흥미진진하고 생각할 만한 것을 더 찾을 수 있는 것 같다. 책을 보면 나만의 가치관, 나만의 생각도 만들 수 있다. **(6학년 남)**

'책나들이 갑니다!'에서 배우고 느끼고 깨달은 이야기

● 두꺼운 책을 '읽을 수 없다'에서 '진심을 다하면 읽을 수 있다'로 바뀌었다. 처음에는 재미있어 보이는 책만 읽고 재미없어 보이는 책은 안 읽으려 했다. 그런데 '봄날놀이터'에 있는 책은 모두 흥미로웠다. '재미없

는 책은 없다 다만 누군가가 느끼기에 어떤 건 재미없고 어떤 건 재미있을 뿐이다.'라고 하고 싶다. 그리고 모든 책은 지식을 주는 것만이 아닌 깨달음을 주는 것이란 걸 알았다. **(5학년 남)**

● 4학년 때는 책 제목을 보면 '아, 이거구나' 이랬는데 이젠 책 제목만 봐도 읽고 싶다. 책을 읽으면 내용을 알려주고 싶다. 원랜 짧은 책이 더 재미있었는데 이제는 긴 책, 두꺼운 책을 자주 찾는다. 또 독서감상문을 쓴다면 더 두꺼운 책을 써 보고 싶다. 책은 평화롭게 살 수 있는 방법 중에 하나이다. **(5학년 여)**

● 책을 별로 읽고 지금까지 재미없고 별 흥미도 없는 책만 읽어서 책에 대한 관점이 안 좋았다. 책나들이를 하면서 재미있고 흥미 가득한 책들을 많이 읽어서 책에 대한 관점도 좋아지고 책을 계속 읽고 싶은 마음까지 생겨서 이 활동이 내 인생에 좋은 영향을 끼쳤다. **(5학년 남)**

● 항산 난 책을 지옥이라고 생각했다. 하지만 책은 나를 더 성장하게 해주었다. 이 시간을 통해서 많이 웃고 책을 읽어주신 선생님과도 더욱 가까워졌다. 이걸 통해서 난 책 세상에 진입을 했고 이제 신세계를 만나고 있다. 많이 배우고 느끼고 책을 더 사랑하게 되었다. **(5학년 여)**

● 책이 주는 감정들을 내가 다룰 수 있게 되었다. 내가 24시간 동안은 책에 집중을 했다는 게 놀랍다. 책을 읽는 수준의 차이는 있지만 책을 읽을 수 있는 것에 나이는 없는 것 같다. 동화책은 아이만 읽는 것이 아니었고 동화책에도 어려운 책들이 많았다. 그리고 아직 나는 책에 완벽히 적응하지는 못했지만 어느 정도의 기본은 갖춘 것 같다. **(5학년 여)**

● 예전엔 '하, 언제 다 읽냐' 했는데 이젠 '다음엔 뭐가 나올까'라는 생각이 든다. 책이랑 진짜 많이 친해진 것 같고 책을 읽으면서 읽는 힘도 좋아졌다. 재미있는 책은 세상에 널리고 널렸으니까 그 책들을 다 읽진 못하더라도 1/10만이라도 읽고 싶다. **(5학년 남)**

● 예전에는 책 읽는 속도가 엄청 느렸는데 이제는 어느 정도 읽는 속도가 생겼다. 그리고 어느 정도 낱말이 이해가 간다. 나는 책을 무조건 짧은 것만 읽었는데 이제는 긴 것도 읽게 된다. 예전에는 긴 책을 꺼내놓으면 외면했는데 이제는 외면하지 않고 책을 받아들인다. **(5학년 남)**

● 난 예전에 그림이 조금이라도 있는 책을 읽었는데 요즘은 글만 있더라도 재미있는 책이 많아서 글이 많은 책이 좋다. 그렇다고 너무 두꺼운 책은 좀. 친구들이 재미있는 책을 추천해주고 내가 그걸 읽으면 인생책이라고 할 만큼 재미있고 흥미진진하다. 내가 친구들에게 추천해주면 친구들도 재미있다고 맞장구쳐주고 그런다. 책이 친구를 만든다. **(6학년 여)**

● 책 읽는 시간에 장난만 치던 나를 책 읽게 바꿨다. 책 읽는 힘도 전보다 훨씬 좋아졌다. 그리고 재미있는 책 고르는 방법도 알게 됐다. 전에는 그냥 보지도 않고 손에 잡히면 읽었다. 근데 이제 제목 보고 작가, 출판사도 다 보고 고른다. 그렇게 해서 읽은 게 『흐린 후 차차 갬』이었다. **(6학년 남)**

● 책은 지루하고 책을 읽으면 공부를 해야 한다는 생각만 했는데 책나들이 하면서 책은 재미로도 읽을 수 있다는 걸 알았다. 이제는 책이 꼭 필요하다. **(6학년 남)**

● 내가 어떤 기분이나 장르의 책을 원하고 관심이 많은지 잘 알게 되었다. 내가 예전에 책을 싫어했던 건 자유롭게 원하는 책을 보지 못해서였던 것 같다. **(6학년 여)**

'책가을하다!'에서 배우고 느끼고 깨달은 이야기

● 솔직히 처음에는 '왜 이렇게 한 책에 매달리는 걸까?'라는 생각을 했는데 계속 계속 읽고 궁금한 걸 조사하고 돌려 보니까 모르는 뜻이나 모르는 것들을 알게 되었다. 또 몇 번씩 읽다 보니까 '이현 작가님이 무슨 생각을 하고 이런 글을 쓰셨을까?'라는 의문이 들면서 그 답을 내가 스스로 찾으려고 노력했다. 그러다 보니 다른 책을 읽을 때도 궁금한 게 생기면 찾아보고 알아보고 다시 반복하다 보니까 많은 단어, 문장의 뜻을 자세히 알게 되었다. 책봄할 때만 해도 책에 대한 거부감이 없지 않아 있었는데 책가을을 하니까 책을 대하는 태도나 책을 읽는 모습, 자세들도 많이 변한 거 같다. 또 이현 작가님을 만나 여러 이야기를 나누다보니 새로운 꿈도 가지게 되었다. 그래서 만약 그 만남으로 내 직업이 결정되었다면 내 인생을 결정한 활동이 되는 거다. 책가을 활동이 내 인생을 정한 활동이 되면 좋겠다. **(5학년 여)**

● '책가을하다'는 활동이 아니고 마치 놀이 같다. 이현 작가님의 12개 작품을 다 보려고 노력 중이다. 내가 6학년이 되면 이렇게 책을 많이 읽을까? 약간 걱정이다. '짜장면' 하면 이제 이현 작가님의 작품일 생각날 거다. '여름 더운 책', '추운 겨울 책'도 생겨서 나중에 5학년이 되는 어린이들에게 책의 즐거움을 알려주면 좋겠다. 책가을을 하면서 책에도 여러 가지의 즐거움과 생각이 있다는 것을 알았다. 책의 이야깃거리를 통해 배우는 것도 알았고 어휘력도 약간 늘었다. 하나의 생각과 궁금증이 모든 사람과 말할 수 있는 시작이라는 걸 깨달았다. 책의 주제를 알 수 있었고 생각이 풍부해졌다. **(5학년 남)**

● 처음에는 '짜장면 불어요!'를 깊게 읽어서 멋진 문장도 쓰고 궁금한 점도 쓸 때는 '아, 귀찮아.'하고 짜증도 나고 하기 싫었는데 계속 하다 보니까 적응도 되고 '짜장면 불어요!'도 재미있어서 계속 읽게 됐다. 그리고 조사도 하고 발표도 하고 이현 작가님도 만났다. 만나서 다른 작품 이야기도 듣고 옛날이야기도 들었다. 그때가 책가을 하면서 가장 행복한 순간이었다. 책가을을 하면서 내가 대단했다고 느낀 건 이현 작가님의 작

품을 7권이나 읽은 것이다. 더 많이 읽은 친구들도 있겠지만 나는 살면서 이 정도로 책을 많이 읽은 적이 없어서 내 자신이 더 멋지고 대단하게 느껴졌다. 5학년 들어와서 읽기 능력이 좋아져서 그런 거겠지? 내 자신에게 박수를. **(5학년 남)**

● 책봄과 비슷한 활동이지만 두 가지 활동을 통해 그동안 수많은 책들을 만나왔다. 수많은 책들도 만나고 책에 대한 생각도 바뀌었다. 이런 활동을 하기 전에는 책이 재미없고 필요없는 물건이라고 생각했다. 하지만 지금은 책이 나의 상상속의 시작 문이다. 요즘 책보다가 상상에 빠진 적도 있고 책이 머리 아프도록 나에게 질문을 던진 적도 있다. 그렇게 책은 우리를 어디론가 끌고 가고 끌고 간 그곳에서 주인공이 되라고 말한다. 책은 나의 친구처럼 충고해주고 생각할 수 있게 도와준다. 책은 친구 겸 어른 같은 물건이다. **(5학년 남)**

● 처음에는 책봄하고 비슷하다는 생각을 했다. 근데 내 예상은 틀렸다. 활동하기 전에는 '짜장면' 하면 생각나는 게 별로 없었는데 책가을 활동을 다 하니 이현 작가님도 생각나고 '짜장면 불어요!'도 생각나고 기삼이와 용태도 생각난다. 친구들이 조사한 작품도 보았는데 친구들이 책가을 활동을 한 다음 깨달은 게 궁금하다. 책가을 하면서 제일 인상 깊었던 일은 이현 작가님을 만난 것이었다. 이현 작가님의 이야기를 들으면서 공감되는 부분도 있었고 '아, 안 됐다' 이런 생각을 하기도 했다. '완벽한 가족'이라는 책으로 케첩을 열심히 조사해서 친구들이 케첩에 대해 알게 되어서 좋았다. 내가 조사한 케첩은 꼭 기억할 것 같다. **(5학년 여)**

● 책가을하다, 이현 작가님의 책에서 새로운 것을 깨달은 시간이다. 먼저 던져진 '짜장면', '짜장면 불어요!'에서 이야기 하나에 숨어 있는 수많은 이야깃거리를 찾고 놀랐다. 그 중 하나를 골라 작품을 만들었다. 4학년 때와 굳이 비교를 하자면 '책'이라는 매체라기보다는 작가가 생각한 이야기들과 조금은 가까워질 수 있었다. 4학년 때 읽은 책에서 내가 생각하고 깨달은 것은 작가가 남긴 수많은 이야기 중 겨우 몇 개에 지나지 않는다는 생각이 든다. 깊게 읽는다는 것이 뭔지 생각하지 못한 것 같다. 그렇게 책을 읽고 나서 느꼈던 걸 깊게 읽었을 때는 어땠을까? 그래서 이현 작가의 책이, 처음 깊게 읽어서 더 감명 깊었던 것 같다. 이 활동이 앞으로 내가 책을 읽을 때 엄청난 영향을 끼칠 것이다. 그런 면에서 아주 잘 됐다고 생각한다. **(5학년 남)**

📖 아이들 이야기 둘, 책 이야기

- 책은 무지개다. 무지개가 여러 가지 색이 있듯이 책도 여러 가지 매력이 있다.

- 책은 공이다. 사람이 공을 어디에 던지냐에 따라서 공이 굴러가는 위치가 바뀌는데 책도 사람이 다루는 것에 따라서 읽는 책이 될 수도 있고 장식품이 될 수도 있다.

- 나무의 씨앗이다. 내가 나무가 되려면 기본인 씨앗이 필요하기 때문이다.

- 책은 놀이공원이다. 놀이공원에는 여러 놀이기구가 있는 것처럼 책에도 여러 가지 재미있는 이야기들이 있다.

- 책은 발전기다. 발전기가 전기를 줘서 기계가 작동되는 것처럼 책은 뇌를 작동시켜준다.

- 책은 밭이다. 무엇을 심느냐에 따라 달콤할 수도 있고 고소할 수도 있다. 자기만의 밭을 키워 나가자!

- 책은 볼펜이다. 재미있는 책은 머릿속에서 지워지지 않는다.

- 책은 글씨 교정기이다. 교정기가 글씨를 교정해주어 글씨가 좋아지는 것처럼 책이 생각을 좋아지게 한다.

- 책은 꽃밭이다. 꽃밭에 있으면 저절로 노래가 나오고 행복해진다. 책도 읽으면 읽을수록 배울 것도 많아지고 행복해진다.

- 책은 끈이다. 끈처럼 책과의 사이가 잘 끊어지지 않고 언젠간 두꺼운 끈으로 바뀌어서 책을 사랑하고 아끼는 사람이 될 테니까.

- 책은 장난감이다. 책과 장난감의 비슷한 점은 창의력과 집중력을 높여준다는 것이다.

- 책은 컴퍼스다. 그냥 그리면 원이 삐뚤빼뚤하지만 컴퍼스를 사용하면 원이 반듯하게 된다. 책을 읽으면 사람도 반듯해진다.

- 책은 돈이다. 돈은 중요하고 인생을 살아갈 때 꼭 필요하고 많으면 더 많은 걸 할 수 있다. 책도 중요하고 꼭 필요하고 많이 읽을수록 좋다.

- 책은 신문이다. 신문도 찾아보면 찾을수록 흥미로운 내용들이 많은데, 책도 찾으면 찾을수록 더 많고 재미있는 글을 나에게 보여주기 때문이다. 책도 신문처럼 제목만 봐도 흥미롭다.
- 책은 훌륭한 게임이다. 어떤 책에 빠지면 재미있어서 게임만큼이나 중독성이 강하다.

- 책은 열쇠이다. 책을 읽고 각자 느끼는 바가 다르기에 다른 문을 열 수도 있고 그 열쇠의 모양에 따라 어떤 문을 열지 힌트도 얻을 수 있다. 막혀있던 문 같은 고정관념을 열 수도 있고 문을 지나 또 다른 많은 길로 갈 수도 있다.

- 책은 친구이다. 친구와 대화하듯이 책을 읽으면 재미있고 웃긴 말을 들으면 옆에서 이야기를 같이 하고 있는 친구 같다. 책을 읽으면 친구와 이야기를 하는 것 같다.

- 책은 늪이다. 책에 빠져서 재미있었다. 노는 것보다 책 읽는 것이 더 시간이 빨리 가는 것 같다. 그만큼 늪처럼 빠지는 일이 거의 없지만 빠지면 나오기 힘들다.

- 책은 TV채널이다. 한 책에 여러 가지 이야기를 생생하게 전달해주어서 마치 tv채널 같다. 책 속 그림이 tv 화면 같고 글은 tv 속에서 나는 소리 같다.

- 책은 밥이다. 밥을 먹으면 힘이 생기는데 책을 읽으면 생각하고 느끼는 힘이 생긴다.

- 책은 미로이다. 전에는 20분밖에 못 읽어서 아쉬웠는데 책봄활동을 하니까 오래 읽을 수 잇어서 좋다.

- 책은 여행이다. 책은 굳이 이동하지 않아도 빠져들 수 있고 어디든지 갈 수 있는 여행이다.

- 책은 나만의 쉼터이다. 도서관에 가면 만화책만 찾았는데 이제는 만화책 말고 다른 책도 찾아보게 되었다.

- 책은 바다이다. 책을 보면 여러 가지 경험을 손쉽게 얻을 수 있고 감동을 얻는다. 바다처럼 그 양은 무궁무진하다.

- 책은 선풍기이다. 공부에 지친 우리의 머리를 선풍기처럼 살상살랑 바람을 불어 식혀준다.
- 책은 넝쿨이다. 책을 읽다 보면 자신에게 맞는 책이 있다. 그러면 덩굴 속으로 빠져들 것이다.

- 책은 거름이다. 사람들은 뭘 하든 그만한 준비가 필요한데 책이 그 뿌리를 튼튼하게 해준다.

- 책은 꿈이다. 책을 읽으면서 다양한 생각을 가질 수 있고 다양한 꿈들도 가질 수 있다.

- 책은 퍼즐이다. 퍼즐 처음 할 땐 어려운데 다 맞추고 나면 뿌듯한 것처럼 책도 처음엔 두꺼운 거 읽는 게 어려운데 다 읽고 나면 뭔가 뿌듯해진다.

- 책은 가까운 우주이다. 우주는 모든 것을 갖고 있지만 나에겐 멀고 책은 모든 생각을 가지고 있는, 나에게 가까운 우주이다.

- 책은 우유다. 우유를 먹으면 좋은 영양분이 들어오듯 책도 나에게 좋은 글을 준다.

- 책은 사계절이다. 계절은 꼭 필요하고 계절이 바뀔 때마다 느끼는 감정과 생각이 모두 다르다.

- 책은 흐물흐물한 벽이다. 책은 보기에는 어려워 보이지만 막상 읽으면 쉽게 이겨낼 수 있다.

- 책은 간식이다. 약간의 허기를 달래주는 간식처럼 시간이 남았을 때, 심심할 때, 시간표를 짤 때 시간을 채워준다. 여러 가지 맛과 종류가 있는 간식!

- 책은 우주선이다. 우주로는 그냥 갈 수 없지만 우주선을 타고 가면 갈 수 있는 것처럼 갈 수 없는 세계로 책을 통해 갈 수 있기 때문이다.

- 책은 거울이다. 거울은 나 자신을 볼 수 있다. 책도 나 자신을 돌아볼 수 있다.

- 책은 도깨비방망이다. 도깨비방망이는 신기하고 많은 게 나오는데 책도 신기한 게 많고 좋은 게 많이 있다.

- 책은 스마트폰이다. 스마트폰도 전원이 꺼질 때까지 빠져나오는 것이 어려운데 책도 다 읽기 전까지는 빠져나오기 어렵다.

- 책은 밥상이다. 책은 언제, 어떤 이야기가 나오는지 모른다. 밥상도 언제, 어떤 음식이 올라올지 모른다.
- 책은 물뿌리개다. 책은 나를 자라게 하고 내가 새싹이면 물뿌리개로 물을 뿌려서 나를 자라게 해준다.

- 책은 놀이기구다. 놀이기구는 골라 탈 수 있고 책도 골라 볼 수 있으니까. 재미있는 것, 시시한 것, 무서운 것이 있는 것도 같다.

- 책은 약이다. 책은 볼 때는 재미없고 지루할 수도 있지만 본 뒤에는 지혜가 쌓이는 약이다.

- 책은 고양이다. 책은 나에게 귀여운 모습을 보여주면서도 가끔은 나의 잘못된 점을 날카롭게 바로 잡아준다.

- 책은 산소이다. 산소처럼 책은 꼭 필요하고 읽어야 한다.

- 책은 벗이다. 읽다 보면 계속 읽고 친해지니까 이야기로 말동무를 해주니까.

- 책은 비눗물이다. 책을 읽으면 불투명했던 꿈이 점점 정확해지는 것을 느끼기 때문이다.

- 책은 뷔페이다. 읽고 싶은 책을 마음껏 골라서 읽을 수 있어서.

부록

온작품읽기

책봄 동무들

책향기를 폴폴폴 풍길 책들

시로 통하다!

온작품읽기 활동지

책 봄 동무들

가뿐히 봄

번호	제목	작가	출판사
1	개구리폭탄 대결투	심윤경 / 윤정주	사계절
2	나도 예민할거야	유은실	사계절
3	나도 편식할거야	유은실 / 설은영	사계절
4	내 모자야	임선영 / 김효은	창비
5	똥줌오줌	김영주 / 고경숙	재미마주
6	만복이네 떡집	김리리 / 이승현	비룡소
7	빙하기라도 괜찮아	이현 / 김령언	비룡소
8	뺑이요 뺑	김리리 / 오정택	문학동네
9	선생님도 한번 봐 봐요	이숙현 / 김무연	우리교육
10	신고해도 되나요?	이정아 / 윤지회	문학동네
11	여우의 전화박스	도다 가즈요	크레용하우스
12	외아들 구출소동	송언 / 김병하	봄봄
13	진짜도둑	윌리엄 스타이그	베틀북
14	짜장 짬뽕 탕수육	김영주 / 고경숙	재미마주
15	책 읽는 강아지 몽몽	최은옥 / 신지수	비룡소
16	축구왕 차공만	성완 / 윤지회	비룡소
17	풍선 바이러스	이용포 / 김숙경	사계절
18	마법의 빨간 부적	김리리 / 이주희	창비
19	늑대들이 사는 집	허가람 / 윤정주	비룡소
20	고맙습니다 별	박효미 / 윤봉선	한겨레아이들
21	쿵푸 아니고 똥푸	차영아 / 한지선	문학동네
22	화해하기 보고서	심윤경 / 윤정주	사계절
23	반짝 구두 대소동	심윤경 / 윤정주	사계절
24	돈잔치 소동	송언 / 윤정주	문학동네
25	가정통신문 소동	송미경 / 황K	스콜라
26	한밤중 달빛 식당	이분희 / 윤태규	비룡소
27	하룻밤	이금이 / 이고은	사계절
28	콩이네 옆집이 수상하다	천효정 / 윤정주	문학동네
29	내멋대로 친구 뽑기	최은옥 / 김무연	주니어김영사

느긋이 봄

번호	제목	작가	출판사
1	검정연필선생님	김리리 / 한상언	창비
2	게임파티	최은영 / 서현	시공주니어
3	그 애가 나를 보고 웃다	김리리 / 홍미현	비룡소
4	꼭 가요 꼬끼오	서정오 / 오윤화	문학동네
5	나의 진주 드레스	송미경 / 조에스더	사계절
6	내일 또 만나	안미란 / 김명진	우리교육
7	냄비와 국자 전쟁	미하엘 엔데	소년 한길
8	조막만한 조막이	이현 / 권문희	이현 / 권문희
9	마법사 똥맨	송언 / 김유대	창비
10	도토리 사용 설명서	공진하 / 김유대	한겨레아이들
11	삼백이는 모르는 삼백이 이야기	천효정 / 최미란	문학동네
12	생쥐 볼프강 아마데우스	딕 킹스미스 / 하민석	비룡소
13	아기 너구리 키우는 법	천효정 / 조미자	창비
14	애야, 아무개야, 거시기야!	천효정 / 최미란	문학동네
15	어느 날 학교에서 왕기철이	백하나 / 한지선	논장
16	어느 날 구두에게 생긴 일	황선미 / 신지수	비룡소
17	떴다! 수다동아리	김영주 / 김무연	휴먼어린이
18	우리집에 온 마고할미	유은실 / 백승대	푸른숲주니어
19	으랏차차 도깨비 죽	신주선 / 윤보원	창비
20	잘못 뽑은 반장	이은재 / 서영경	주니어김영사
21	최기봉을 찾아라	김선정	푸른책들
22	축 졸업 송언초등학교	송언 / 유승하	웅진주니어
23	탄탄동 사거리 만복전파사	김려령 / 조승연	문학동네
24	프린들 주세요	앤드루 클레먼츠	사계절
25	제발 소원을 들어주지 마세요	김태호 / 홍하나	꿈꾸는초승달

26	엘 데포 - 특별한 아이와 진실한 친구 이야기	시시벨	밝은 미래
27	김구천구백이	송언 / 최정인	파랑새
28	멧돼지가 쿵쿵 호박이 둥둥	김애란 / 박세영	창비
29	다락방 명탐정	성완 / 소윤경	비룡소
30	별난반점 헬멧뚱과 X사건	이향안 / 손지희	웅진주니어
31	산골아이 나더덕	원유순 / 이지선	웅진주니어
32	길모퉁이 행운 돼지	김종렬 / 김숙경	다림
33	책으로 똥을 닦는 돼지	최은옥 / 오정택	주니어김영사
34	디다와 소풍 요정	김진나 / 김진화	비룡소
35	도망자들의 비밀	김혜연 / 배현정	바람의아이들
36	아빠 고르기	채인선 / 김은주	논장
37	백설공주와 마법사 모린	임태희 / 김령언	사계절
38	사투리의 맛	류호선 / 정지윤	사계절
39	어느날, 오로지는	임정자 / 박세연	사계절
40	내 방귀 실컷 먹어라 뿡야	이용포 / 노인경	창비
41	수상한 물건들이 사는 나라	윤숙희 / 심윤정	라임
42	일수의 탄생	유은실 / 서현	비룡소
43	책 먹는 여우와 이야기 도둑	프란치스카 비어만	주니어김영사
44	또 잘 못 뽑은 반장	이은재 / 신민재	주니어김영사
46	동동 김동	임정자 / 김효은	문학동네
47	텔레파시 단짝도 신뢰가 필요해	정연철 / 이갑규	한겨레아이들
48	내일 또 만나	안미란 / 김명진	우리교육
49	친구가 필요해	박정애	웅진주니어
50	냄비와 국자 전쟁	미하엘 엔데	소년 한길
51	변신 돼지	박주혜 / 이갑규	비룡소
52	파리 신부	김태호 / 정현진	문학과지성사
53	사임씨와 덕봉이	김리리 / 오정택	문학동네
54	이상한 아이 옆에 또 이상한 아이	송미경 / 조미자	스콜라

곰곰이 봄

번호	제목	작가	출판사
1	갈매기에게 나는 법을 가르쳐 준 고양이	루이스 세뿔베다	바다출판사
2	그 사람을 본적이 있나요?	김려령 / 장경혜	문학동네
3	그래도 즐겁다	김옥 / 국민지	창비
4	기호3번 안석뽕	전형민 / 한지선	창비
5	길고양이 방석	박효미	사계절
6	너도 하늘말나리야	이금이	푸른책들
7	맞아 언니 상담소	김혜정 / 김민준	비룡소
8	바람처럼 달렸다	김남중 / 김중석	창비
9	사자왕 형제의 모험	아스트리드 린드그렌	창비
10	사진이 말해 주는 것들	퍼트리샤 맥라클란	문학과지성사
11	생쥐와 친구가 된 고양이	루이스 세풀베다	열린책들
12	셋 둘 하나	최나미	사계절
13	소리 질러, 운동장	진형민 / 이한솔	창비
14	아저씨, 진짜 변호사 맞아요?	천효정 / 신지수	문학동네
15	엄마의 마흔번째 생일	최나미 / 정문주	사계절
16	여름이 반짝	김수빈 / 김정은	문학동네
17	우주호텔	유순희 / 오승민	해와 나무
18	이모의 꿈꾸는 집	정욱	문학과지성사
19	푸른사자 와니니	이현 / 오윤화	창비
20	플레이볼	이현 / 최민호	한겨레아이들
21	해리엇	한윤섭 / 서영아	문학동네
22	헨쇼 선생님께	비벌리 클리어리 / 선우미정	보림
23	진짜 거짓말	임지형 / 박영란	고래가 숨쉬는도서관
24	우리는 돈 벌러 갑니다	진형민 / 주성희	창비
25	어떤 아이가	송미경 / 서양아	시공주니어

26	돌 씹어 먹는 아이	송미경 /안경미	문학동네
27	말 안하기 게임	앤드류 클레먼츠	비룡소
28	샬롯의 거미줄	엘윈 브룩스 화이트	시공주니어
29	추억의 마니	조앤G.로빈슨 /폐기 포트넘	비룡소
30	봉주르 뚜르	한윤섭 / 김진화	문학동네
31	주병국 주방장	정연철 / 윤정주	문학동네
32	책과 노니는 집	이영서	문학동네
33	스무고개 탐정과 마술사	허교범	비룡소
34	제후의 선택	김태호 / 노인경	문학동네
35	오메 할머니	오채 / 김고은	사계절
36	내 동생이 수상하다	성완 / 방현일	사계절
37	꼴뚜기	진형민 / 조미자	창민
38	안녕 그림자	이은정 / 이지선	창비
39	첫사랑 쟁탈기	천효정 / 한승임	문학동네
40	분홍문의 기적	강정연 / 김정은	비룡소
41	청소녀 백과사전	김옥 / 나오미양	낮은산
42	미소의 여왕	김남중 / 오승민	사계절
43	만국기 소년	유은실 / 정성화	창비
44	사랑이 훅	진형민 / 최민호	창비
45	오메 돈 벌자고?	박효미 / 이경석	창비
46	7월 32일의 아이	박효미 / 홍선주	웅진주니어
47	곰팡이 보고서	박효미 / 정문주	한겨레아이들
48	행운이와 오복이	김중미 / 한지선	책 읽는 곰
49	드림하우스	유은실 / 서영아	문학과지성사
50	멀쩡한 이유정	유은실 / 변영미	푸른숲
51	꽃섬 고양이	김중미 / 이윤엽	창비
52	어서옵쇼 분식점	이이다 도모코 /나가노 도모코	한울림스페셜
53	나의 수호천사 나무	김혜연 / 안은진	비룡소
54	사랑이 훅!	진형민	창비

책향기를 폴폴폴 풍길 책들

순번	제목	작가	출판사	
1	드림 하우스	유은실	문학과지성사	
2	우리 집에 온 마고할미	유은실	푸른숲주니어	
3	마지막 이벤트	유은실	비룡소	
4	일수의 탄생	유은실	비룡소	
5	나의 린드그렌 선생님	유은실	창비	
6	우리 동네 미자씨	유은실	낮은산	
7	멀쩡한 이유정	유은실	푸른숲주니어	단편
8	만국기 소년	유은실	창비	단편
9	나도 편식할거야	유은실	사계절	
10	조막막한 조막이	이현	휴먼어린이	
11	일곱개의 화살1	이현	문학동네어린이	
12	일곱개의 화살2	이현	문학동네어린이	
13	플레이볼	이현	한겨레아이들	
14	푸른 사자 와니니	이현	창비	
15	악당의 무게	이현	휴먼어린이	
16	장수만세	이현	창비	
17	짜장면 불어요	이현	창비	단편
18	오늘의 날씨는	이현	창비	
19	빙하기라도 괜찮아	이현	비룡소	
20	마음대로 로봇	이현	한겨레아이들	
21	엄마의 마흔번째 생일	최나미	사계절	
22	고래가 뛰는 이유	최나미	창비	
23	바람이 울다 잠든 숲	최나미	사계절	

24	천사를 미워해도 되나요	최나미	한겨레아이들	단편
25	학교영웅전설	최나미	한겨레아이들	
26	셋 둘 하나	최나미	사계절	
27	걱정쟁이 열세 살	최나미	사계절	
28	움직이는 섬	최나미	한겨레아이들	
29	성균관의 비밀문집	최나미	푸른숲주니어	
30	단이장	최나미	사계절	
31	수평선 학교	김남중	창비	
32	싸움의 달인	김남중	낮은산	
33	공포의 맛	김남중	문학동네어린이	단편
34	연이동 원령전	김남중	상상의힘	
35	속 좁은 아빠	김남중	푸른숲주니어	
36	바람처럼 달렸다	김남중	창비	
37	자존심	김남중	창비	단편
38	미소의 여왕	김남중	사계절	단편
39	새나라의 어린이	김남중	푸른숲주니어	
40	7월 32일의 아이	박효미	웅진주니어	단편
41	고맙습니다 별	박효미	한겨레아이들	
42	박문수전	박효미	웅진주니어	
43	블랙아웃	박효미	한겨레아이들	
44	우리집 괴물 친구들	박효미	사계절	
45	오메 돈 벌자고	박효미	창비	
46	노란 상자	박효미	웅진주니어	
47	길고양이 방석	박효미	사계절	
48	말풍선 거울	박효미	사계절	
49	일기 도서관	박효미	사계절	

50	곰팡이 보고서	박효미	한겨레아이들	단편
51	아저씨 진짜 변호사 맞아요?	천효정	문학동네어린이	
52	콩이네 옆집이 수상하다	천효정	문학동네어린이	
53	건방이의 건방진 수련기	천효정	비룡소	
54	첫사랑 쟁탈기	천효정	문학동네어린이	
55	아기 너구리 키우는 법	천효정	창비	
56	삼백이의 칠일장 1 : 애야, 아무개야, 거시기야!	천효정	문학동네어린이	
57	삼백이의 칠일장 2 : 삼백이는 모르는 삼백이 이야기	천효정	문학동네어린이	
58	도깨비 느티 서울 입성기	천효정	문학동네어린이	
59	플로팅 아일랜드	김려령	비룡소	
60	탄탄동 사거리 만복 전파사	김려령	문학동네어린이	
61	그 사람을 본 적이 있나요	김려령	문학동네어린이	
62	요란요란 푸른 아파트	김려령	문학과지성사	
63	내 가슴에 해마가 산다	김려령	문학동네어린이	
64	기억을 가져온 아이	김려령	문학과지성사	
65	청소녀백과사전	김옥	낮은산	단편
67	불을 가진 아이	김옥	사계절	
68	준비됐지?	김옥	창비	
69	희망의 교실	김옥	웅진주니어	단편
70	내 동생 여우	김옥	문학동네어린이	
71	강원두, 나랑 영화 볼래?	김옥	낮은산	
72	그래도 즐겁다	김옥	창비	
73	축구생각	김옥	창비	
74	물렁물렁 따끈따끈	김옥	창비	

작가모둠 친구들이 모두 함께 같이 읽은 책 (활동지 4번)

작가	작품 제목
김남중	『연이동 원령전』, 『싸움의 달인』, 『수평선 학교』, 『속 좁은 우리 아빠』, 『새나라의 어린이』
김려령	『플로팅 아일랜드』, 『그 사람을 본 적이 있나요』, 『요란요란 푸른 아파트』, 『내 가슴에 해마가 산다』, 『기억을 가져온 아이』
김옥	『불을 가진 아이』, 『그래도 즐겁다』, 『준비됐지?』, 『축구생각』, 『물렁물렁 따끈따끈』
박효미	『길고양이 방석』, 『오메 돈 벌자고』, 『블랙아웃』, 『고맙습니다 별』, 『노란상자』
유은실	『나의 린드그렌 선생님』, 『마지막 이벤트』, 『일수의 탄생』, 『드림 하우스』, 『우리 집에 온 마고 할미』
이현	『플레이볼』, 『장수만세』, 『악당의 무게』, 『빙하기라도 괜찮아』, 『푸른 사자 와니니』
천효정	『첫사랑 쟁탈기』, 『아저씨, 진짜 변호사 맞아요』, 『건방이의 건방진 수련기』, 『도깨비 느티 서울 입성기』, 『아기 너구리 키우는 법』
최나미	『엄마의 마흔 번째 생일』, 『학교영웅전설』, 『걱정쟁이 열세 살』, 『고래가 뛰는 이유』, 『움직이는 섬』

시로 통하다에 실린 시

동시 제목과 작가	동시 출처
나도 할 말 있다 / 오인태	돌멩이가 따뜻해졌다(문학동네)
기침 소리 / 권영상	출처미상
사람이라면 / 김은영	우주에서 읽는 시(열린어린이)
씨감자 심으면서 / 서정홍	나는 못난이(보리)
봄비 / 김석진	엄마야 누나야- 겨레아동문학선집(보리)
스마트폰 / 최종득	내 맘처럼(열린어린이)
여울이가 없는 월요일 / 김개미	커다란 빵 생각(문학동네)
학원에 가는 이유 / 한두이,	제발 그렇게 말하지 마세요(열린어린이)
흔들리는 마음 / 임길택	할아버지 요강(보리)
내가 어른이 되면 지을 집 / 김개미	커다란 빵 생각(문학동네)
나비 한 마리 잡았을 뿐이라고? / 위기철	신발 속에 사는 악어(사계절)
헛방귀 / 조성국	구멍집(문학동네)
자전거 찾기 / 남호섭	놀아요 선생님(창비)
방귀와 자전거 / 김은영	아니, 방귀 뿅 나무(사계절)
그믐 / 김성민	브이를 찾습니다(창비)
짝의 일기 / 김개미	커다란 빵 생각(문학동네)
불 끈다 / 남호섭	놀아요 선생님(창비)
노근이 엄마 / 정호승	참새(처음주니어)

책봄 이야기

책봄 이야기

_____ 초등학교 ___학년 ____반   이름 _____

날짜	책 + 책 본 이야기
3.6 월	책 = 봄 =
3.7 화	책 = 봄 =
3.8 수	책 = 봄 =
3.9 목	책 = 봄 =
3.10 금	책 = 봄 =
읽기 방법	책 =

책봄이야기 2

날짜	책 + 책 본 이야기
3.13 월	책 = 봄 =
3.14 화	책 = 봄 =
3.15 수	책 = 봄 =
3.16 목	책 = 봄 =
3.17 금	책 = 봄 =
읽기 방법	책 =

책봄이야기 3

날짜	책 + 책 본 이야기
3.20 월	책 = 봄 =
3.21 화	책 = 봄 =
3.22 수	책 = 봄 =
3.23 목	책 = 봄 =
3.24 금	책 = 봄 =
읽기 방법	책 =

책봄이야기 4

날짜	책 + 책 본 이야기	
3.27 월	책 =	
	봄 =	
3.28 화	책 =	
	봄 =	
3.29 수	책 =	
	봄 =	
3.30 목	책 =	
	봄 =	
3.31 금	책 =	
	봄 =	
읽기 방법	책 =	

책봄이야기 5

1. '책봄'에서 고른 이야깃거리
   ①
   ②
   ③

2. 친구들과 꼭 이야기 나누고 싶은 것을 하나 골라 번호에 ○ 하세요.

2-1 그 이야깃거리에 대한 자신의 생각을 써 보세요.

3. 모둠 친구들과 이야기를 나누어 보세요.

이름	이야깃거리	
	내 생각	
	친구들 생각	

책봄이야기 6

이름	이야깃거리	
	내 생각	
	친구들 생각	
이름	이야깃거리	
	내 생각	
	친구들 생각	

책봄이야기 7

4. 책 본 이야기와 친구들과 이야기 나눈 것을 바탕으로 감상글을 써 보세요.(국어평가)

제목 =

책봄이야기 8

5. 친구들에게 추천하고 싶은 책을 두 권 골라 이야기해 보세요.

제목	
추천 하는 까닭	
추천하고 싶은 친구	① ② ③

제목	
추천 하는 까닭	
추천하고 싶은 친구	① ② ③

6. 책은 _____ 다.

책봄이야기 9

7. 동시집 읽은 이야기를 써 보세요.

제목		작가	
인상 깊은 시 제목+까닭	① ② ③		
시집 읽은 소감			

제목		작가	
인상 깊은 시 제목+까닭	① ② ③		
시집 읽은 소감			

책봄이야기 10

제목		작가	
인상 깊은 시 제목+까닭	① ② ③		
시집 읽은 소감			

7-1 가장 마음에 드는 시를 하나 골라 옮겨 쓰세요.

책봄이야기 11

7-2 앞에 쓴 시를 친구들에게 낭송해 주세요.
7-3 친구들이 들려준 시 가운데 인상 깊은 시 세 편을 골라 보세요.

친구 이름		작가	
시 제목			
인상 깊은 점			
친구 이름		작가	
시 제목			
인상 깊은 점			
친구 이름		작가	
시 제목			
인상 깊은 점			

8. '책봄' 활동을 통해 배우고 느끼고 깨달은 점을 써 보세요.

책봄이야기 12

책 나들이 갑니다 _ 4학년

책나들이 갑니다!

_____초등학교 ___학년 ____반 이름 _____

1. '책' 하면 떠오르는 것은 무엇인가요?

1-1 책에 대한 경험을 떠올려 보고 좋은 것과 나쁜 것 하나씩 이야기해 보세요.
- 책에 대한 좋은 경험 :
- 책에 대한 나쁜 경험 :

1-2 책을 얼마나 좋아하는지 1~10으로 표현해 보세요.

2. '말귀'의 뜻을 사전에서 찾아 써 보세요.
① ②

2-1 여러 분의 말귀는 어느 정도인가요? 1~10으로 표현해 보세요.

2-2 선생님과 함께 동화 『빵이오 빵』을 감상하면서 내용을 간추려 보세요. (국어 2단원 평가)

①말귀를 못 알아듣는 순덕이
②삼신할무늬, 제 부탁 좀 들어주유!
③이걸 어째, 구멍이 너무 크게 뚫렸네

④나, 뺑뺑이 아니야

⑤순덕아, 재밌는 이야기해줄게 아프지 마

⑥뺑뺑이 순덕이 이야기꾼 되다

2-3 ⑤을 읽기 전에 마당 채복만 보고 구멍이 너무 크게 뚫려서 어떤 일이 생길지 상상해 보세요.

2-4 생쥐의 좋은 생각은 무엇일지 상상해 보세요.

2-5 삼신할머니께 부탁하고 싶은 것은 무엇인가요?
①
②

3. 선생님과 함께 『만복이네 떡집』을 읽어 보세요.
3-1 만복이의 성격은 어떻게 변하나요? 변하는 까닭이 무엇이라고 생각하나요?
- 만복이 성격의 변화 :
- 변한 까닭 :

3-2 자신의 성격에 대해 써 보세요.

4. 선생님과 함께 『책 읽는 강아지 몽몽』을 감상해 보세요.
4-1 몽몽이가 '번개의 시간 여행' 2권을 읽기 위해 베리가 추천한 방법 '영웅이 모시기'는 어떤 뜻일지 짐작해 보세요. (61쪽까지 읽고)

4-2 영웅이를 모시기 위해 몽몽이가 어떤 방법을 쓸지 짐작해 보세요. (64쪽까지 읽고)

4-3 영웅이의 행동이 변한 까닭은 무엇일지 짐작해 보세요.

5. 선생님과 함께 『아저씨, 전화 번호사 맞아요?』를 감상해 보세요.
5-1 '01. 채소 전문 번호사'를 읽고 '라이벌'에 대해 이야기해 보세요.
①'라이벌'과 비슷한 낱말은?
②나의 라이벌은?
③라이벌은 필요한가요?

5-2 '05 재꾀원숭이의 역습'을 읽고 '낙서'에 대해 이야기해 보세요.
①낙서한, 낙서를 본 경험 :
②낙서는 필요한가요?

5-3 '07 잘 안 나가는 변호사'를 읽고 '거짓말'에 대해 이야기해 보세요.

①어른들이 아이들에게 하는 뻔한 거짓말은?
_____
_____

②착한 거짓말은 필요한가요?
_____
_____

5-4 '10 말썽통신'을 읽고 부모님이 잘못 알고 계신 학교에서의 내 모습에 대해 이야기해 보세요.
_____
_____
_____

5-5 '12 어느 불량한 엄마의 하소연'과 '13 재벌 3세 H군과 초딩 변호사 R씨'를 읽고 '악플'에 대해 이야기해 보세요.

①'악플'을 쓰거나 본 경험 :
_____
_____

②악플에 대처하는 좋은 방법은?
_____
_____

5-6 '14 파의 활약'에서 131쪽에서 콰이 변호사에게 보여주는 것, 문제를 해결할 수 있는 방법은 무엇인지 상상해 보세요.(국어 5단원 평가)
_____
_____
_____
_____

5-7 「아저씨, 진짜 변호사 맞아요?」 감상글을 써 보세요.(국어 1단원 평가)

제목= _____
_____
_____
_____
_____
_____
_____
_____
_____
_____
_____
_____
_____
_____
_____
_____
_____
_____
_____
_____

6. 책 나들이에서 만난 책 가운데 친구들에게 추천하고 싶은 작품 세 개를 골라 보세요.

책 제목		
추천 하는 까닭		
추천하고 싶은 친구	①	②
책 제목		
추천 하는 까닭		
추천하고 싶은 친구	①	②
책 제목		
추천 하는 까닭		
추천하고 싶은 친구	①	②

7. 책은 _____ 다.
_____
_____

8. '책나들이 갑니다' 활동을 통해 배우고 느꼈고 깨달은 점을 써 보세요.

✐ 책에 대해 가장 많이 바뀐 점 :
_____
_____
_____
_____

✐ 책나들이 하면서 만난 책에 대한 이야기를 모아 보세요.

날짜	책 + 책나들이 한 이야기
	책 제목 :
	책 제목 :
	책 제목 :
	책 제목 :
	책 제목 :

282 다 큰 아이들과 가뿐하게 온작품읽기

고학년 온작품읽기 이야기 _ **부록** 283

책 나들이 갑니다 _ 5학년

책나들이 갑니다!

_____ 초등학교 ____학년 ____반 이름 _____

1. '책' 하면 떠오르는 것은 무엇인가요?
   _____

1-1 책에 대한 경험을 떠올려 보고 좋은 것과 나쁜 것 하나씩 이야기해 보세요.
   ✐책에 대한 좋은 경험 : _____
   ✐책에 대한 나쁜 경험 : _____

1-2 책을 얼마나 좋아하는지 1~10으로 표현해 보세요.
   _____

2. 그림책 『종이봉지 공주』를 감상해 보세요.
2-1 공주, 왕자의 성격을 가진 사람 가운데 자신이 아는 사람을 떠올려 보세요. 어떤 점이 비슷한가요?
   ✐공주의 성격과 비슷한 사람 : _____
   ✐왕자의 성격과 비슷한 사람 : _____

2-2 선생님과 함께 『만복이네 떡집』을 읽어 보세요.
2-3 만복이의 성격은 어떻게 변하나요? 변하는 까닭이 무엇이라고 생각하나요?
   ✐만복이 성격의 변화 : _____
   ✐변한 까닭 : _____

2-4 만복이와 자신의 성격을 견주어 보세요.
   ✐비슷한 점 ①
   ② _____
   ③ _____
   ✐다른 점 ①
   ② _____
   ③ _____

2-5 책나들이하면서 만난 책 가운데 인물의 성격이 잘 드러나 있거나, 인물의 성격에 대해 이야기하고 싶은 작품을 아래에 차곡차곡 모으세요.

책 제목	
인물	
성격 이야기	
책 제목	
인물	
성격 이야기	
책 제목	
인물	
성격 이야기	

3. 선생님과 함께 『텔레파시 단짝도 신뢰가 필요해』 가운데 『텔레파시 단짝』을 감상해 보세요.
3-1 단짝은 필요한가요? 단짝에 대한 관점과 그렇게 생각하는 까닭을 말해 보세요. (읽기 전)
   _____

3-2 친구들과 토론하고 친구들이 말한 근거를 정리해 보세요.
   ✐단짝은 필요하다 ①
   ② _____
   ③ _____
   ✐단짝은 필요없다 ①
   ② _____
   ③ _____

3-3 친구끼리 싸울 때 어떻게 하면 좋을까요? 모둠에서 토의해 보세요. (24쪽 첫째 줄까지)

내 생각	①
	②
	③
친구들 생각	
우리 모둠 토의 결과	

4. 선생님과 함께 『목기린씨, 타세요!』를 감상해 보세요.
4-1 목기린씨가 마을버스를 탈 수 있는 방법에 대해 모둠에서 토의해 보세요.(23쪽까지 읽고)

내 생각	①
	②
친구들 생각	
우리 모둠 토의 결과	

4-2 목기린씨처럼 몸과 관련해서 불편했던 경험을 이야기해 보세요.
_____
_____

4-3 어린이의 관점에서 보았을 때 불편한 시설이나 시설물에는 어떤 것들이 있나요?
①
②
③

4-4 어린이의 관점에서 시흥시장이나 경기도교육감에게 바라는 점은 무엇인가요?
①
②
③

책나들이 5 갑니다

5. 선생님과 함께 『책 읽는 강아지 몽몽』을 감상해 보세요.
5-1 몽몽이가 '번개의 시간 여행' 2권을 읽기 위해 테리가 추천한 방법 '영웅이 모시기'는 어떤 뜻일지 추론해 보세요.(61쪽까지 읽고)
_____

5-2 영웅이를 모시기 위해 몽몽이가 어떤 방법을 쓸지 예상해 보세요. (64쪽까지 읽고)
_____

5-3 영웅이의 행동이 변한 까닭은 무엇일지 예상해 보세요.
_____

6. 책 나들이에서 만난 책 가운데 친구들에게 추천하고 싶은 작품 세 개를 골라 보세요.

책 제목	
추천 하는 까닭	
추천하고 싶은 친구	① ②
책 제목	
추천 하는 까닭	
추천하고 싶은 친구	① ②
책 제목	
추천 하는 까닭	
추천하고 싶은 친구	① ②

책나들이 6 갑니다

6-1 위 내용을 담아 소개책을 만들어 보세요.(국어 평가)
6-2 친구들의 소개책을 보고 읽고 싶은 작품 세 개를 골라 읽기 전이나 읽으면서 인물의 행동, 시대 상황 같은 것을 추론해 보세요.(국어 평가)

책 제목	
추론	
책 제목	
추론	
책 제목	
추론	

6-3 책 나들이에서 만난 책 가운데 하나를 골라 감상문을 적어 보세요.(5학년 감상문집에 들어갈 글)

제목=_____
_____
_____
_____
_____
_____

책나들이 7 갑니다

7. 책은 _____ 다.

8. '책나들이 갑니다' 활동을 통해 배우고 느끼고 깨달은 점을 적어 보세요.
✎ 책에 대해 가장 많이 바뀐 점 :
_____
_____
_____
_____

책나들이 8 갑니다

고학년 온작품읽기 이야기 _ **부록** 285

책 가을하다 _ 5학년

책가을하다!

_____ 초등학교 ___학년 ___반 이름 _____

---

1. '짜장면' 하면 떠오르는 것은 무엇인가요?

2. 이현 작가의 작품 『짜장면 불어요!』 가운데 <짜장면 불어요!>를 감상해 보세요.

2-1 작품을 감상하면서 뜻을 짐작하거나 이해하기 어려운 낱말에 밑줄 그어 보세요. 사전에서 뜻과 쓰임을 찾아보세요. 따로 나가는 낱말밭에 정리해 보세요.

2-2 작품을 감상하면서 만난 멋지다고 생각하는 문장, 오래도록 남을 문장을 써 보세요.

구절, 문장(쪽수)	까닭
공부를 못하면 선택할 수 있는 직업이 부수히 많아.(136)	이런 말을 들어본 적이 없다. 근데 이어지는 이야기를 보면 정말 맞는 말이다. 세상을 다시 봐야겠다.

2-3 작품을 감상하면서 잘 모르는 것, 궁금한 것을 찾아 써 보세요.

낱말, 구절,문장 (쪽수)	궁금한 것
황금반점(96)	①중국집 이름에는 왜 '반점'이 많을까? ②중국집 이름에 많이 들어가는 말에는 또 어떤 것들이 있을까? ③다른 종류의 음식점 이름에도 많이 들어가는 말이 있을까?

---

3. <짜장면 불어요!>에서 가장 인상 깊은 장면은 무엇인가요?

①인상 깊은 장면(쪽수)

②까닭

3-1 용태와 기삼이가 중국집에 대해, 중국집에서 일을 하는 것에 대해, 삶에 대해 어떤 관점을 가지고 있는지 쓰고 여러분이 가지고 있는 관점과 비교해 보세요.(평가)

①용태의 관점 :

②기삼이의 관점 :

③나의 관점 :

④비교

3-2 <짜장면 불어요!> 감상글에서 꼭 하고 싶은 이야기는 무엇인가요?

3-3 위의 내용을 잘 살펴보고 감상글을 써 보세요.

제목 : _____

_____
_____
_____
_____
_____
_____
_____
_____
_____
_____
_____
_____
_____
_____
_____

4. <짜장면 불어요!>에서 이야깃거리를 뽑아 보세요. 하나를 고르면서 모둠 친구들과 겹치는지 확인해 보세요.

① _____   ② _____

4-1 모둠 친구들과 조정해서 결정한 이야깃거리에 대한 자신의 생각을 써 보세요.

_____

4-2 모둠 친구들과 이야기를 나누어 보세요.

이름		이야깃거리	
내 생각			
친구들 생각	①		
	②		
	③		
정리			

이름		이야깃거리	
내 생각			
친구들 생각	①		
	②		
	③		
정리			

이름		이야깃거리	
내 생각			
친구들 생각	①		
	②		
	③		
정리			

5. 2-3에 쓴 것 가운데 깊게 조사할 것을 짝과 의논해서 하나를 정하고 내용을 나눠 보세요.

①조사할 것 :

②조사할 것 나누기 :

5-1 자신이 맡은 것에 대해 조사한 내용을 쓰고 요약해 보세요. (평가, 평가지)

5-2 조사한 것을 친구들이 쉽게 이해할 수 있도록 짝과 함께 작품을 만들어 보세요.

①표현 방법 : 종이 / 영상

②필요한 자료 : 사진, 그림, 표, 그래프, …

③제목 :

5-3 친구들의 작품을 감상해 보세요.

이름	작품 제목	새로 알게 된 점

이름	작품 제목	새로 알게 된 점

이름	작품 제목	새로 알게 된 점

6. 『짜장면 불어요!』의 다른 작품을 감상해 보세요.

제목	우리들의 움직이는 성
읽은 이야기	
제목	3일간
읽은 이야기	
제목	봄날에도 흰곰은 춥다
읽은 이야기	
제목	지구는 잘 있지?
읽은 이야기	

책가을하다 9

6-1 『짜장면 불어요!』에서 가장 마음에 드는 작품은 무엇인가요? 까닭은 무엇인가요?

①가장 마음에 드는 작품 제목

②까닭 :

7. 이현 작가의 다른 작품들을 감상해 보세요.
① 푸른 사자 와니니   ② 장수 만세   ③ 펭데이 봄   ④ 학당의 무게   ⑤ 칠전년의 봄
⑥ 일곱 개의 화살   ⑦ 로봇의 별   ⑧ 청파기라도 괜찮아   ⑨ 오늘의 날씨는

7-1 『나는 비단길로 간다』를 포함하여 이현 작가의 작품 가운데 가장 마음에 드는 작품은 무엇인가요?

①가장 마음에 드는 작품

②까닭

8. 이현 작가의 작품과 관련하여 작가에게 궁금한 점은 무엇인가요?
①
②
③

8-1 이현 작가 만난 이야기를 써 보세요.

책가을하다 10

9. 동화 작품 하나를 깊게 읽어 보세요.

①고른 작품 (작가) =

9-1 인상 깊은 구절이나 궁금한 것을 아래 왼쪽에 쓰고 까닭과 조사한 내용을 쓰세요.

9-2 조사한 것을 포함하여 작품을 소개하는 작품을 만들어 보세요.

①표현 방법 : 종이, 영상, 말, 몸짓, 사진, …

②작품 제목 :

책가을하다 11

9-3 친구들의 이야기를 살펴보고 읽고 싶은 작품 세 가지를 골라 보세요.

이름	책 제목	읽어보고 싶은 까닭

10. 깊이 읽는 것은 어떤 점이 좋은가요?
①   ②
③   ④

10-1 '책 가을하다'와 '책 봄'을 견주어 보세요.

10-2 '책 가을하다' 활동을 통해 배우고 느끼고 깨달은 점을 써 보세요.

책가을하다 12

책 가을하다 _ 6학년

책가을하다!

_____ 초등학교 ___학년 ___반 이름 _____

---

1. 읽을 책을 고르는 방법에는 어떤 것들이 있나요?
   ① _____ ② _____
   ③ _____ ④ _____
   ⑤ _____ ⑥ _____

1-1 위에 쓴 방법 가운데 주로 어떤 방법을 사용하나요? 왜 그 방법을 사용하나요?
   ①자주 사용하는 방법 : _____
   ②까닭 : _____

2. 그동안 인상 깊게 읽은 동화 작품을 여섯 가지만 써 보세요.
   ① _____ ② _____
   ③ _____ ④ _____
   ⑤ _____ ⑥ _____

2-1 위 작품들의 공통점은 무엇인지 찾아보세요.
   ① _____ ② _____
   ③ _____ ④ _____

3. 기억에 남거나 좋아하는 동화 작가는 누구인가요? 까닭은 무엇인가요?
   ①기억에 남거나 좋아하는 동화 작가 : _____
   ②까닭 : _____

3-1 '책 가을하다'에서 오래도록, 깊게 만나보고 싶은 작가는 누구인가요?
   ①작가 : 이현   유은실   김남중   최나미   전행민
   ②(   ) 작가의 작품을 함께 만날 친구들은 누구인가요?
   _____
   ③(   ) 작가의 작품에는 어떤 것들이 있나요?
   _____

책가을하다 2

---

4. (   ) 작가의 작품을 만난 이야기를 써 보세요.

작품			만난 날	~
작품 속 관용표현 (쪽수)	①			
	②			
	③			
	④			
	⑤			
이야깃거리	①			
	②			
	③			
주제				
이야기 구성요소	①인물(성격) :			
	②사건 :			
	③배경 :			
감상				

책가을하다 3

작품			만난 날	~
작품 속 관용표현 (쪽수)	①			
	②			
	③			
	④			
	⑤			
이야깃거리	①			
	②			
	③			
주제				
이야기 구성요소	①인물(성격) :			
	②사건 :			
	③배경 :			
감상				

책가을하다 4

작품			만난 날	~
작품 속 관용표현 (쪽수)	①			
	②			
	③			
	④			
	⑤			
이야깃거리	①			
	②			
	③			
주제				
이야기 구성요소	①인물(성격) :			
	②사건 :			
	③배경 :			
감상				

책가을하다 5

작품			만난 날	~
작품 속 관용표현 (쪽수)	①			
	②			
	③			
	④			
	⑤			
이야깃거리	①			
	②			
	③			
주제				
이야기 구성요소	①인물(성격) :			
	②사건 :			
	③배경 :			
감상				

책가을하다 6

5. 4에 모아놓은 이야깃거리 가운데 같은 작가를 만나는 친구들과 토의나 토론해 보고 싶은 이야깃 거리를 하나 정해 보세요. 같은 작가를 만나고 있는 친구들과 겹치는지 확인해 보세요.

5-1 이야깃거리에 대한 자신의 생각을 써 보세요.

5-2 ( ) 작가 모둠 친구들과 이야기를 나누어 보세요.

이름		이야깃거리	
내 생각			
친구들 생각	①		
	②		
	③		
정리			
이름		이야깃거리	
내 생각			
친구들 생각	①		
	②		
	③		
정리			

책가을하다 7

이름		이야깃거리	
내 생각			
친구들 생각	①		
	②		
	③		
정리			

6. 책 속에서 찾은 관용표현을 다른 상황에 활용해 보세요. (국어 평가, 평가지 따로 있음)

7. ( ) 작가의 작품 가운데 가장 마음에 드는 작품은 무엇인가요?

①작품 :

②마음에 드는 까닭 :

7-1 ( ) 작가의 작품 속 인물 가운데 가장 마음에 드는 인물에 대해 이야기해 보세요.

①작품 :

②인물 :

③마음에 드는 까닭 :

④나와 비슷한 점 :

나와 다른 점 :

⑤우리 반에서 비슷한 친구 :

책가을하다 8

7-2 (　　　) 작가의 작품 가운데 이야기 구성 요소를 바꾸어서 이야기를 바꾸어 보고 싶은 작품을 골라 보세요.

①작품 :
②바꾸고 싶은 이야기 구성 요소 : 인물　사건　배경
③바꿀 내용 :
④바꾼 내용 :

④바꾼 이야기의 주제 :

7-3 7-2에 쓴 것을 바탕으로 이야기를 바꾸어 써 보세요. (국어 평가, 평가지 따로 있음)

7-4 친구들의 이야기를 감상해 보세요. 인상 깊은 작품 세 가지를 골라 보세요.

이름	이야기 제목	인상 깊은 점

8. (　　　) 작가의 작품에 드러난 공통점이나 특징은 무엇인가요?
①
②
③
④
⑤

8-1 8과 4에 쓴 작품의 주제, 감상을 넣어 작가를 소개해 보세요. (국어 평가)

8-2 작품과 관련하여 작가에게 물어보고 싶은 것은 무엇인가요?
①
②
③
④
⑤

8-3 작품에 대한 감상과 8-2를 바탕으로 (　　　) 작가에게 편지를 써 보세요.

8-4 8-1에 쓴 내용을 바탕으로 다른 작가 모둠 친구들이 볼 수 있도록 (　　　) 작가 모둠 친구들과 함께 작가와 작품을 소개하는 자료(4절)를 만들어 보세요.

8-5 친구들이 만든 소개 자료를 보고 만나고 싶은 작가, 읽어보고 싶은 작품을 골라 보세요.
①만나고 싶은 작가 :
②읽어보고 싶은 작품 :

9. 한 작가의 작품 여러 가지를 깊게 보는 것은 어떤 점이 좋은가요?
①
②
③
④
⑤

9-1 '책 가을하다'와 '책 봄'을 견주어 보세요.

9-2 '책 가을하다' 활동을 통해 배우고 느끼고 깨달은 점을 써 보세요.

책향기 가득합니다 _ 4학년

책향기 가득합니다!

_____ 초등학교 ___학년 ____반 이름 _____

---

1. 선생님과 함께 『댄래파시 단짝도 신뢰가 필요해』 가운데 '댄래파시 단짝'을 감상해 보세요.
1-1 어떤 친구가 단짝인가요? 단짝은 그냥 친구와 무엇이 다른가요? (읽기 전)

1-2 단짝의 조건에 대해 친구들과 이야기 나누어 보고 좋은 생각을 쓰고 정리해 보세요.

이름	좋은 생각
정리	단짝이란

1-3 단짝이 미울 때 어떻게 하면 좋을까요? 모둠에서 이야기 나누어 보세요. (24쪽 첫째 줄까지)

내 생각	
친구들 생각	
정리	

1-4 '댄래파시 단짝' 감상글을 써 보세요. (따로 있는 활동지)

책향기 2 가득합니다!

---

2. 선생님과 함께 『고맙습니다 별』을 감상해 보세요.
2-1 제목을 보고 떠오른 것은 무엇인가요? (읽기 전)

2-2 '고맙습니다 별'에 대한 수택이와 선생님의 생각을 차례대로 정리하고 수택이의 마음이 어떨지 헤아려 보세요.

사건		생각
첫 번째 고마운 것	수택	
	선생님	
두 번째 고마운 것	수택	
	선생님	
세 번째 고마운 것	수택	
	선생님	

2-3 수택이의 네 번째 별은 무엇인지, 설명을 어떻게 썼을지 짐작해 보세요. (77쪽 끝까지)
①네 번째 별:
②설명:

2-4 여러분에게 '진짜로, 끝내주게 멋진 별'은 무엇인가요?
①
②
③

책향기 3 가득합니다!

---

3. 선생님과 함께 『축구왕 차공만』을 감상해 보세요.
①축구가 너무 좋아 ②마트가 들썩들썩 ③헛발왕 차공만 ④산으로 간 차공만
⑤너흰 다 죽었어! ⑥메시의 그림자양말 ⑦축구왕 차공만 ⑧이 발이 내 발일까?
⑨예전에도 괜찮았지? ⑩다시 한 번 슛!

3-1 축구나 피구 같은 경기를 하면서 말 때문에 속상했거나, 감정을 나타내는 말을 제대로 사용하지 못해 힘들었던 일을 비울러 보세요. 어떤 말이었나요? 그 말을 어떻게 바꾸면 좋을까요?
① ▶
② ▶
③ ▶
④ ▶
⑤ ▶

3-2 이 작품의 인물, 사건, 배경을 정리해 보세요. (평가)

인물	차공만	
	차공만 엄마	
	달찬	
사건		
배경	시간	
	장소	

3-3 그림자 양말 때문에 생기는 안 좋은 일은 무엇일지 짐작해 보세요. (60쪽 넷째 줄까지)

책향기 4 가득합니다!

3-4 그림자 양말은 좋은 것일까요? 나쁜 것일까요? 여러분의 생각과 까닭을 쓰고 친구들과 이야기를 나누어 보세요.(69쪽 아래에서 세 번째 줄까지)

① 내 생각 :

② 그렇게 생각하는 까닭 :

❷ 좋다고 생각하는 친구들이 말한 까닭
①
②
③

❷ 나쁘다고 생각하는 친구들이 말한 까닭
①
②
③

❷ 이야기 나눈 후 생각 : 바뀌었다(   ) 바뀌지 않았다(   )

3-5 촛대에게 어떤 소원을 빌고 싶나요? 오리가 한 말을 잘 생각하고 한 가지만 써 보세요.

3-6 『축구왕 차공만』 감상글을 써 보세요. (평가, 따로 있는 활동지)

4. 선생님과 함께 『프린들 주세요』를 감상해 보세요.

책향기 5 가득합니다!

5. 동시집 읽은 이야기를 써 보세요.

제목			작가	
인상 깊은 시 제목+까닭	①			
	②			
	③			
시집 읽은 소감				
제목			작가	
인상 깊은 시 제목+까닭	①			
	②			
	③			
시집 읽은 소감				

책향기 6 가득합니다!

제목			작가	
인상 깊은 시 제목+까닭	①			
	②			
	③			
시집 읽은 소감				

5-1 가장 마음에 드는 시를 하나 골라 옮겨 쓰세요.

책향기 7 가득합니다!

5-2 앞에 쓴 시를 친구들에게 낭송해 주세요.

5-3 친구들이 들려준 시 가운데 인상 깊은 시 세 편을 골라 보세요.

친구 이름		작가	
시 제목			
인상 깊은 점			
친구 이름		작가	
시 제목			
인상 깊은 점			
친구 이름		작가	
시 제목			
인상 깊은 점			

6. '책향기 가득합니다!'에서 만난 책 가운데 친구들에게 추천하고 싶은 책 세 개를 골라 보세요.

책 제목		
추천하는 까닭		
추천하고 싶은 친구	①	②
책 제목		
추천하는 까닭		
추천하고 싶은 친구	①	②

책향기 8 가득합니다!

책 제목	
추천하는 까닭	
추천하고 싶은 친구	① ②

6-1 친구들에게 추천하고 싶은 책 가운데 감상글 쓰기에 좋은 책을 하나 골라 감상글을 써 보세요. (따로 있는 활동지) 우리 반 독서신문에 실립니다.

6-2 우리 반 독서신문을 읽고 좋은 감상글 세 편을 골라 보세요.

이름	감상글 제목	고른 까닭

7. 책은 _____ 다.

8. '책향기 가득합니다!' 활동을 통해 배우고 느끼고 깨달은 점을 써 보세요.

책향기 9 가득합니다!

'책향기 가득합니다!' 하면서 만난 책에 대한 이야기를 모아 보세요.

날짜	책 이야기
	책 제목 :
	책 제목 :
	책 제목 :
	책 제목 :
	책 제목 :
	책 제목 :

책향기 10 가득합니다!

'책향기 가득합니다!' 하면서 만난 책에 대한 이야기를 모아 보세요.

날짜	책 이야기
	책 제목 :
	책 제목 :
	책 제목 :
	책 제목 :
	책 제목 :
	책 제목 :

책향기 11 가득합니다!

'책향기 가득합니다!' 하면서 만난 책에 대한 이야기를 모아 보세요.

날짜	책 이야기
	책 제목 :
	책 제목 :
	책 제목 :
	책 제목 :
	책 제목 :
	책 제목 :

책향기 12 가득합니다!

책향기 가득합니다 _ 5학년

책향기 가득합니다!

_____초등학교 ___학년 ____반 이름 _____

---

1. 읽을 책을 고르는 방법에는 어떤 것들이 있나요?
   ① _____ ② _____
   ③ _____ ④ _____
   ⑤ _____ ⑥ _____

1-1 위에 쓴 방법 가운데 주로 어떤 방법을 사용하나요? 왜 그 방법을 사용하나요?
   ①자주 사용하는 방법 : _____
   ②까닭 : _____

2. 5학년이 되어 인상 깊게 읽은 동화 작품을 여섯 가지만 써 보세요.
   ① _____ ② _____
   ③ _____ ④ _____
   ⑤ _____ ⑥ _____

2-1 위 작품들의 공통점은 무엇인지 찾아보세요.
   ① _____ ② _____
   ③ _____ ④ _____

3. 기억에 남거나 좋아하는 동화 작가는 누구인가요? 까닭은 무엇인가요?
   ①기억에 남거나 좋아하는 동화 작가 : _____
   ②까닭 : _____

3-1 '책향기 가득합니다!'에서 오래도록, 깊게 만나보고 싶은 작가는 누구인가요?
   ①작가 :   김남중   김옥   박효미   유은실   이현   최나미   천효정
   ②(   ) 작가의 작품을 함께 만날 친구들은 누구인가요?
   _____
   ③(   ) 작가의 작품에는 어떤 것들이 있나요?
   _____

책향기 가득합니다! 2

---

4. (   ) 작가의 작품을 만난 이야기를 써 보세요. (평가-줄거리 요약/인물, 사건, 배경 파악)

제목		만난 날	~
줄거리 요약			
이야깃거리	①		
	②		
주제			
이야기 구성요소	①인물(성격) :		
	②사건 :		
	③배경 :		
	✐인물, 사건, 배경의 관계는?		
감상			

책향기 가득합니다! 3

제목		만난 날	~
줄거리 요약			
이야깃거리	①		
	②		
주제			
이야기 구성요소	①인물(성격) :		
	②사건 :		
	③배경 :		
	✐인물, 사건, 배경의 관계는?		
감상			

책향기 가득합니다! 4

제목		만난 날	~
줄거리 요약			
이야깃거리	① ②		
주제			
이야기 구성요소	①인물(성격) : ②사건 : ③배경 : ❂인물, 사건, 배경의 관계는?		
감상			

책향기 가득합니다! 5

제목		만난 날	~
줄거리 요약			
이야깃거리	① ②		
주제			
이야기 구성요소	①인물(성격) : ②사건 : ③배경 : ❂인물, 사건, 배경의 관계는?		
감상			

책향기 가득합니다! 6

제목		만난 날	~
줄거리 요약			
이야깃거리	① ②		
주제			
이야기 구성요소	①인물(성격) : ②사건 : ③배경 : ❂인물, 사건, 배경의 관계는?		
감상			

책향기 가득합니다! 7

5. 4에 모아놓은 이야깃거리 가운데 같은 작가를 만나는 친구들과 토의나 토론해 보고 싶은 이야깃거리를 하나 정해 보세요. 같은 작가를 만나고 있는 친구들과 겹치는지 확인해 보세요.

5-1 이야깃거리에 대한 자신의 생각을 써 보세요.

5-2 ( ) 작가 모둠 친구들과 이야기를 나누어 보세요. 토론은 하나의 쪽! (평가)

이름		이야깃거리	
내 생각			
친구들 생각	① ② ③		
정리			
이름		이야깃거리	
내 생각			
친구들 생각	① ② ③		
정리			

책향기 가득합니다! 8

이름		이야깃거리	
내 생각			
친구들 생각	①		
	②		
	③		
정리			

5-3 토론한 것을 돌아보고 어떻게 참여했는지 이야기해 보세요. (평가)

토론자	토론에 참여한 이야기
나	

6. ( ) 작가의 작품 가운데 가장 마음에 드는 작품은 무엇인가요?

①작품 :

②마음에 드는 까닭 :

책향기 가득합니다! 9

6-1 ( ) 작가의 작품 속 인물 가운데 가장 마음에 드는 인물에 대해 이야기해 보세요.

①작품 제목 :　　　　　②인물 :

③인물 소개, 인물의 성격, 마음에 드는 까닭 :

7. ( ) 작가의 작품에 드러난 공통점이나 특징은 무엇인가요?(모둠)

①
②
③
④
⑤

7-1 4, 6, 6-1, 7에 쓴 내용을 바탕으로 작가를 소개하는 글을 써 보세요.

책향기 가득합니다! 10

7-2 7-1에 쓴 내용을 바탕으로 다른 작가 모둠 친구들이 볼 수 있도록 ( ) 작가 모둠 친구들과 함께 작가와 작품을 소개하는 자료를 만들어 보세요.

7-3 친구들이 만든 소개 자료를 보고 만나고 싶은 작가, 읽어보고 싶은 작품을 골라 보세요.

만나고 싶은 작품(작가) :

7-4 위에 쓴 작품을 읽고 흔적을 남겨 보세요.

작가		작품 제목		읽은 날	~
읽은 이야기					

책향기 가득합니다! 11

작가		작품 제목		읽은 날	~
읽은 이야기					
작가		작품 제목		읽은 날	~
읽은 이야기					
작가		작품 제목		읽은 날	~
읽은 이야기					
작가		작품 제목		읽은 날	~
읽은 이야기					
작가		작품 제목		읽은 날	~
읽은 이야기					

책향기 가득합니다! 12

8. 선생님과 함께 진형민 작가의 『꼴뚜기』 가운데 '축구공을 지켜라'를 읽어 보세요.

8-1 자기보다 높은 학년 학생들과 놀면서 있었던 일을 이야기해 보세요.

8-2 길이찬이 노범재에게 자블라니를 갖다 주는 것에 대한 등장인물들의 생각을 정리하고 자신의 생각을 써 보세요.

등장인물	자블라니를 어떻게 할 것인가에 대한 의견과 근거
박윤주	①의견 : ②근거 :
김소정	①의견 : ②근거 :
오선재	①의견 : ②근거 :
홍지영	①의견 : ②근거 :
장백희	①의견 : ②근거 :
나	①의견 : ②근거 :

8-3 친구들과 의견을 나누고 가장 좋다고 생각하는 방법을 골라 보세요.

①가장 좋은 의견을 낸 사람은?

②가장 좋은 방법은?

③고른 까닭은?

책향기 가득합니다! 13

8-4 길이찬의 선택을 예상해 보세요.

8-5 실생활과 가깝고 아이들의 어려움을 해결하는 데 도움이 되는 공부, 문제를 헤쳐 나가는 데 힘이 되는 '실학'과 같은 공부는 어떤 공부일까요?

9. 진형민 작가의 『꼴뚜기』에 있는 다른 작품도 감상해 보세요.

제목	읽은 이야기
꼴뚜기	
인생 최대의 위기	
사랑사랑 누가 말했나	
뛰어 봐자 배꼽	
오! 특별 수업	

9-1 위에서 가장 마음에 드는 작품의 제목에 ○하고 까닭을 써 보세요.

책향기 가득합니다! 14

9-2 진형민 작가의 다른 작품을 감상해 보세요.

작품 제목	기호 3번 안석뽕	읽은 날	~
읽은 이야기			

작품 제목	소리 질러 운동장	읽은 날	~
읽은 이야기			

작품 제목	우리는 돈 벌러 갑니다	읽은 날	~
읽은 이야기			

작품 제목	사랑이 훅	읽은 날	~
읽은 이야기			

9-3 진형민 작가에게 작품과 관련하여 궁금한 점을 써 보세요.

①

②

③

책향기 가득합니다! 15

9-4 진형민 작가 만난 이야기를 써 보세요.

10. 한 작가의 작품 여러 가지를 깊게 보는 것은 어떤 점이 좋은가요?

①

②

③

10-1 '책향기 가득합니다!'와 '책나들이 갑니다!'를 견주어 보세요.

10-2 '책향기 가득합니다!' 활동을 통해 배우고 느끼고 깨달은 점을 써 보세요.

책향기 가득합니다! 16